KB154196

드림시리즈 1

진로전문가 이랑선생님과 청소년 혁준이의 꿈을 찾는 직업여행

10대, 우리들의 별을 만나다

이랑 · 권혁준 지음

DR
DREAM RICH

꿈은 이루어진다.
이루어질 가능성이 없었다면
애초에 자연이 우리를
꿈꾸게 하지도 않았을 것이다.

- 존 업다이크

미래를 향한 더 큰 꿈을 응원하며

4차 산업혁명으로 일자리가 줄어들 거라고 하지만, 과학기술의 발전은 미래에 우리가 새롭게 도전할 일들을 확대시키고 꿈을 실현할 기회를 더 늘려주고 있습니다. 이런 때일수록 우리 청소년들이 가장 먼저 할 일은 내가 즐기고 잘 할 수 있는 특정 분야의 재능을 발견하고 그것을 키워나가는 것입니다.

이를 위해서는 진로를 찾는 방법을 이해하고 적용하는 지혜가 필요합니다. 또 앞서 꿈을 이룬 멘토들의 경험을 교훈 삼아 목표를 설정하고 용기를 얻는 시간도 필요합니다. 이 책에서 만난 멘토들은 이미 많은 청소년들이 꿈을 찾는데 훌륭한 길잡이가 되어 주었습니다. 꿈에 다가가는 방법을 안내하고 역경을 이겨내는 용기를 북돋아주었죠.

아직 꿈이 없고 미래가 걱정되는 친구들이라면 대한민국 십대들의 심장을 뛰게 한 이 시대 멘토와의 대화에 귀기울여 보는 건 어떨까요? 우리나라 모든 십대들이 꿈을 찾고 이뤄나갈 수 있도록 이 책의 멘토들과 함께 응원하겠습니다.

2018년 9월 이랑

우리들이 직접 만든, 생생한 진로찾기 이야기

4년 전, 제 생애 첫 책인 〈10대, 우리들의 별을 만나다〉 초판을 찍었던 날의 기억이 아직도 생생합니다. 꿈 많은 기자단 친구들과 함께 우리들의 진로를 위해 직접 발로 뛰어 만든 책을 보면서 정말 꿈만 같았습니다.

〈10대, 우리들의 별을 만나다〉는 중학교 1학년 때 진로찾기 과제를 수행하기 위해 만난 유명한 셰프님과의 인터뷰를 계기로 시작되었습니다. 그분의 일에 대한 사랑과 열정에 큰 감동을 받은 저는 여러 친구들과 이런 기회를 나누면 얼마나 좋을까 하는 열망으로, 다양한 분야에서 귀감이 되는 분들을 찾아 직접 인터뷰한 생생한 내용을 책으로 엮었습니다. 그 결과, 청소년 권장도서에 선정되는 영광을 안았고 독자들의 뜨거운 성원을 받으며 가슴 벅찬 감동을 느꼈습니다. 특히 이 책을 읽고 진로 찾기에 많은 도움이 되었다는 이야기를 들을 때면 뛸 듯이 기뻤습니다. 물론 제 자신도 스스로 진로에 대해 진지하게 고민하는 특별한 기회가 되었습니다.

이제 시대의 흐름에 걸맞게 새로이 개정판을 내게 되었습니다. 정성 들여 보완한 이 책이 많은 청소년들에게 도움이 되길 진심으로 바랍니다. 꿈을 어떻게 찾고 키워야 할지 모르는 친구들에게 이 책을 바칩니다.

2018년 9월 권혁준

차례

Chapter 01

진로, 나아갈 길을 묻다

Chapter 02

멘토와 꿈을 이야기하다

꿈 일곱

공공서비스·법률·교육 | 당신들이 있어 감사한 세상

Chapter

01

진로, 나아갈 길을 묻다

1

꿈

두근두근 내 안에 꿈을 담다

•

꿈

특별해라. 넌 특별한 존재이므로

"어머니는 늘 평범함을 거부하라고 말씀하셨어. 나 역시 다른 사람들과 똑같은 삶을 살고 싶진 않았어."

'더 바디샵'의 창업자 '아니타 로딕', 세상 밖으로 향한 호기심 덕분에 그녀는 인생의 전반기를 여행으로 채웠다. 그리고 아시아와 아프리카 오지를 탐험한 남다른 경험으로 세계적인 기업가가 되었다. 그녀가 단지 성공한 기업가, 그래서 엄청난 재력을 쌓았다면 평범한 존경을 받았을지 모른다. 하지만 그녀를 향한 존경은 그마저도 특별했다. 기업의 경영방식이 남달랐기 때문이다.

"나는 부자로 죽고 싶지 않아. 탐욕에 눈이 멀어 돈 모으는 데만 관심을 갖는 건 어리석은 짓이야."

아니타 로딕은 돈을 많이 버는 것보다 기업이 사회적 책임을 다 해야 한다고 믿었다. 대부분의 기업들이 많은 이윤을 내기 위해 경쟁할 때, 그녀는 특별한 기업 가치를 정하고 다양한 캠페인을 벌였다. 화장품 업계에 만연되어 있는 동물 실험에 반대하고, 가난한 지역 노동자들도 함께 이익이 되는 공정무역을 지원했다. 또 국제단체를 만들어 인권을 침해당하는 사회적 약자를 보호하려 노력했다. 1998년에는 특별한 자아존중 캠페인을 벌이기도 했다. 모든 여성에게 바비인형 같은 몸매를 강요하는 사회에 대항해 풍만한 몸매의 캐릭터 '루비'를 만들고, 다음과 같은 슬로건을 모든 매장에 걸었다.

"전 세계에는 슈퍼 모델 같은 몸매를 가진 8명의 여자와 그렇지 않은 30억 명의 여자가 있다."

이쯤 되면 돈 버는 일엔 관심 없는 회사처럼 여겨질지 모르지만, 1976년 영국의 작은 구멍가게에서 출발한 더 바디샵은 전 세계 2700여개의 매장으로 성장했다.

더 바디샵의 성공비결은 뭐니뭐니 해도 창업자 아니타 로딕의 특별함에 있다. 여기서 말하는 특별함이란 범접할 수 없는 뛰어남을 의미하는 것이 아니다. 그녀의 특별함은 하고자 하는 것에 대한 신념과 적극적인 노력에서 비롯되었다. 뛰어난 능력을 가진 건 아니었지만, 기업 경영에 대한 남다른 신념과 노력이 특별한 성공으로 이어진 것이다.

남들보다 뛰어나지 않아도 우리는 특별한 성공을 이룰 수 있다. 바로 하고자 하는 것에 대한 열정이 있다면 말이다. 여기서 하고자 하는 것이란 꿈의 다른 이름이다. 내가 되고 싶은 모습, 내가 이루고 싶은 것, 내가 바라는 세상… 우리는 이런 바람들을 꿈이라 부른다.

꿈이 있다는 건 마치 남들이 모르는 좋은 비밀을 가진 것처럼 설레는 일이다. 그래서 꿈을 생각하면 어떤 사람들은 자기도 모르게 입가에 미소가 번지고 웃음이 나온다고 하고, 어떤 사람들은 두근두근 가슴이 뛴다고도 한다. 그런데 요즘은 꿈이 있냐는 질문에 선뜻 대답을 못하는 친구들을 자주 볼 수 있다. 아예 꿈이 없다는 친구들도 있고, 어떤 친구들은 한참 고민하다가 좋은 대학에 가는 것, 또는 부모님이 원하는 의사나 변호사가 되는 것이라고 말한다. 물론 이런 바람들도 꿈이 될 수 있다. 하지만 좀 더 가슴 뛰고 의미 있는 꿈을 꿀 수 있는데, 그렇지 못하고 있는 건 아닐까? 예를 들어, 의사가 꿈이라면 의사란 꿈을 통해 어떤 사람이 되고 싶고, 세상에 어떤 기여를 하고 싶은지 생각해보는 거다. 적어도 '엄마가 의사가 되길 원하니까', '의사는 돈을 많이 버는 직업이니까' 보다 더 멋진 꿈의 이유가 있지 않을까? 좀 낯간지럽긴 해도 '의술을 통해 아픈 어린이들에게 희망을 주는 의사가 돼서 세상에 조금이나마 좋은 일을 하고 싶다'처럼 말이다. 그래야 우리의 꿈이 더 특별하고 소중해질 테니까.

•

일

꿈을 이룰 직업을 꿈꾸며

프랑스의 작가 미셸 뚜르니에는 이렇게 말했다.

"일은 인간의 본성에 맞지 않는다. 하면 피곤해지는 게 그 증거다."

인간의 본성에 맞지도 않고 하면 피곤해지는데, 우리는 늘 일을 하며 산다. 일을 하기 위해 공부를 하고, 좋은 회사에 들어가려 노력한다. 왜 그럴까? 평생 일하지 않고 놀고먹을 수는 없는 걸까?

우리가 일을 하는 데는 여러 가지 이유가 있다. 물론 가장 근본적인 이유는 생계유지를 위해서다. 일을 하며 받는 보상으로 우리는 먹고 입고 생활할 수 있다. 그럼, 평생 먹고 살만큼의 돈이 있으면 힘들게 일하지 않아도 될까? 그런데 엄청난 재력을 가진 사람들을 보면 그렇지도 않아 보인다. 평생 놀아도 될 만큼 충분한 돈을 벌었어도 본래 하던 일을 그만 두는 사람은 많지 않다. 일이 주는 의미가 단지 경제적 보상만은 아니기 때문이다.

우리는 일을 하며 인생의 희노애락을 느끼고, 그런 감정들로 인생의 행복과 의미를 발견할 수 있다. 그런데 여기서 중요한 건 일이 주는 감정이 꼭 행복과 같은 긍정적인 감정만 있는 것은 아니라는 점이다. 사람들은 일을 할 때 행복한 감정보다는 힘들고, 어렵고, 스트레스를 경험할 때가 더 많다. 마치 공부를 하는 것과도 유사한데, 열심히 공부해서 좋은 성적을 받으면 기분도 좋고 뿌듯하지만, 그러려면 평소에 놀고 싶은 마음을 참고 어려운 공부를 견뎌야 한다.

이처럼 늘 행복하지 않아도 우리가 일을 하는 이유는 일에서 얻는 좋은 것들이 힘든 것들보다 더 강력하기 때문이다. 무언가를 이뤘다는 성취감, 다른 사람들과 함께 일하며 느끼는 소속감과 안정감, 또 스스로 성장하고 있다는 만족감, 다른 사람들로부터 인정받고 명예를 얻는 경험 등은 일이 주는 강력한 힘이다.

이중 또 한 가지, 일이 주는 중요한 것이 있다. 일은 꿈을 이룰 수 있는 기회를 준다. 우리는 자신의 직업을 통해 꿈을 이룰 수 있다. 운동선수가 되어 올림픽 금메달의 꿈을 이룰 수 있고, 외교관이 되어 국제무대에서 활약하는 꿈을 펼칠 수 있다. 특별한 취미를 통해서도 꿈을 이룰 수 있지만, 대개는 일을 통해 꿈을 이루는 경우가 많다.

나는 무엇을 꿈꾸는가?

나는 무슨 직업을 통해 어떤 꿈을 이룰 것인가?

지금부터 그 답을 찾아보자.

　　　　　　　　　　　　1 꿈 : 두근두근 내 안에 꿈을 담다

2

희망
내가 원하는 직업을 꿈꾸다

아이들이 어른보다 낫네

"나와 같은 또래 친구들은 어떤 직업을 꿈꾸고 있을까?"
이 질문에 대한 답을 찾기 위해 서울의 한 중학교를 찾았다. 중학생 1
학년부터 3학년까지 총 600명을 대상으로 설문조사를 실시했고, 그
결과는 꽤 놀라웠다.
설문조사 결과에는 몇 가지 예상을 뒤엎는 반전들이 있었다.
결과를 공개하기 전에 먼저 희망 직업 순위를 보고 어떤 반전이 있을
지 추측해 보자.

청소년 희망 직업

1위 | 의사(치과의사, 한의사, 외과의사 포함)
2위 | 공무원(대통령, 외교관, 경찰관, 국제공무원, 국회의원 포함)

3위 | 교사 (유치원교사, 초등교사, 중등교사)

4위 | 과학자(생명공학자, 뇌과학자, 로봇공학자, 우주공학자, 생물학자, 물리학자,

전기·기계·전자공학자 등)

5위 | CEO

6위 | 컴퓨터프로그래머(소프트웨어개발자 포함)

7위 | 법조인(판사, 검사, 변호사)

8위 | 교수

9위 | 방송PD

10위 | 디자이너(일러스트레이터, 시각디자이너, 산업·제품디자이너,

자동차디자이너 등)

11위 | 건축가

12위 | 소설가, 방송작가

13위 | 패션디자이너, 요리사

14위 | 아나운서, 운동선수

15위 | 수의사, 가수, 항공기조종사, 애니메이션감독

기타 | 방송작가, 범죄심리학자, 심리치료사, 항공기정비원, 빅데이터 전문가, VR전문가,

기자, 연예기획자, 웹툰 작가, 바리스타, 승무원, 마케터, 스포츠매니저, 배우,

헤어디자이너, 약사, 모델, 프로게이머 등

과연 어떤 반전이 있었을까?

그 첫 번째는 희망직업이 꽤 다양하다는 점. 역시 우리나라 청소년들은 스마트했다. 뉴스에서는 청소년들은 아는 직업이 별로 없어서 희망직업도 몇 개 안된다는 기사들이 많았지만, 결과는 그렇지 않았다. 청소년들이 알고 있는 직업은 꽤 많았고, 희망하는 직업들도 다양했다. 과학자를 꿈꾸는 친구들만 해도 생명공학자, 로봇공학자, 우주공학자처럼 구체적이었고, 디자이너도 그냥 디자이너가 아니라 디자인에 대

한 이해를 바탕으로 원하는 직업을 비교적 구체적으로 제시하고 있었다. 아예 순위에 포함되지 않는 직업들도 꽤 많아서 다양한 직업 세계를 반영하듯 다채로웠다.

두 번째 반전은 우리 청소년들의 놀라운 현실 감각! 청소년들은 대개 연예인 같은 꿈이나 꾸겠지 하는 건 어른들의 편견일 뿐, 우리 청소년들이 하고 싶은 일은 현실에 뿌리를 두되, 앞으로 유망한 직업들이 많았다. 또 의사, 공무원, 교사처럼 늘 상위에 랭크되는 직업들에 대한 선호가 분명해도 세 직업에 대한 쏠림 현상이 심각한 정도는 아니었다. 게다가 특별히 돈을 많이 버는 직업에 대한 선호도 없었고, 청소년들이 선호하는 분야 또한 의료, 공공서비스, 교육, 과학, 법률, 방송, 예술, 언론, 경영, 스포츠 등으로 골고루 분포되어 있었다.

어쨌건 결론은 이렇게 스마트한 청소년들이 있기에 우리의 미래는 밝다는 점! 성인이 되어서도 진짜 하고 싶은 일을 찾지 못해 방황하는 어른들이 많은 점을 감안하면, 조사결과는 '스마트 세대'란 말이 어울리는 결과였다.

다만 결과에 대해 몇 가지 짚고 넘어갈 점들은 있다. 먼저 이러한 결과가 우리나라 모든 청소년들의 희망직업을 반영한 것은 아니라는 점이다. 그래서 희망직업이 없는 친구들도 있고, 앞으로 무슨 일을 하고 싶은지, 세상에 어떤 직업들이 있는지 관심조차 없는 친구들도 있을 수 있다. 심지어는 왜 공부를 해야 하고, 진로고민이 왜 필요한지조차 모르는 친구들도 있기 때문에 모두 스마트하다고 결론 내리긴 어렵다.

또 자신의 희망직업을 목표로 삼고 있는 친구들이라고 해서 다 좋게만 볼 수는 없다는 점이다. 왜 그 직업을 희망하는지 제대로 된 고민 없이 내린 결정이라면, 그 목표는 언제든 흔들릴 수 있다. 따라서 희망직업이 단순한 바람에서 끝나지 않으려면, 직업을 선택한 동기와 그 직업의 구체적인 수행 직무, 그리고 그 직업을 갖기 위한 준비과정을 반드시 확인해야 한다. 의사, 공무원, 교사만 해도 누구나 다 아는 직업 같지만, 널리 알려진 것에 비하면 그 직업을 제대로 알고 있는 사람들은 그렇게 많지 않다. 그렇다고 직업 선택이 31개 아이스크림 중에 제일 맛있는 하나를 고르는 것도 아니고, "막상 고르고 나니 이럴 줄은 몰랐네" 할 수 있는 일도 아니니까. 그 직업을 희망한다면, 최소한 "왜" 그 직업이어야 하고, "무슨" 일을 하는지 제대로 확인할 필요가 있다.

마지막으로 우리가 설문조사로 알 수 있는 건 희망직업일 뿐, 희망직업을 통해 이루고 싶은 진짜 꿈이 무엇인지는 알 수 없다. 사실 직업은 꿈을 이루는 수단과 같아서 꿈 그 자체로 보긴 어렵다. "내 꿈은 좋은 대학에 가는 것"처럼, 다 이루고나서도 뭔가 충분치 않은 건 꿈이라기 보단 목표에 가깝다. 따라서 희망직업을 결정했더라도 그 직업을 통해 궁극적으로 어떤 꿈을 펼치고 싶은지 꼭 확인하길 바란다. 거창하게 "인류에 기여하는 의사"까지는 아니어도 "아픔을 나누고 행복을 전하는 의사"처럼, 자신의 직업에 특별한 의미를 새기는 시간은 꼭 필요하다.

엄마의 행복이 곧 나의 행복?

우리는 늘 부모님의 영향을 받으며 살아간다. 진로 선택에 있어서도 마찬가지여서 고등학교, 대학교, 전공학과, 그리고 직업을 선택할 때 부모님의 영향을 받는 경우가 많다. 실제로 부모님이 원하는 직업을 따르는 친구들도 많고, 서로 원하는 직업이 달라 부모님과 갈등을 빚는 청소년들도 있다.

그렇다면 부모님들은 청소년들이 어떤 직업을 갖길 원하실까? 부모님 희망직업 조사 결과를 보면 참 신기하게도 부모님의 희망직업과 청소년들의 희망직업이 비슷하다는 것을 알 수 있다. 1위가 의사라는 점도 그렇고, 교사, 공무원, 법조인, 과학자에 대한 선호, 그리고 건축가, 요리사, 방송인 등 순위에 오른 직업들도 거의 비슷비슷한 경향을 보이고 있다. 대신 청소년들의 희망직업이 부모님들보다는 더 다양하고 구체적이었지만, 전체적으로 청소년과 부모님이 원하는 직업들은 꽤 유사하다는 것을 알 수 있다.

그리고 2위는 자녀가 희망하는 직업을 손꼽았다. 진로상담을 하다보면 부모님과 원하는 직업이 달라 고민하는 청소년들을 종종 볼 수 있는데, 이 결과는 의외로 마음을 열고 있는 부모님들이 많다는 증거로 해석해 볼 수 있다.

그럼에도 불구하고, 청소년들이 경험하는 진로고민 중에는 부모님이 원하는 직업과 자신이 원하는 직업이 달라서 비롯되는 고민들이 많다.

그럼, 부모님과 원하는 직업이 달라서 오는 고민은 어떻게 해결할 수 있을까? 가장 좋은 방법은 뭐니뭐니 해도 대화다. 서로 마음을 열고 대화하는 것이 최고다. 부모님 말이라면 무조건 듣기 싫다고 거부하는 친구들이 있는데, 이유야 어쨌건 무조건 귀를 닫는 건 아무런 도움이 되지 않는다. 왜 그 직업을 원하시는지 이유를 듣고, 자신과 다른 점에 대해 대화할 수 있어야 한다. 그리고 자신의 희망직업에 대한 확신이 있다면, 반대하는 부모님을 설득할 수 있어야 한다.

"내가 얼마나 열심히 하는지 지켜보시고, 그래도 인정할 수 없으면 그때 제가 포기할게요!"

간절히 원한다면, 이 정도 배짱은 있어야 하지 않을까?

3

탐색
내 꿈의 방향을 정하다

적성이냐 흥미냐, 그것이 문제로다

잠시 눈을 감고 어른이 된 나의 모습을 떠올려보자. 학생 신분을 벗어나 직업을 가진 성인이 되었다고 가정했을 때, 미래에 난 어떤 일을 하고 있을까? 이 질문에 그림이 그려지는 사람이라면 지금 꿈꾸는 직업이 있는 걸 테고, 그렇지 않은 사람이라면 아직 꿈꾸는 직업이 없는 것이리라.

여기서 잠깐! 꿈꾸는 직업이 있는 친구들은 그 직업을 선택할 때 어떤 기준으로 결정했을까? 아무런 근거 없이 직업을 결정하지는 않았을 테고, 우리 청소년들이 중요하게 여기는 직업 선택 기준은 무엇인지 알아보는 시간을 가져보자.

앞서 희망직업을 물어본 중학생들에게 이번에는 '직업을 가질 때 가장 중요한 것'이 무엇이라고 생각하는지를 물었다. 복수 응답도 가능하게 해서 결과를 보니, 적성이 1위, 일에서 느끼는 재미가 2위였다.

직업 선택 기준

1위 | 적성(잘 할 수 있는 일) : 346명
2위 | 일의 재미(흥미) : 320명
3위 | 돈(경제적 보상) : 239명
4위 | 안정성(오래 안정적으로 할 수 있는 일) : 183명
5위 | 틀에 박히지 않고 자율적인 일 : 127명
6위 | 남을 도울 수 있는 일 : 61명
7위 | 개인의 명예 : 41명
8위 | 국가에 공헌할 수 있는 일 : 34명
기타 | 성취감, 창의성, 성적, 생계 등

우리는 주변에서 잘 하는 것과 좋아하는 것 사이에서 갈등하는 친구들을 쉽게 만날 수 있다. 그런데 조금만 더 깊이 들여다보면 좋아하는 것과 잘 하는 것은 무 자르듯이 딱 잘라서 볼 수 없을 때가 많다. 사실 좋아하는 일에 계속 빠져 지내다보면 누구보다 그 분야에서 잘 하게 되고, 또 잘 하다보면 칭찬도 듣고 자신감도 생기면서 즐겁게 일 할 힘이 생기고 이처럼 둘은 아주 밀접하게 연결되어 있어서 서로에게 좋은 영향을 미치는 관계라고 할 수 있다. 그리고 둘 중 어떤 걸 선택하더라도 계속해서 최선을 다해 노력해야 한다는 점에서는 동일하다. 정말 좋아하는 일인데 실력이 모자라다고 생각되면 잘 할 때까지 최선을 다해야 하고, 잘 하는 건데 좋아하는 마음이 덜 하면 즐길 수 있는

방법을 찾아봐야 한다. 어차피 무언가를 선택한 다음에는 그 선택과 결정에 책임을 져야 하고, 그때부터가 진짜 시작이라는 걸 잊어선 안 된다.

그리고 또 한 가지. 잘 하는 것과 좋아하는 것에 대한 갈등은 둘을 합쳐보는 걸로 해결해볼 수 있다. 예를 들어, 국어를 잘 하는데 좋아하는 게 음악이라면 이 두 가지가 만나는 직업이 있는지 살펴보는 거다. 일례로 '작사가'가 대표적일 테고, '방송작가'도 글을 쓰는 능력뿐 아니라 음악에 대한 지식이 중요하기 때문에 도전해볼 만하다. 공무원과 여행 쪽 직업에서 갈등한다면 이 둘이 만나는 문화관광부 부처의 공무원이나 국제공무원 등으로 방법을 찾을 수 있다. 마지막으로 운동에 대한 흥미와 경영학에 대한 적성은 스포츠마케터, 스포츠에이전트 등 꼭 운동선수가 되지 않아도 스포츠산업에 진출하면서 해결할 수 있다.

결국 자신의 적성과 흥미에 맞는 직업을 찾으려면 세상에 어떤 직업들이 있는지를 알아야 한다. 그리고 각 직업마다 어떤 적성과 흥미가 필요한지 확인하면서 내게 꼭 맞는 직업이 무엇인지 찾아봐야 한다.

★ 바로 이것이 이 책의 결론! 그래서 chapter 2에 성공한 멘토들의 직업 이야기와 직업 세계 정보를 더 구체적으로 담았다.

세상에 공짜 점심은 없어

적성과 흥미를 제외하고 나면, 청소년들은 돈(경제적 보상), 안정성, 자율적인 일, 이타적인 일, 개인의 명예, 국가공헌 등을 직업 선택의 중요한 기준으로 여기고 있었다. 경제적 보상이 중요한 건 어른이나 청소년이나 마찬가지인데, 다행스러운 건 그래도 돈보다는 적성과 흥미를 더 중요하게 여기고 있다는 점이다.

순위야 어쨌건 경제적 보상은 직업을 선택하는 매우 중요한 기준이 된다. 돈이 전부가 될 순 없어도 어떤 일이 직업이 되기 위해서는 그에 상응하는 대가가 있어야 한다. 그래서 봉사활동 같은 경제적 보상이 없는 일은 직업이라고 말할 수 없다.

그렇다면, 어떤 직업들이 돈을 많이 버는 직업일까? CEO, 의사, 연예인?

3 탐색 : 내 꿈의 방향을 정하다

사실 세상에 돈을 많이 버는 직업이 딱 정해져 있는 것은 아니다. 예를 들어, 영업원은 영업 실적에 따라 월급이 다르기 때문에 억대 연봉인 사람들도 많은 반면, 평균 연봉에 미치지 못하는 사람들도 많다. 돈을 많이 버는 직업으로 알려진 변호사나 의사도 개인의 능력에 따라 벌어들이는 수입은 천차만별이다. 그래서 어떤 직업은 돈을 많이 벌고 어떤 직업은 돈을 적게 번다고 말하기 어렵다. 다만 평균의 개념으로 접근하면 다음과 같은 몇 가지 특징을 가진 직업들이 돈을 많이 번다고 할 수 있다.

첫째, 사람의 생명과 직결된 직업들은 다른 직업에 비해 경제적 보상이 큰 편이다. 의사, 한의사, 항공기조종사, 철도기관사, 교통관제사 등이 대표적인데, 이런 직업들은 업무에 있어 조그만 실수도 허용되지 않는다. 그래서 늘 긴장하며 일해야 하고 그에 따른 스트레스도 크다. 게다가 의사, 한의사 등의 면허를 받으려면 의학과 또는 한의학과에 들어가야 하고, 그러려면 좋은 성적을 유지하는 것은 기본, 대학에 가서도 늘 고3 같은 생활을 계속해야 한다. 게다가 드라마에서 보게 되는 의사들의 일상은 직업에 대한 소명의식이 없으면 수행하기 힘들 만큼 매우 숨 가쁘고 위대하기까지 하다.

둘째, 중요한 의사 결정을 내리는 직업 역시 경제적 보상이 큰 편이다. 대표적으로는 판사, 국회의원, 기업고위임원, 고위공무원 등이 있다. 여기서 중요한 의사 결정이란 이들의 결정이 많은 사람들에게 영향을 미친다는 걸 의미한다. 판사의 잘못된 결정은 한 사람의 인생과 그 가족들에게 큰 영향을 미칠 수 있고, 특정 사건의 판결은 판례(判例)가 되어 유사한 재판의 기준이 되므로 신중하게 내려져야 한다. 또 국회의원이 내리는 의사 결정은 자신의 지역구, 나아가 국가와 국민의 삶에 엄청난 영향을 미친다. 때문에 심사숙고해서 판단해야 하고 결정에 책임을 져야 한다.

셋째, 경제적 보상이 큰 직업 중에는 치열한 경쟁을 치러야 가질 수 있는 직업이나 일을 하는 동안 경쟁이 심한 직업들이 많다. 변호사, 변리사, 회계사 등 특정한 면허나 자격증이 있어야 활동할 수 있는 직업은 자격증 취득을 위한 경쟁이 치열하다. 전문지식을 쌓고 자격증을 취득하기까지 투자하는 시간과 노력이 있기 때문에 일을 하면서 그에 대한 보상을 받게 된다. 한편, 금융 분야의 금융자산운용가, 증권중개인, 외환딜러, 투자분석가, 선물거래중개인 같은 직업은 다른 직업들에 비해 실적 경쟁으로 인한 스트레스가 심하고 업무가 과중한 편이다. 게다가 다른 직업들에 비해 은퇴 시기가 빠른 편이어서 단기간에 집중적으로 일하고 그에 맞게 보상을 받는다는 특징이 있다.

이외에도 관리자급의 직업들은 자신의 분야에서 경력을 쌓고 실력을 인정받으면서 점차 높은 급여를 받게 된다. 기업의 임원이나 고위공무원, 대학의 총장, 교장 선생님, 도서관장, 박물관장, 도선사 등이 대표적이며, 대부분 고등학교나 대학교를 졸업하고 바로 할 수 있는 직업이 아니다.

실제 돈 많이 버는 직업들이 궁금하다면, 임금정보를 제공하는 사이트에서 각 직업별로 임금을 검색해볼 수 있다. 워크넷 한국직업정보시스템(www.work.go.kr)에서 제공하는 임금정보를 중심으로 앞서 설명한 돈 많이 버는 직업들의 평균 연봉을 살펴본 결과는 표와 같다. 참고로, 여기서 제공하는 임금정보는 각 직업별 30명을 대상으로 설문조사 한 결과로, 이 직업들에 종사하는 모든 직업인들이 모두 이만큼의 연봉을 받는 것은 아니다. 개인의 능력이나 속해 있는 회사 등에 따라 더 많이 버는 사람도 있고 덜 버는 사람도 있는 등 개인차가 있다는 점을 감안해서 살펴보도록 하자.

There is no free lunch in the world.

경제학의 이론을 한마디로 표현하는 유명한 말, 세상에 공짜 점심은 없다! 직업과 돈의 관계에 있어서도 마찬가지다. 경제적 보상이 큰 직업에는 다 그만한 이유가 있다. 힘들던지 아니면 어렵던지. 대충 일하고 쉽게 벌 수 있는 돈은 세상에 없다.

대신 즐기면서 돈까지 벌 수 있는 방법은 있다. 내가 좋아하거나 잘 할 수 있는 일을 하는 것! 이것이야말로 즐겁게 일하면서 돈까지 벌 수 있는 최고의 방법이 된다. 게다가 자기 분야에서 최고가 되면 많이 벌려고 하지 않아도 돈은 저절로 따라오기 마련이다.

그러니 지금 당장 필요한 건 뭐?

내가 진짜로 하고 싶은 일을 찾는 것! 이것이 먼저다.

돈 많이 버는 직업

유형	직업(평균 연봉)
생명과 직결된 직업	정형외과의사(1억5120만원), 신경과전문의사(1억784만원), 안과의사(1억513만원), 외과의사(1억420만원), 항공기조종사(1억283만원), 치과의사(1억102만원), 흉부외과전문의사(9922만원), 내과의사(9718만원), 재활의학과전문의사(9120만원), 정신과의사(9065만원), 한의사(8613만원), 응급의학과전문의사(8513만원), 헬리콥터조종사(7650만원), 약사(6366만원), 철도교통관제사(5816만원), 선장 및 항해사(5320만원) 등
중요한 의사결정을 내리는 직업	기업고위임원(1억5255만원), 국회의원(1억3438만원), 행정부고위공무원(8804만원), 변호사(8127만원), 판사(7777만원), 정부정책기획전문가(6753만원), 검사(6049만원), 지방의회의원(5148만원) 등
경쟁이 치열한 직업	의약계열교수(8368만원), 기업인수합병전문가(8334만원), 자연계열교수(8256만원), 교육계열교수(8161만원), 금융자산운용가(7734만원), 운동선수(7630만원), 사회계열교수(7546만원), 회계사(7492만원), 외환딜러(7471만원), 금융상품개발원(6565만원), 자동차디자이너(6075만원), 투자분석가(6075만원), 증권중개인(6036만원), 변리사(5606만원) 등
오랜 경력이 필요한 직업	도선사(1억 2829만원), 금융관리자(8900만원), 시장 및 여론조사관리자(8763만원), 중고등학교 교장 및 교감(7256만원), 보건의료관련관리자(7146만원), 총무 및 인사관리자(6873만원), 초등학교 교장 및 교감(6781만원), 방송제작관리자(6779만원), 보험관리자(6722만원), 정부행정관리자(6610만원), 장학사(6462만원), 박물관장(5924만원), 경찰관리자(5844만원), 도서관장(5813만원), 정보통신관련관리자(5339만원) 등

※자료: 워크넷 한국직업정보시스템 www.work.go.kr 직업별 평균 연봉(2018년 6월 기준)
*의사 및 교수의 경우, 일부 전공을 생략함

3 탐색 : 내 꿈의 방향을 정하다

제대로 알아야 결정도 옳지

공부만 잘 하면 좋은 대학, 좋은 직업은 다 보장되는 줄 알았는데, 그렇지 못하다는 걸 절실하게 깨닫는 사람들이 있다. 바로 요즘의 대학생들이다. 그래서 요즘 대학생들은 취업 때까지 졸업을 미루기도 하고, 시험기간이 아닌데도 스펙을 쌓으려 밤낮으로 공부할 때가 많다. 이중에는 공무원 시험을 준비하는 대학생들도 많아서, 이들은 "안정적인 공무원이 되는 것"을 가장 가치 있는 꿈이라 여긴다.

"공무원은 안정적이다"라는 표현처럼, 세상의 직업들에는 그 직업을 대표하는 핵심적인 특징이 있다. 그리고 "안정적인 직업이 최고!", "난 무조건 돈 많이 버는 직업!"처럼, 사람마다 가치 있게 여기는 직업의 특성들도 있다. 여기서 사람들이 직업을 선택할 때 중요하게 여기는 가치를 '직업 가치관'이라고 하는데, 사람들은 자신의 직업 가치관에 맞는 직업을 선택했을 때 더 큰 만족을 느끼게 된다. 쉽게 말해, 돈을 많이 버는 게 가장 중요하다고(가치 있다고) 생각하는 사람은 돈을 많이 벌 수 있는 직업을 선택했을 때 일에 더 만족하게 된다.

이런 직업 가치관에는 돈이나 안정성 외에도 여러 가지가 있다. 어떤 사람들은 성취감을 크게 느낄 수 있는 직업을 가치 있게 여기고, 어떤 사람들은 남을 도울 수 있는 일을 가장 가치 있다고 여긴다. *이런 직업 가치관을 몇 가지 유형으로 살펴보면, 크게 경제적 보상, 안정성, 사회적 영향력, 성취감과 인정, 헌신과 이타, 자율성, 창의성, 지식 추구 등으로 분류해볼 수 있다.

직업을 선택할 때는 자신이 중요하게 여기는 직업 가치관이 무엇인지 알고 있어야 한다. 그리고 그에 해당하는 직업들을 살펴보고 직업 선택에 반영하는 것이 좋다. 그래야 후회 없는 선택을 할 수 있다. (※이 때 직업 가치관 검사를 활용해볼 수 있다.)

일례로, 만약 내가 경제적 보상이 중요하다고 생각한다면 의사나 금융업계로 진출하는 것이 좋고, 정년까지 오랫동안 일하는 것이 중요하다면 공무원과 같은 직업을 선택했을 때 후회를 줄일 수 있다. 또 사회적으로 영향력을 발휘하고 싶다면 성직자, 국회의원, 외교관, 기자 같은 직업에 도전해볼 수 있다.

직업 가치관은 직업 선택에서 매우 중요하다. 하지만, 직업을 결정할 때 직업 가치관 한 가지만 갖고 결정하는 건 아니다. 자신의 적성과 흥미, 개인적인 상황 등 고려해할 것들이 많으므로, 이를 종합적으로 살

---

* 직업 가치관검사의 주요 요인을 중심으로 직업 세계 이해를 높이기 위해 저자가 재분류함

3 탐색 : 내 꿈의 방향을 정하다

펴보고 결정해야 한다는 점을 잊지 말자. 대신 직업 가치관은 일을 하며 느끼는 만족과 보람, 행복에 많은 영향을 미친다는 점에서 꼭 확인할만한 가치는 충분하다. 그러니 이제 스스로에게 질문을 던져보자.

"내가 직업에서 바라는 가장 중요한 가치는 무엇일까?"

"내 직업에서 난, 무엇을 가장 중요하게 얻고 싶은 걸까?"

직업 가치관별 관련 직업

직업 가치관	관련 직업
경제적 보상	의사, 한의사, 약사, 항공기조종사, 광고기획자, 기업고위임원(CEO), 외환딜러, 증권중개인, 감정평가사, 관세사, 보험계리사, 투자분석가, 회계사 등
안정성	행정공무원, 외교관, 교사, 경찰관, 소방관, 판사, 검사, 교도관, 직업군인, 관세사, 교통관제사, 법무사 등
성취감과 인정	대학교수, 로봇공학자, 생명공학자, 소프트웨어개발자, 컴퓨터프로그래머, 컴퓨터보안전문가, 건축가, 운동선수, 변호사, 스포츠마케터, 국제회의기획자, 통역사 등
헌신과 이타	경찰관, 교사, 사회단체활동가, 사회복지사, 소방관, 응급구조사, 검사, 국제공무원, 국회의원, 외교관, 교도관, 직업군인, 판사, 행정공무원, 성직자, 유치원교사, 의사, 한의사, 국회의원, 직업군인, 행정공무원 등
자율성	안경사, 자동차정비원, 치과기공사, 치과의사, 번역가, 성우, 상담전문가, 수의사, 약사, 한의사, 헤드헌터, 감정평가사 등
창의성	촬영기사, 만화가, 방송작가, 소설가, 배우, 영화감독, 작곡가, 제품디자이너, 패션디자이너, 연주가, 무용가, 제과제빵사 등
지식 추구	대학교수, 기계공학자, 로봇공학자, 법의학자, 생명공학자, 에너지공학자, 학예사(큐레이터), 항공우주공학자, 해양공학자, 사서, 조사전문가 등

4

발견
내게 꼭 맞는 직업을 찾다

나를 보는 눈 : 내면을 탐구하는 현미경

내가 앞으로 하고 싶은 일을 찾으려면 우리에겐 현미경과 같은 도구가 필요하다. 바로 "나"를 탐구하는 현미경이다. 다른 누구도 아닌 "내가" 원하는 일을 찾아야 하기 때문에 "나"에 대한 이해는 가장 기본이다. 사실 "나"를 설명할 수 있는 것들은 너무나도 많다. 태어난 곳, 사는 곳, 학교, 나이, 키, 외모, 성격, 취미, 특기 등. 나를 보는 현미경의 배율을 높일수록 내가 누구인지 설명할 것들은 무궁무진하게 늘어난다. 그중에서 내가 원하는 직업을 찾을 때는 다음 몇 가지 질문에 중점적으로 답을 찾아야 한다.

내가 남들보다 잘 하는 것은 무엇일까?
내가 남들보다 좋아하고 즐겨하는 활동은 무엇일까?
내가 일을 통해 얻고자 하는 중요한 가치는 무엇일까?

내 성격은 활달한가? 신중한가?
내가 좋아하는 과목과 싫어하는 과목은?
내 인생에 멘토로 삼고 싶은 직업인은 누구일까?

내가 남들보다 잘 하는 것은 "적성"을 의미한다. 내가 어떤 분야에 더 능력이 있는지를 알게 되면 그런 능력이 필요한 직업을 선택함으로써, 그 분야에서 남들보다 더 뛰어난 실력을 발휘할 수 있다. 그렇다면, 내가 어떤 분야에 적성이 있는지는 어떻게 알 수 있을까?

이 질문에 답을 찾는 건 참 쉽지 않다. "내가 잘 하는 거? 음... 게임?" 뭐 이런 식의 대답도 가능하니까. 다만 이 질문의 목적이 "내게 원하는 직업을 찾는 것"이라는 점을 기억한다면, 그냥 잘 하는 것이 아닌 "직업이나 일과 관련해서 잘 하는 것"에 초점을 맞춰 생각해봐야 한다. 이때 필요한 것이 바로 심리검사이다. 적성 부분에 있어서는 "적성검사"를 해봄으로써, 내가 잘 하는 것에 대한 답을 비교적 쉽게 찾을 수 있다.

적성검사는 학교 또는 워크넷(www.work.go.kr) 등 온라인 검사가 탑재된 사이트에서 무료로 해볼 수 있다. 적성의 요인은 보통 언어능력, 수리능력, 공간능력, 과학능력 등으로 구분되는데, 이 요인들을 보면 학교에서 배우는 교과목이나 대학수학능력시험의 영역별 구분과 유사하다는 것을 알 수 있다. 그런 이유로 적성검사를 하면 우리는 자신의 적성(능력)에 적합한 직업과 학문 분야를 확인할 수 있고, 이를 통해 학과를 선택하거나 직업을 선택하는데 많은 도움을 받을 수 있다. 일례로, 언어능력 점수가 상대적으로 높게 나온 학생은 추천 학과나 직업으로 언어능력을 많이 요구하는 학문(국문학 등)이나 직업(작가, 카피라이터 등) 분야로 진출하는 것이 좋다는 검사 결과를 받게 된다. 그럼 이런 결과를 가지고 내게 적합한 전공 학과나 직업들을 우선적으로 고려해서 향후 진로 설계를 하는데 활용할 수 있다.

적성요인

언어능력 | 일상생활에서 사용되는 다양한 단어의 의미를 정확히 알고 글로 표현된 문장 들의 내용을 올바르게 파악하는 능력
수리능력 | 정확하고 신속하게 계산하며 응용문제와 자료를 독해하고 해석하는 능력
공간능력 | 추상적, 시각적 이미지를 생성하고, 유지하고, 조작하는 능력
지각속도 | 서로 다른 사물들 간의 유사점이나 차이점을 빠르고 정확하게 지각하는 능력
과학능력 | 도구나 기계, 여타의 물질세계에 대한 정보를 바탕으로 그 원리를 이해하고 기계의 작동 및 조작 원리를 추리할 수 있는 능력
색채능력 | 색을 인지하여 새로운 색을 창조하는 능력과 색의 감성적 의미를 파악하는 능력
사고유연성 | 주어진 상황에서 짧은 시간 내에 서로 다른 많은 아이디어를 개발해내는 능력
협응능력 | 운동의 위치와 방향에 대한 시각적 평가에 기초한 정확한 손동작 능력

※자료: 한국고용정보원, 청소년 적성검사

다만 적성검사 결과를 해석할 때는 반드시 주의할 점이 있다. 검사 결과 수치는 성적처럼 우수성을 판단하는 것은 아니라는 점이다. 적성검

사를 언어, 수학, 과학 등을 평가하는 시험처럼 여기는 친구들이 있는데, 적성검사는 심리검사여서 누가 우수한지를 평가하는 것이 아니라, 내가 가진 적성에 적합한 학과와 직업이 무엇인지를 확인하는 도구에 가깝다. 따라서 어떤 능력의 점수가 높게 나왔는지를 신경 쓰기보다는 내 능력을 잘 발휘할 수 있는 분야가 어디인지 확인해서 진로를 설계하는데 활용하는 것이 바람직하다.

적성(잘 하는 것) 외에 나의 흥미(좋아하는 것)를 확인할 때도 심리검사를 활용할 수 있다. 직업흥미검사를 해보면 직업과 관련해서 내가 선호하는 활동은 무엇이고 그에 적합한 직업이 무엇인지 알 수 있다. 직업흥미검사는 크게 여섯 개 흥미유형으로 구분해서 결과가 나오는데, 적성검사와 마찬가지로 내가 좋아하는 활동에 적합한 학과와 직업을 추천받을 수 있다. 그리고 이렇게 추천받은 학과나 직업에 관한 정보를 탐색하면서 관심 분야를 좁혀가는 것이 좋다.

그렇다고 꼭 자신의 흥미유형으로 추천된 학과나 직업을 선택해야 하는 것은 아니다. 말 그대로 추천이기 때문에 꼭 해야 한다고 여기거나 그 안에만 머물러 있을 필요도 없다. 아무것도 없는 상태에서는 시작조차 어려우니까, 내가 원하는 직업 찾기의 시작점에 추천 학과나 직업들을 놓고 하나씩 탐색하는 계기로 활용해보자.

다시 한 번 강조하자면 내게 꼭 맞는 직업을 찾을 때 나의 적성, 흥미, 성격 등을 이해하는 것은 필수다. 이때 현미경과 같은 유용한 도구가 심리검사이고, 다양한 종류의 심리검사를 통해 진로 설계에 도움이 되는 결과들을 받아볼 수 있다. 앞서 소개한 적성, 흥미 외에도 내가 직업에서 중요하게 여기는 가치가 무엇인지를 확인하는 직업 가치관검사, 내 성격에 적합한 직업을 추천받을 수 있는 직업인성검사(직업성격검사)도 앞으로 하고 싶은 일을 결정하는데 큰 도움이 된다.

그런데 여기서 꼭 잊지 말아야 할 점이 있다. 첫째는 심리검사가 족집게나 요술방망이는 아니라는 점이다. "너는 커서 외교관이 되어라. 이것이 너의 천직이니라."라고 말해주는 사람이 있으면 참 좋겠지만, 이런 건 신도 할 수 없는 영역이다. 그러니 적합한 직업을 추천해주는 직업심리검사 역시 참고자료 정도로 활용하는 것이 바람직하다.

또 한 가지. 심리검사를 하는 것보다 중요한 건 검사 결과를 가지고 취하는 다음 행동이다. 검사 결과로 추천된 학과나 직업에 대해 탐색해보지 않거나, 진로 고민을 해결하는데 활용하지 않으면 검사는 아무런 소용이 없다. 따라서 심리검사 결과지가 나오면 그 결과를 가지고 부모님과 장래 희망에 대해 상의하거나 선생님과 진로 고민을 상담할 때 적극적으로 활용하길 바란다.

요즘은 학교에서 직업심리검사를 의무적으로 실시하고 있고, 워크넷이나 커리어넷 등에서도 무료 온라인 검사를 실시할 수 있다. 만약 검사 결과가 기억나지 않거나 예전에 성의 없이 검사에 임했던 친구들이

＊더 상세한 기초 흥미 분야 직업과 학과 목록은 직업흥미검사 결과지를 통해 확인할 수 있다.
※자료: 한국고용정보원, 직업흥미검사

RIASEC 직업 흥미유형

직업 흥미유형	특징	선호직업활동	기초 흥미 분야	대표직업
현실형 Realistic	실제적이며 단순함/ 여러 사람들 과 함께 일하 는 것보다 혼자 일하는 것을 선호	기계나 도구, 사물을 조작하 는 활동/ 사람이나 아이 디어를 다루는 일보다사물을 다루는 일 선호	기계/기술 사회안전 농림	건축기술자, 토목기술자 항공기정비함, 전기공학자 환경공학기술자 항공기조종사, 경찰관 소방관, 군인, 동물조련사, 농림어업기술자 등
탐구형 Investigate	지적이고 분석적/ 호기심이 많고 개방적	과학적이고 학문적인 활동/ 문제해결을 위해 아이디어 를 사용하고 정보 분석 선호	과학/연구	물리학자, 화학자, 수학자, 통계학자, 천문학자, 기상연구원, 생명공학자, 의사, 수의사, 약사 등
예술형 Artistic	상상력이 풍부하고 직관적/ 개방적이며 독창적	재능을 가지고 창의적인 작업을 수행하는 활동 선호	음악 미술 문학	가수, 연주가, 작곡가, 음악평론가, 화가, 만화가, 디자이너, 사진작가, 소설가, 방송작가, 카피라이터 등
사회형 Social	명랑하고 사교적/ 친절하고 이해심이 있음	개인적인 교류 를 통해 타인을 도와주고 가르 치고 상담하며 봉사 활동 선호	교육 사회서비스	대학교수, 교사, 학원강사, 간호사, 임상심리사, 상담전문가, 성직자, 물리치료사 등
진취형 Enterprising	리더십을 발휘하고 지배적/ 야심이 있고 외향적	타인을 설득하 고 지시하며 관리하는 활동 선호	관리/경영 언론 판매	CEO, 경영컨설턴트, 신문기자, 방송기자, 아나운서, 변호사, 광고기획자, 홍보전문가, 영업원, 쇼핑호스트 등
관습형 Conventional	보수적이고 실용적/ 변화를 싫어 하고 안정 추구	고정된 기준 내 에서 일하고 관례를 정하고 유지하는 활동 선호	사무/회계	회계사, 세무사, 은행사무원, 회계사무원, 행정공무원, 비서, 사서 등

있다면 다시 한 번 검사해보고 상담도 받아보도록 하자.

심리검사 외에도 나를 알 수 있는 방법은 여러 가지가 있다. 내가 지금 하고 있는 동아리 활동이나 좋아하는 책의 주제들, 제일 좋아하는 교과목 등을 통해서도 나를 알 수 있고, 이를 통해 내가 하고 싶은 일을 찾는데 도움을 얻을 수 있다. 예를 들어, 지금 하고 있는 동아리 활동이 있다면 그 동아리를 선택한 이유를 다시 한 번 떠올려보자. 만약 방송동아리를 하고 있다면 꼭 방송계로 진출할 생각을 하지 않아도 방송 일을 하는데 내가 적합한 사람인지 아닌지 판단하는데 도움이 될 수 있다. 마찬가지로 미술동아리나 음악동아리를 하고 있다면, 내가 이 분야를 정말 즐기고 있는지, 아니면 이쪽으로 계속 도전할만한 상태인지 스스로 감을 잡을 수 있을 것이다. 이처럼 자신이 하고 있는 동아리나 봉사활동 등을 통해서도 내가 어떤 활동을 좋아하고 이 분야로 진출하기에 적합한지 등을 살펴볼 필요가 있다.

꼭 맞는 직업 찾기

세상을 향한 눈 : 세상을 탐색하는 망원경

한국직업사전에 등재된 직업 수 기준으로 우리나라에는 약 1만 2천여 개의 직업이 있다. 일본은 약 2만개, 미국은 약 3만개의 직업이 있고 우리나라 직업도 그 수가 점점 더 늘고 있는 추세다. 이렇게 많은 직업 중에서 사람들은 보통 1개에서 많아야 10개 이하의 직업을 가지고 살아간다. 어떤 사람은 딱 하나의 직업만 가지고 평생을 살고, 어떤 사람은 몇 년에 한 번씩 직업을 바꾸면서 다양한 일을 하며 살아간다. 또 작가면서 교수, 의사면서 음악가, 학교 선생님이면서 웹툰 작가 등, 동시에 두 개의 직업을 갖고 살아가는 사람도 많다.

수많은 직업 중에서 내가 선택하게 될 직업은 몇 만분의 1의 해당하는 인연으로 만나는 직업이라고 할 수 있다. 그만큼 소중하기 때문에 내게 잘 맞으면서 보람과 행복을 느낄 수 있는 직업을 선택해야 한다. 그리고 그런 직업을 선택하기 위해 우리는 다양한 직업들을 이해할 필요가 있다. 그래야 여러 선택지 중에서 최선의 것(내가 정말 원하는 직업)을 선택할 수 있게 된다.

직업에 대한 이해는 마치 망원경을 통해 밤하늘의 별을 관찰하는 듯이 하는 것이 좋다. 우리는 망원경을 통하지 않고는 반짝이는 것 외에 별의 다른 모습을 살펴보기 힘들다. 직업도 마찬가지여서 생활 속에서 쉽게 만날 수 있지만, 관심을 갖고 보지 않으면 그 직업을 제대로 알기 힘들다. 그냥 "세상에 이런 직업도 있구나"가 아니라, 그 직업의 장점과 단점, 보람과 어려움 등을 이해하려면 망원경을 들이대고 좀 더 폭넓게 살펴보는 자세가 필요하다.

직업을 이해하기 위한 망원경은 각종 직업정보 사이트, 신문, 방송, 책, 각 분야에서 성공한 직업인들, 그리고 일상생활 속을 향해 있어야 한다. 그중에서도 공인된 직업정보 사이트를 방문하면 다양한 직업들의 하는 일과 준비 과정, 미래 전망, 임금과 종사자 수 같은 정확한 정보를 확인할 수 있다. 대표적으로 워크넷(www.work.go.kr)과 커리어넷(www.career.go.kr)이 있고, 서울진로진학정보센터(www.jinhak.co.kr) 같은 지자체나 교육청에서 운영하는 사이트 등에서도 가능하다. 정보를 확인할 때는 직업의 여러 면모들을 살펴봐야 한다. 어떤 업무를 수행하는지는 기본이고, 직업을 갖기 위해 갖춰야 할 전공 지식이나 자격증, 필요한 적성과 능력 등도 알아야 한다. 또 주로 일하는 곳이 어디이고, 업무환경은 어떠한지, 임금 수준은 어느 정도인지도 알아봐야 한다. 그리고 미래에 없어질 직업은 아닌지, 미래에 유망한 직업인지를 확인하는 것도 중요하다.

좀 더 생생한 직업 정보를 접하기 위해서는 신문이나 방송, 책을 활용하는 것이 좋다. 요즘은 각계각층에서 성공한 직업인들을 취재하거나 책으로 소개하는 경우가 크게 늘었다. 또 특정 직업의 상세한 정보를 담은 책들도 많이 발간되고 있다. 따라서 자신이 하고 싶은 일을 어느 정도 결정한 친구들은 그 직업에서 성공한 인물의 경험담을 담은 책이나 기사 등을 통해 더 깊이 있는 정보를 수집할 필요가 있다.

직업을 직접 체험해봄으로써 직업을 이해하는 방법도 있다. 사실 직업을 아는 방법으로 체험만큼 좋은 방법은 없다. 하지만 직업 체험을 경험할 기회는 많지 않은 편이고, 하더라도 업무의 일부를 짧은 기간 접한다는 단점이 있다. 따라서 직업체험을 할 때는 체험만으로 그 직업의 전부를 알 수는 없다는 점을 인지하고 정보 검색 등의 다른 방법들을 병행하는 것이 좋다. 직업 체험을 할 수 있는 대표적인 곳으로는 한국잡월드, 각 지역의 박물관과 과학관, 동물원 등이 있다. 그리고 자유학기제가 도입되면서 지자체나 교육청을 중심으로 직업체험지원센터를 운영하고 있어 가까운 센터를 통해서도 체험활동을 해볼 수 있다. 또 요즘은 학교에서도 직업을 체험할 기회를 늘리고 있다. 따라서 직업 체험 활동에 적극적으로 참여해 직업도 알고 자신이 하고 싶은 일도 찾는 기회를 만들어보길 바란다.

진로정보 탐색 사이트

사이트명	특징 & 장점	주요 정보

워크넷
www.work.go.kr
	· 고용노동부와 한국고용정보원 운영
	· 직업정보, 학과정보, 취업정보가
	  총망라되어 있는 국가 취업 포털
	· 직업정보와 학과정보가 연계되어 있는
	  점이 강점
	· 새로운 직업, 색다른 직업 정보가 많음
		직업심리검사
		직업정보★
		학과정보
		직업동영상★
		직업인 인터뷰★
		신생 및 이색직업★
		자격정보
		취업정보★

커리어넷 www.career.go.kr	· 한국직업능력개발원 운영 · 진로지도전문가용 진로교육 자료가 풍부 · 활발한 사이버 진로상담이 장점	직업심리검사 진로상담★ 직업정보 직업동영상 학과정보 학교정보★ 자격정보 진로지도자료★

하이파이브
www.hifive.go.kr
	· 교육부에서 운영하는
	  특성화고 · 마이스터고 포털
	· 선취업 후진학에 필요한 학교정보와
	  취업정보 풍부
	· 취업후 진학에 필요한 각종 정보 풍부
		학교정보★
		취업정보★
		진학정보
		직업정보★
		자격정보
		후진학정보★
		직업교육 정보★
		교사용 자료★

대학알리미 www.academyingo. go.kr	· 교육부에서 운영 · 전문대학, 4년제 대학, 대학원 상세 정보 수록	대학정보★ 대학별 통계정보★ 지역별 대학정보★

큐넷
www.q-net.or.kr
	· 한국산업인력공단에서 운영하는
	  자격정보망
	· 국가자격, 민간자격, 외국자격에 대한
	  정보가 매우 풍부
	· 각 자격별 기본정보, 출제경향, 출제기준,
	  취득방법 등을 상세하게 볼 수 있음
		자격정보★
		직업정보
		훈련정보

교육방송 EBS www.ebs.co.kr	· 한국교육방송공사 운영 · 진로직업교육을 포함한 다양한 교육정보와 영상 풍부 · 자격증 강좌 직접 수강 가능	진로교육정보 직업진로 동영상 자격증정보 자격증강좌★ 입시정보★ 과목별 교육정보★

서울잡스
http://seouljobs.net
	· 청년취재단의 방문 취재로 살펴보는
	  기업 정보가 특징
	· 청년 취업을 중심으로 가치 있는
	  일자리 정보 탐색 가능
	· 기존의 취업사이트와는 다른 대인적
	  구인 사이트
		취업정보★
		기업정보★
		직업정보

서울진로진학정보센터 www.jinhak.or.kr	· 서울특별시교육연구정보원 운영 · 다양한 진로정보뿐 아니라 고입 · 대입 입시정보 풍부 · 고등학교 정보 풍부	진로적성검사★ 진로진학상담 자격증정보 체험학습 고교정보 · 고입정보★ 대입정보★
경기도진로진학지원센터 http://jinhak.goedu.kr	· 경기도교육청 운영 · 초중고등학생 대상 사이버 진로상담과 방문 상담 가능 · 입시일정 등 진학정보 풍부	진로정보 진학정보★ 대학정보★ 사이버 진로진학상담 진로 · 대입방문상담 입시정보★ 진로진학 프로그램

부산진로진학지원센터
http://dream.
busanedu.net
	· 부산광역시교육청 운영
	· 다양한 진로교육프로그램이 특징이자
	  장점(토요진로체험, 수요학부모
	  진로교실, 상설 진로캠프 등)
		진로교육정보★
		대학 · 고교 진학정보★
		진로검사
		진로상담
		진학상담
		진로체험처★

진로진학지원센터
대전 http://course.
edurang.net
충남 http://career.
edus.or.kr
충북 http://jinro.cbesr.
go.kr
경남 http://jinro.
gnedu.net
	· 각 지역의 교육청에서 운영하는
	  진로진학지원센터
	· 진로심리검사와 상담을 할 수 있고,
	  진학정보가 풍부
		진로심리검사
		진로정보
		진로체험
		고교 · 대학진학정보★
		진로진학상담

＊주요 정보의 ★표는 저자가 판단하는 각 사이트의 대표 정보이자 장점을 표기한 것이다.

직업체험 기관

기관명	체험내용	직종
한국잡월드 www.koreajobworld.or.kr	청소년 및 어린이 대상 다양한 직업에 대한 직업 체험 가능	공공서비스, 경영 금융, 문화예술, 과학기술 관련 직종
경찰청 경찰박물관 www.policemuseum. go.kr	과학수사교실, 사이버수사, 경찰특공대, 산악경찰, 관광경찰, 생활안전경찰 등	경찰
소방방재청 미래소방관 **체험교실** www.nema.go.kr	화재진압, 인명구조, 응급처치 등 소방 관서 등 전국 131개소에서 중학생 대상으로 실시 (※자유학기제 직업체험 목적)	소방관
한국은행 경제교육 www.bokeducation.or.kr	청소년 경제캠프(방학중)	금융/경제 직종
서울특별시 서울동물원 http://grandpark.seoul. go.kr	동물원에서 만날 수 있는 직업 탐방	사육사, 수의사, 동물원 큐레이터, 동물영양사, 박제사, 조경전시전문가
국립중앙과학관 www.science.go.kr	생명탐구, 우주체험, 천체탐구 등	생명공학자, 우주공학자, 천체물리학자 등
국립과천과학관 www.sciencecenter.go.kr	과학실험, 생명과학, 항공체험 등	과학 관련 직종
한국항공대학교 **항공우주박물관** www.aerospacemuseum. or.kr	항공체험, 가상체험, 우주공학교육 등	항공 관련 직종
우주과학교육센터 **스페이스스쿨** www.spaceschool.co.kr	우주비행, 우주탐사, 로켓 경험 등	우주비행사, 우주공학자 등

부천 로보파크 www.robopark.org	로봇캠프, 로봇제작 체험	로봇공학자
기상청 www.kma.go.kr	기상청 체험학습, 일기도 그리기, 관측장비 견학, 기상캐스터 체험	기상학자, 기상캐스터
서울애니메이션센터 www.ani.seoul.kr	만화/애니메이션 문화콘텐츠 체험교실 캐릭터체험전시 관람, 체험, 실습	만화, 애니메이터 직종
하자센터 www.haja.net 서울시립청소년직업체험센터	문화/예술, 영상/디자인, 힙합, 요리 등	문화예술 직종

직업체험 지원센터

센터명	홈페이지	체험내용
진로직업체험지원센터	서울 마포구(희망나래) www.mhmnr.or.kr 서울 도봉구(꿈여울) www.dobongdream.or.kr 서울 용산구(미래야) www.mireaya.or.kr 서울 강서구(드림로드) http://blog.daum.net/gs.job 서울 서대문구(마이웨이) www.myway1318.or.kr 서울 성동구 http://self.sd.go.kr 상상팡팡(서울 강동구) http://3388.gd.go.kr	· 관내 기업체, 관공서, 병원 등 직업현장 체험 · 잡월드 체험 · 직업체험 강좌 · 진로동아리 지원 등
교육청 직업체험센터	인천광역시 청소년진로지원센터 www.jobguide.or.kr 울산광역시교육청 진로직업체험지원센터 http://career.use.go.kr 포항교육지원청 진로교육체험센터 http://career.pohang-e.go.kr	· 진로 및 직업탐색 프로그램 운영 · 직업체험, 탐방 · 진로캠프 · 진로동아리 지원 등

4 발견 : 내게 꼭 맞는 직업을 찾다

"한국 학생들은 미래에 필요하지도 않은 지식과 존재하지도 않을 직업을 위해 하루 10시간 이상을 허비하고 있다."

세계적으로 유명한 미래학자 엘빈 토플러가 한국을 방문했을 때 한 말이다. 지금 하고 있는 공부가 미래에는 쓸모없다고? 내가 지금 꿈꾸고 있는 직업이 세상에서 사라진다고? 과연 이 말이 사실일까?

100% 정확한 예측은 아닐지라도, 현재의 많은 직업들은 미래에는 존재하지 않을 것으로 예측되고 있다. 2013년 토머스 프레이란 미래학자는 "2030년까지 전 세계 일자리 20억 개가 사라질 것이며, 지구인 80억 명 중 절반은 일자리를 잃을 것"이라고 주장했다. 미래 예측의 오차를 감안하더라도 이 미래학자의 주장은 꽤나 충격적이다. 2030년이면 불과 15년 정도 밖에 남지 않았고, 지금 중·고등학생들에게는 그렇게 먼 미래가 아니기 때문이다.

업데이트가 안 된 지도를 가지고 여행을 계획했다간 낭패를 볼 수도 있는 법. 게다가 지금이 아닌 미래에 떠날 여행이라면 앞으로 바뀔 새로운 지도를 가지고 여행 계획을 세워야 하는 게 당연하다. 직업을 선택하는 것도 마찬가지여서 현재의 직업 세계만 살펴보기보다는 앞으로 내가 일할 10년, 15년 후의 직업 세계에 더 많은 관심을 기울일 필요가 있다.

미래의 직업 세계를 살펴볼 때는 앞으로 어떤 직업들이 유망한지를 살펴봐야 한다. 내가 하고 싶은 일이 미래에는 사양 산업에 속하거나 사라질 위험에 처해 있으면, 그 일을 하고 싶어도 일자리가 없어서 그동안의 준비가 헛고생이 될 수도 있다. 또 미래 유망직업은 다른 직업들에 비해 일자리를 비교적 쉽게 구할 수 있고 경제적인 보상도 많은 편이어서 앞으로 하고 싶은 일을 찾을 때 꼭 한번은 확인해야 하는 정보이다.

그렇다면 미래에는 어떤 직업들이 유망직업으로 주목 받게 될까? 미래 유망직업에 대한 정보는 미래 세대가 직업을 선택할 때 매우 중요하기 때문에 늘 사람들의 관심 대상이 된다.
여기서 잠깐! 미래 세대인 우리 청소년들이 생각하는 유망직업은 무엇일까? 서울의 한 중학교 학생들은 다음과 같은 직업들이 미래에 유망할 것이라고 생각하고 있었다.

청소년들이 예측한 10년 후 유망직업

1위 | 의사 – 37명
2위 | 생명공학자, 소프트웨어개발자 – 31명
3위 | 컴퓨터프로그래머 – 30명
4위 | 로봇공학자 – 27명
5위 | CEO – 27명
6위 | 환경공학자 – 23명
7위 | 우주공학자 – 22명
8위 | 외교관, 공무원 – 14명
9위 | 사회복지사 – 12명
10위 | 운동선수 – 10명

4 발견 : 내게 꼭 맞는 직업을 찾다

11위 | 가수, 교수 - 8명

12위 | 국제공무원, 요리사, 방송PD, 디자이너, 교사 - 7명

기타 | 변호사, 통역사, 심리치료사, 변리사, 행성탐험가, 펫시터(애완동물돌보미),
미래학자, 스마트폰 중독치료사, 가상현실디자이너, 3D애니메이터, 앱개발자 등

참 놀랍게도 순위에 오른 직업들은 실제로 미래 유망직업으로 종종 소개되는 직업들이다. 특히 생명공학자, 로봇공학자, 환경공학자, 우주공학자 등은 미래 유망직업 중에서도 대표적인 직업이고, 심리치료사, 변리사, 미래학자, 중독치료사, 3D애니메이터는 지금보다 미래가 더 밝은 직업들에 속한다. 또 행성탐험가, 가상현실디자이너 같은 직업은 청소년들의 미래지향적인 시각이 돋보이는 유망직업이라고 할 수 있다.

전문가들은 직업 세계를 둘러싼 사회 변화와 인구구조의 변화, 새로운 과학기술의 등장 등을 통해 미래 유망직업을 예측하고 있다. 최근 국내 한 연구기관에서는 10년 후 유망직업의 키워드를 '사람', '환경', '고령화'로 꼽았다.

먼저 '사람'과 관련된 유망직업은 정말 사람만이 할 수 있는 일을 의미한다. 즉, 사람이 하던 일을 기계나 로봇이 대체하면서 없어지는 직업이 있는 반면, 정말 사람만이 할 수 있는 일은 미래에도 사라지지 않고 유망직업으로 성장할 수 있다. 예를 들어, 사람들의 정신적인 건강을 위해 심리치료를 하거나 상담을 하는 일은 사회가 복잡해지고 변

화 속도가 빠를수록 그 필요성이 더 커지기 마련이다. 빠른 변화 속도를 따라가지 못하고 사회에서 소외되거나 심리적인 불안을 경험하는 사람이 늘기 때문이다. 또 마음의 병을 앓는 원인이 다양해지면서 치료방법도 그에 따라 다양해져 놀이치료사, 음악치료사, 미술치료사, 향기치료사, 연극치료사처럼 새로운 치료법을 적용하는 직업들은 계속 발전할 가능성이 높다.

'환경'과 관련해서는 우리가 사는 지구를 깨끗하고 건강하게 만들기 위한 직업들이 더 성장할 것으로 보인다. 지구 환경 문제를 개선하기 위한 환경컨설턴트, 기후변화를 연구하고 기후문제를 진단·해결하는 기후변화전문가, 온실가스 감축 목표량을 맞추기 위해 탄소배출권 거래를 성사시키는 탄소배출권거래중개인, 그 외 우리가 사용하는 제품에 친환경적인 요소를 가미해 환경에 위해하지 않으면서 편리한 생활을 가능하게 하는 직업들, 친환경에너지개발자, 친환경제품디자이너, 전기자동차개발자 등도 유망직업으로 꼽힌다.

인구구조 변화에 따라서도 사회가 요구하는 유망직업들이 변하고 있다. '고령화' 실버산업이 발전하면서 어르신을 전문으로 하는 금융, 복지, 생활 등과 관련된 직업들이 성장하고 있다. 또한 외국인 근로자와 결혼이주여성 등이 늘면서 이들의 언어문제와 적응문제를 해결하는 직업들도 늘어날 전망이다.

한편, 국제 교류가 늘면서 계속해서 발전하고 있는 유망직업들도 있다. 환경문제처럼 전 세계 국가들이 함께 해결해야 할 문제들이 크게 늘면서 국제기구라든지 국제회의와 관련된 직업들이 계속해서 발전하고 있다. 대표적인 직업으로는 국제공무원, 국제NGO단체활동가, 외교관, 국제회의기획자, 동시통역사 등이 있다. 또 국제무역이나 여행, 운송 관련 분야들도 미래가 더 기대되는 분야에 속한다.

최첨단 과학기술의 등장은 더욱 빠른 속도로 직업 세계에 영향을 미치고, 미래 유망직업의 판도를 뒤바꿀 가능성이 높다. 스마트폰이 게임기, MP3, PMP 같은 기계들의 기능을 대신하면서 이런 기계들과 관련된 직업들이 줄어든 것처럼, 혁신적인 과학기술의 등장과 미래 유망직업은 깊은 관련이 있다. 일례로, 아직 연구·개발이 한창인 유비쿼터스 기술, 로봇감성인지 기술, 가상현실 기술 등에서 가시적인 성과가 더 많이 나타나면 이에 따른 유망직업도 늘어날 가능성이 높다.

최근에는 3D 프린터가 개발되면서 직업 세계에 많은 변화가 일고 있다. 과거에는 아무리 반짝이는 아이디어가 있어도 이를 제품으로 만들 기술이 없거나 공장을 찾지 못하면 상품화 할 수 없었지만, 이제는 컴퓨터로 제품의 설계도를 그린 다음 3D 프린터로 뽑아내면 바로 판매할 수 있는 상품이 되기 때문에 누구든지 자기만의 상품을 만들고 직업까지 만들어낼 수 있게 되었다. 이런 혁신적인 기술은 유망 산업 영역에 영향을 미치고 미래 유망직업 판도를 새로 짜는 데도 큰 영향을 미친다.

우리는 현재를 살지만 늘 미래를 준비하며 살아야 한다. 특히 청소년들은 직업 생활을 하는 시기가 지금이 아닌 미래라는 점에서 미래 직업 세계에 대한 더 많은 관심이 요구된다. 때문에 10년, 15년 후의 우리 생활은 어떻게 달라질 것인지, 달라진 생활 속에서 나는 어떤 일을 하는 것이 좋은지, 자신의 적성과 유망직업을 함께 고려해 하고 싶은 일을 찾는 자세가 무엇보다 중요하다.

사회변화에 따른 미래 유망직업

변화 요인	유망직업
건강과 웰빙에 대한 관심 증가	의사, 임상심리전문가, 정신건강상담전문가, 중독치료전문가, 놀이치료사, 음악치료사, 미술치료사, 의료관광코디네이터, 의료통역사, 커리어컨설턴트, 여가생활컨설턴트 등
환경보호와 환경문제 해결의 중요성 증대	환경컨설턴트, 환경공학자, 기후변화전문가, 탄소배출권거래중개인, 친환경에너지개발자, 신재생에너지전문가, 친환경제품디자이너, 전기자동차개발자, 친환경건축전문가
인구구조 변화 유망직업(고령사회, 출산율 저하, 결혼이민자 증가 등)	간병인, 사회복지사, 노인복지전문가, 노인의료전문가, 실버시터, 노년플래너, 연금전문가, 임신출산육아전문가, 다문화강사, 결혼이민자지원가, 다문화자녀교육전문가, 한국어강사 등
국제교류 증가	국제공무원, 국제NGO단체활동가, 외교관, 국제회의기획자, 동시통역사, 국제물류전문가, 국제금융전문가, 해외영업원, 국제의료마케팅전문가, 여행상품기획자, 항공기조종사
첨단 과학기술 발전	유비쿼터스기술개발자, 로봇감성인지공학자, 지능로봇연구개발자, 가상현실기술공학자, 인공지능전문가, 첨단의료기기개발자, 컴퓨터보안전문가, 빅데이터전문가, 모바일콘텐츠개발자, SNS마케팅전문가, 홀로그램전문가, 증강현실엔지니어, 생명공학자, 생명정보공학자, 나노공학자, 뇌기능분석전문가, 항공우주공학자, 변리사, 3D프린팅엔지니어 등

액션 플러스 : 내 마음에 안테나를 켜고

나에 대해, 그리고 직업에 대해 열심히 살펴본다고 내가 꿈꾸는 직업
이 마법처럼 짠! 하고 나타나는 것은 아니다. 내가 어떤 사람이고, 세
상에 어떤 직업들이 있는지 알고 있어도 현실에서 경험하게 되는 진로
문제는 쉽게 해결되지 않는다. 아무리 찾아봐도 내 마음을 뛰게 할 직
업을 못 찾을 수도 있고, 정말 간절하게 바랐던 일이었는데 시간이 지
나면서 시들해지는 경우도 많다. 또 꿈이 자꾸 바뀌고 목표가 흔들리
거나, 막상 진학할 학교나 학과를 결정할 때는 뭘 어떻게 할지 몰라
갈팡질팡 할 수도 있다.

이럴 때는 주변에 도움을 요청하고 사람들의 의견을 많이 들어보는 것
이 좋다. 종종 부모님이 바라는 것과 내가 바라는 것 사이에서 갈등이

생길 수도 있는데, 이 역시 충분한 대화만이 문제 해결의 열쇠가 된다. 선생님과는 상담을 신청해서 진학 문제나 직업 선택, 갈등하고 있는 진로 의사 결정을 논의해보는 것이 좋다. 진로상담교사를 찾아가 구체적인 상담 문제를 제시하고 고민을 해결할 수 있다. 그리고 만약 하고 싶은 것도 없고 장래 희망을 찾고 싶은데 무엇부터 시작해야 할지도 모르겠다면, 심리검사를 받아보고 그 결과를 가지고 상담을 시작해 여러 번의 진로 상담을 이어가는 것이 좋다. 이외에도 워크넷, 커리어넷, 진로진학지원센터 홈페이지를 방문하면 온라인 진로 상담을 받을 수 있으므로, 혼자 해결하기보다는 친구를 찾아가 고민을 털어놓듯이 편한 마음으로 상담전문가에게 조언을 요청해보도록 하자.

마지막으로 마음의 안테나를 TV, 뉴스, 책 또는 강연회 등으로 돌려 꿈을 이룬 사람들의 이야기를 자주 접하도록 하자. 자신이 하고 싶은 분야에서 꿈을 이룬 롤모델이 실제 어떤 노력들을 했고 어떻게 역경을 이겨냈는지 듣게 되면, 꿈의 방향을 정하고 자신감을 키우는데 많은 도움을 얻을 수 있다. 또 아직 꿈이 없거나 하고 싶은 일을 찾지 못한 친구들에게는 꿈을 찾는 실마리가 될 수 있다.

5

비상
꿈을 향해 높이 날다

큰 그림이 필요해

고등학교를 마치고 대학에 들어가도 진짜 원하는 것을 찾지 못하면 인생의 방황은 계속된다. 앞으로 무엇을 하며 어떻게 살아야할지, 시간이 들더라도 큰 그림을 그리기 위한 노력이 필요한 이유다. 특히 직업, 학과, 대학 등을 선택하는 문제는 서로 깊은 연관이 있기 때문에 지금 하는 의사결정이 다른 결정에 어떤 영향을 미치는지 예측할 수 있어야 한다. 예를 들어, 학과 공부는 원하는 직업에 필요한 지식과 능력을 본격적으로 준비하는 것을 의미하므로, 큰 그림에서 미래에 어떤 일을 하고 싶은지를 먼저 그려보고 그 일에 필요한 공부를 선택하는 것이 바람직하다. 그렇지 않고 꿈도 따로, 직업도 따로, 학과도 따로따로 생각하고 내리는 결정은 언젠가 다시 멈춰 고민하게 하는 악순환을 불러일으키기 쉽다.

고등학교 선택

우리나라 청소년들이 본격적으로 고민하는 진로의사결정은 고등학교 진학을 앞두고 시작된다. 과거에 비해 고등학교 종류가 많아지면서 어떤 고등학교를 가야하는지도 큰 걱정거리가 되었다. 고등학교 체계가 복잡해졌어도, 크게는 4개 부류로 나눠볼 수 있다.

우선 대학 진학을 목표로 하는 인문계 고등학교와 특성화 고등학교가 있고, 외국어고, 과학고, 예술고, 체육고 같은 특수목적 고등학교, 그 외 대안 고등학교 등이 있다. 또 자사고(자율형 사립고), 자공고(자율형 공립고) 같은 특이한 학교 이름도 종종 들을 수 있는데, 이 학교들은 학교 운영에 자율성을 주는 일반계 고등학교의 형태를 말한다.

(※참고로, 민족사관고, 광양제철고, 포항제철고, 해운대고, 하나고, 용인외고 등의 과거 자립형 사립고는 2011년부터 자율형 사립고로 전환되었다.)

이중 특성화 고등학교는 과거 실업계(전문계) 고등학교로 불린 고등학교로, 대학 진학보다는 특정 분야의 소질과 재능을 살려 전문 직업인을 양성하기 위한 목적으로 진학하는 학교를 말한다. 때문에 만화와 애니메이션, 요리, 영상 제작, 관광, 통역, 보석 세공, 인터넷, 멀티미디어, 원예, 골프, 공예, 디자인, 도예, 승마 등 다양한 분야를 특화해 직업 교육이 이뤄진다. 대표적으로 비즈니스고, 관광고, 세무고, 로봇고, 애니(고), 디자인고 등이 있다.

고등학교의 선택에 앞서 고등학교의 종류를 살펴봐야 하는 이유는 학교의 설립 취지와 자신의 학교 선택 이유가 맞는지 따져보는 게 기본이기 때문이다. 예를 들어, 대학 진학 후에 취업을 하고 싶고 자신이 원하는 직업에서 대학 교육이 필요하면 인문계 고등학교를 가는 것이 좋다. 또 대학 진학을 원하기도 하면서 특별히 외국어, 과학, 체육, 예술 쪽으로 진로의 방향을 결정했다면 특목고도 고려할 수 있다. 대신 의사가 되고 싶어 의대 진학을 꿈꾸는데 외고를 가는 식으로 특목고 설립 취지에 반하는 진학은 바람직하지 않다. 한편, 특성화고의 경우는 대학 진학보다는 취업을 원하고, 자신의 소질을 찾아 그에 맞는 직업 분야로 진출하고 싶은 학생들이 진학하는 것이 바람직하다. 따라서 대학 진학을 원치 않으면 군이 인문계고를 고집할 필요가 없다. 대신 특성화고를 다니다가 자신의 전공 분야에서 대학 교육이 필요하다고 생각된다면 그에 맞는 대입전형으로 대학에 진학하면 된다.

결국 고등학교 선택은 앞으로 내가 어떤 분야에서 일을 하고 싶은지, 큰 틀에서 생각하고 이뤄져야 한다. 그렇지 않고 공부 잘 하면 외고나 과학고, 못하면 아무데나 가자고 결정하면 학교에 적응도 못하고 공부할 의욕도 생기지 않게 된다.

아! 그렇다고 고등학교 선택을 위해 당장 희망직업을 확실하게 결정하겠다고 스스로를 압박할 필요는 없다. 대략적으로라도 자신의 적성과 흥미를 고려해 어떤 분야에서 일하고 싶고, 그 분야에는 어떤 직업들이 있는지를 파악해야지, 너무 이른 시기에 "원하는 직업 딱 하나"만

정해버리고 다른 직업에 관심을 끊는 건 더 바람직하지 못하다. 아무리 충분히 고민했어도 그보다 더 잘할 수 있고 재밌는 일을 만날 수도 있으니까 말이다.

학과와 대학 선택

대학의 학과를 선택하는 건 단지 몇 년 동안 공부할 학습주제를 선택하는 게 아니다. 대학에서 배운 지식과 소양은 차후 사회생활, 특히 일을 할 때 활용되므로, 우선 선택하려는 학과가 원하는 직업에서 필요한 지식이나 기술을 가르치는지를 확인해야 한다. 그래야만 2년 또는 4년간의 공부가 헛되지 않을 수 있다.

결국 학과 선택을 위해서는 "어떤 학과를 갈까?"란 질문보다는 "앞으로 내가 일하고 싶은 분야나 직업은 뭐지? 그 일을 하려면 어떤 학과에 가야 하지?"란 식으로 질문을 바꿔야 한다. 즉, 학과 선택 방식은 내가 하고 싶은 일에 필요한 지식과 기술을 준비하기 위한 방법으로서 적합한 학과를 선택하는 것이어야 한다. 예를 들어, 의사가 꿈이면 의학과를 지원해야지 굳이 다른 학과를 선택해서 의사가 될 필요는 없다는 거다. 물론 다른 학과를 가서도 의사의 꿈을 이룰 수 있겠지만, 어느 정도 자신이 하고 싶은 일이나 분야가 정해져 있다면 해당 공부를 할 수 있는 학과를 우선적으로 선택하는 것이 바람직하다.

따라서 학과 선택을 위해서는 내가 원하는 직업이나 진출 분야와 연계해서 학과 정보를 탐색해야 한다. 해당 학과에서 어떤 교과목을 공

부하는지는 기본이고, 졸업하고 진출하는 직업 분야, 취득할 수 있는
자격과 면허, 학과의 취업 현황 등을 함께 살펴봐야 한다. 이러한 학
과정보는 진로정보를 종합적으로 제공하는 사이트(워크넷, 커리어넷
등)에서 검색할 수 있고, 네이버 등의 포털사이트에서도 공인된 학과
정보를 제공하고 있으므로 손쉽게 검색이 가능하다. 또 관심 있는 대
학의 홈페이지에 들어가면 학과별 홈페이지가 따로 개설되어 있으므
로 대학 홈페이지를 활용하는 것도 좋은 방법이 된다.

많은 친구들이 고등학교, 문·이과, 학과, 직업을 고민하는 시간보다
어떤 대학을 갈지를 더 고민하는데, 미래에 하고 싶은 일과 그에 따라
가야할 전공을 정하고 나면, 대학은 그 전공이 개설된 대학을 중심으
로 살펴보면 된다.

원하는 일에 따라 학과를 결정한 다음에는 얼마든지 성적에 맞게 대
학을 선택해도 좋다. 다만 소위 "좋은 대학"이 나에게도 좋은 대학인
지 확인하려면 장학제도, 교환학생 프로그램, 취업지원제도, 기숙사
등을 꼼꼼하게 따져봐야 한다.

5 비상 : 꿈을 향해 높이 날다

02

멘토와 꿈을 이야기하다

꿈의 멘토
만나고 싶었어요

매년 자신과의 점심을 경매에 붙이는 사람이 있다. 이 사람은 가장 많을 땐 345만 6천789달러(약 40억원)에, 최근엔 100만달러(11억3천만원)에 누군가와 점심을 함께 했다. 도대체 얼마나 대단한 사람이길래, 밥 한 끼 먹는데 이렇게 많은 돈을 주고 만나겠다는 걸까? 과연 그 비싼 점심시간엔 어떤 대화들이 오갔을까?

점심 경매를 제안한 사람은 미국의 유명한 투자자 워렌 버핏. 그의 말한마디에 미국 주식시장이 출렁일 정도로, 그는 전설적인 투자의 귀재로 불린다. 그가 가진 투자 노하우가 워낙 대단하다보니, 사람들은 막대한 돈을 들여서라도 만나려 하고, 그 역시 자신의 장점을 십분 활용해 좋은 일을 하는 것이다.(낙찰된 경매금은 샌프란시스코 소재의 자선단체에 기부되기 때문에 점심 경매는 사실 돈을 벌려는 이벤트가 아니다.)

'워렌 버핏과의 점심'처럼 아주 값비싼 점심의 기회가 주어진다면, 당신은 누구와 점심을 하고 싶은가? 만약 그 시간에 평소 존경하는 꿈의 대상을 만날 수 있다면, 누구와 어떤 대화를 나누고 싶은가?

내가 꾸는 꿈을 먼저 이룬 사람, 꼭 한번 만나보고 싶은 사람을 만난다면 그 시간은 말 그대로 꿈같은 시간이 아닐까. 어쩌면 만남만으로도 꿈을 다 이룬 것처럼 기쁘고 행복할 테고 말이다. 실제로 자신이 꿈꾸는 분야에서 성공한 멘토를 직접 만나게 되면, 그 꿈을 이룰 확률은 훨씬 커진다. 존경하고 닮고 싶은 사람이 있는 것만으로도 꿈에 더 가까워지는데, 직접 만나 대화하고 용기를 얻으면 꿈을 이룰 힘은 더욱 강력해진다.

특정 직업을 꿈꿀 때도 마찬가지여서, 관심 있는 직업이 있거나 꼭 하고 싶은 일이 있다면 닮고 싶은 멘토를 만나기 위해 노력해야 한다. 직접 만나면 가장 좋고, 그렇지 않으면 책이나 강연회, 뉴스, 방송 등으로라도 만나려는 노력이 필요하다.

여기서 잠깐! 그렇다면 십대들이 가장 만나고 싶어 하는 꿈의 멘토는 누굴까? 이 질문에 대해 청소년들은 자신의 자리에서 남다른 열정으로 성공한 멘토로서 만나고 싶다고 답했다. 그중에는 잘 알려진 연예인이나 스포츠 스타도 있었고, 정치인, 기업인, 광고기획자, 과학자 등이 포함되어 있었다. 그리고 그들을 만나게 된다면, 왜 지금의 직업을 선택했고, 어떻게 성공할 수 있었는지, 실패를 극복하는 자신만의 방법이 있는지 등을 듣고 싶다고 했다.

정치·국제·사회 / 대통령, 다선 국회의원, 도지사, 시장, 교육감, 국제기구 전문가

기업경영·법률 / 이건희, 이수만, 방시혁

의료·웰빙·음식 / 에드워드권, 이국종

공학·과학 / 김범수, 데니스홍, 이해진, 정재승

문화·예술·스포츠 / 손흥민, 김연아, 김은숙, 류현진, 박지은, 대도서관, 주호민, 이말년, 페이커, 강수진 등

방송·언론·영화 / 방탄소년단, 김태호, 나영석, 봉준호, 싸이, 엑소, 유재석, 하정우 등

교육·공공서비스 / 서경덕, 한비야

해외 / 구글 창업자, 닉 부이치치, 버락 오바마, 빌 게이츠, 오프라 윈프리, 워렌 버핏, 존 앤 롤링, 주커버그 등 (*성명 가나다 순, 순위 아님, 직함 생략)

만나고 싶은 직업인에게 듣고 싶은 이야기

1위 | 성공하기 위해 특별히 노력한 점 – 250명

2위 | 직업을 선택한 결정적인 계기 – 220명

3위 | 자신만의 실패 극복 방법 – 215명

4위 | 어린 시절 이야기 – 133명

5위 | 인생의 좌우명 – 124명

6위 | 직업을 이해하는데 도움이 되는 책 – 70명

7위 | 인생의 멘토(가장 존경하는 사람) – 67명

8위 | 다시 태어나면 꼭 하고 싶은 일 – 65명

9위 | 특별히 갖고 있는 직업병 – 57명

기타 | 최종목표, 가치관, 월급, 자신만의 이야기, 자주 가는 곳 등

어려움을 극복하고 성공한 이야기는 우리에게 큰 감동을 준다. 우리가 어릴 적 위인들의 전기를 읽고 교훈을 얻는 것처럼, 성공한 직업인의 이야기는 꿈에 더 가까이 갈 수 있는 용기와 지혜의 모델이 되어준다. 특히 꿈이 없어 고민인 친구들, 꿈은 있지만 과연 이룰 수 있을까 걱정스런 친구들, 그리고 내 꿈을 응원해줄 누군가가 필요한 친구들에게 그들의 성공스토리는 그 자체로 희망이 될 수 있다.

세계적으로 인정받는 봉준호 감독님의 어린 시절은 어땠을까?
꽃보다 빛나는 나영석 PD님의 아이디어의 원천은 과연 무엇일까?
숭고한 의사정신을 발휘하는 이국종 교수님, 다시 태어나도 의사를 꿈꾸실까?
국내1호 범죄 프로파일러 권일용 경감님은 범죄 현장에서 어떤 일들을 경험하셨을까?
수많은 직업 중에서 서경덕 교수님은 왜 국내 유일의 한국홍보전문가가 되기로 결심했을까?

자, 이제 진짜 꿈을 찾는 여행을 떠나보자.
꿈을 이룬 사람들의 이야기를 배경음악 삼아, 내 인생의 가장 의미 있는 일을 찾는 여행을 떠나보자. 그 여행은 어떤 직업을 가질지에 몰두하지 않는 여행, 내가 꿈꾸는 직업의 의미와 가치를 생각해보는 시간이길 바란다.

꿈 하나
과학 · 공학

편리하고 스마트한 미래

로봇공학자 데니스홍

건축사 류춘수

로봇공학자 데니스홍

사람을 위한
따뜻한 기술을 꿈꾸다

기술로 인간이 행복해지는 세상

2011년, 미국, 세계적으로 유명한 롤렉스 24 자동차 경주대회 예선전. 검은 SUV 한 대가 장애물을 요리조리 피하며 천천히 트랙을 돈다. 차분히 레이스를 마치고 하얀 지팡이를 들고 차에서 내린 사람은 놀랍게도 시각 장애인 마크! 사람들의 박수와 기자들의 플래시 속에, 마크와 그의 시각장애인 아내, 이 자동차를 개발한 데니스홍 박사님은 서로 얼싸안고 감격의 눈물을 흘린다. 전 세계 3700만 시각장애인들의 꿈이 현실로 이루어지는 순간이다. 워싱턴포스트지에서는 이 프로젝트를 달 착륙에 버금가는 성과라고 극찬했다.

세계 최초로 시각장애인이 직접 운전하는 자동차를 개발한 데니스홍 박사님은 현재 미국 버지니아텍 교수이자 로봇공학자로 활약하고 있다. 생명을 구하는 화재진압용, 재난 구조용 휴머노이드 로봇 개발에 주력하며 로봇과 인간의 아름다운 공존과 따뜻한 기술을 연구하고 있다.

그런 박사님을 만나게 되다니 꿈만 같았다. 설레는 마음으로 기다리는 우리들에게 박사님은 커다란 가방을 들고 오셨다. 로봇이 든 가방이었다. 우리들은 로봇을 직접 보면서 드디어 미국에서 오신 로봇박사님을 만나고 있음을 실감했다.

어떻게 그렇게 어려운 일을 해냈는지 궁금했다.

"실패를 두려워하면 도전할 수 없고 도전하지 않으면 성공도 할 수 없어요. 불가능이란 단지 하나의 의견일 뿐이죠."

처음 시각장애인용 자동차를 개발한다고 할 때 사람들은 아무도 믿지 않았다. 불가능이며 시간낭비라고 일축하는 사람들도 많았다. 하지만 결국 데니스홍 박사님은 해냈다. 모두의 만류에도 불구하고 불가능에 대한 도전정신으로 이 프로젝트를 시작했는데 시간이 지남에 따라 이 일의 또 다른 엄청난 의미가 다가왔다고 한다.

2009년, 박사님이 만든 자동차의 첫 시운전날, 그 차를 운전하면서 기쁨과 희열에 찬 시각장애인의 모습을 목격하고 자신이 하는 일이 사람들에게 진정으로 행복을 가져다 줄 수 있음을 처음으로 실감했다. 그 순간 데니스홍 박사님은 장애인을 위한 기술을 개발하여 그들도 우리와 똑같은 삶을 살 수 있도록 응원해야할 책임감을 가슴깊이

느꼈다. 자동차를 만들기 위해 시각장애인들 곁에서 직접 보고 듣고 그들을 이해하려고 노력하는 과정에서 중요한 교훈을 얻게 된 것이다. 이렇게 인간을 위한 따뜻한 기술을 개발하는 것이 박사님 삶의 목표가 되었다.

그러나 사람들은 새로운 기술의 개발을 꼭 긍정적으로만 보지는 않았다. 많은 사람들이 시각장애인이 운전하면서 일어날 교통사고를 걱정했다. 이런 걱정 없이 차라리 무인자동차가 더 바람직하지 않을까? 군이 시각장애인용 자동차를 개발한 이유는 무엇일까?

"이 프로젝트는 시각장애인들에게 단지 자유와 독립을 주려는 게 아닙니다. 그보다 시각장애인에 대한 이 사회의 인식을 바꾸려는 의도가

모두의 만류에도 불구하고 로멜라연구소 학생들과 함께 시각장애인용 자동차 개발에 성공했다

더 컸어요. 시각장애인들이 직접 자동차를 운전하는 것을 보면 그들도 우리와 똑같은 사람이라고 느끼게 될 테니까요."

장애인에 대한 사람들의 편견 자체를 바꾸고 싶었던 데니스홍 박사님은 그렇게 다 같이 함께 행복할 수 있는 사회를 꿈꾼다.

네 꿈을 찾고 키우고 이루어라

「파퓰러사이언스」가 선정한 젊은 천재 과학자 10인에 선정될 정도로 유명세를 떨치고 있는 데니스홍 박사님은 자신의 성공에 대해 이렇게 얘기한다.

"제가 성공할 수 있었던 가장 큰 이유는 로봇공학자가 되고 싶었던 제 꿈이 너무 강렬했고 그 꿈을 이루려는 끊임없는 노력과 뜨거운 열정에 있습니다. 나도 행복하고 다른 이도 더불어 행복할 수 있는 삶! 이것이 제 인생철학이자 삶의 목표입니다. 꼭 돈이 많아야 행복할까요? 행복하려면 돈보다도 꿈이 더 중요하죠. 저는 부자는 아니지만 행복합니다. 제 꿈을 찾고 꿈을 쫓고 꿈을 이루고 있기 때문이지요."

박사님의 꿈은 아주 어린 시절부터 시작되었다. 일곱 살 꼬마 시절, 공상과학 영화 '스타워즈'를 보면서 로봇의 세계에 푹 빠져버렸다.

"영화에 나오는 로봇과 우주선이 너무 신기해 넋을 잃고 바라보았어요. 영화를 보면서 이다음에 힘든 일을 척척 해내고 위기에 처한 사람들을 구해주는 로봇을 만들겠다고 결심했습니다."

그 꿈은 과학자인 아버지와 교육자인 어머니의 전폭적인 지지에 힘입어 무럭무럭 자랐다. 호기심 많던 박사님은 스스로 궁금증을 풀기 위해 라디오나 믹서기, 심지어는 텔레비전까지 닥치는 대로 뜯어보곤 했는데 그럴 때마다 부모님은 혼내지 않고 오히려 칭찬을 해줬다.

"과학자이신 아버지는 늘 호기심 많은 저를 더 이해하고 격려해주셨어요. 저도 지금 제 어린 아들을 같은 방법으로 키우고 있지요. 끝까지 이어지는 '왜?'라는 물음에도 성의껏 대답해주려고 노력해요."

학교에 들어가서는 과학과목을 제일 좋아했고 열심히 공부했다. 그렇다고 어릴 적부터 공부를 잘했던 것은 아니다. 초등학교 때 수학이나 과학을 빼고는 성적이 그닥 좋지 않았다. 어떤 과목은 '가'를 맞기도 했다. 왜 그 과목을 공부해야하는지 동기가 없었기 때문이다.

그러다가 어릴 때부터 꿈이었던 로봇공학자가 되기 위해서는 좋은 대학에 가야한다는 목표가 생겼다. 과학은 워낙 흥미 있는 과목이었지만 수학은 좋아하지 않았다. 그러나 꿈을 이루기 위해 싫어도 열심히 공부했다.

"백프로 이루어지는 꿈이란 없어요. 다만 이루어질 확률만 있을 뿐이죠. 그 확률을 높이기 위해서 공부가 중요해요. 공부하기가 싫었지만 열심히 한 이유가 여기에 있죠. 내 꿈을 꼭 이루고 싶었거든요."

박사님은 공부를 잘 하려면 우선 꿈을 가져야한다고 생각한다. 자기 꿈을 이루고 싶은 동기의식이 있다면 어려운 공부도 덜 지루할 것이다.

지금은 각광받는 공학자이지만 박사님에게도 춥고 배고팠던 시절이 있었다. 퍼듀공대에서 학위를 받고 버지니아 공대 기계공학과 교수로 갓 임용되었던 30대 초반, 재능 있는 학생들과 로봇 연구팀을 꾸렸는데 연구를 의뢰하는 기업을 찾을 수가 없었다.

"아이디어만 있다고 로봇이 되는 건 아니에요. 현실적으로 연구 자금이 있어야죠. 먼저 연구제안서를 제출해서 연구 자금을 받아야 하는데 공들여 준비한 제안서가 모두 퇴짜를 맞았죠. 너무 속상하고 같이 고생하는 학생들 볼 면목이 없어 혼자 눈물을 흘린 적도 많았습니다."

박사님은 자신의 제안서가 왜 거절당했는지 다시 차분히 살펴보았다. 제안서를 보내기 전에 먼저 시제품을 만들어 보기로 하고 남은 연구비를 통 털어 시제품을 만들었다. 그리고 그 시제품을 바탕으로 다시 제안서를 만들어 보냈는데 결과는 대 성공이었다.

"실제 제품은 제가 상상했던 제품과 확실히 차이가 있었습니다. 그제야 왜 기업이 제안서를 돌려보냈는지 알 수 있었어요."

기업의 지원이 늘자 박사님은 버지니아 공대 내에 로멜라연구소를 설립하고 본격적인 로봇 연구에 나섰다.

"로멜라는 제가 어릴 때부터 키워온 꿈을 현실화시키는 곳, 제 꿈의 공장입니다. 여기는 일 년 365일 쉬지 않아요. 누가 시키지 않아도 학생들이 스스로 와서 항상 연구하며 일하고 있습니다. 아이디어 토론

쉬는 날 없이 연구와 토론이 이어지는 로멜라연구소.

이 자연스레 이어지죠."

로멜라는 연구원들에게 재밌고 즐거운 곳으로 통한다. 함께 간식을 먹고 낮잠을 자고 운동을 하는 등 학생들이 좋아하고 필요로 하는 것이 거의 마련되어 있다. 그렇게 자유롭고 편안한 공간에서 서로 얘기하다가 아이디어가 떠오르면 칠판에 적기도 하고 기술적인 책을 보다가 토론을 시작하며 컴퓨터로 프로그램을 짜고 로봇도 실제로 만든다.

로봇을 만드는 아이디어는 아주 사소한 것에서 시작되며 무릎을 칠 정도로 재미있는 것들이 많다. 이러한 창의적인 아이디어는 로봇과 전혀 상관없는 데서 영감을 얻는 경우가 대부분. 자연, 공원, 장난감 등에서 영감을 얻은, 이런 것도 로봇인가 할 정도로 희한하고 신기한 로봇들도 만들어냈다. 아직 실용화되려면 연구가 더 필요하지만 로봇의 새 지평을 열었다는 평가를 받고 있다. 로멜라는 이렇게 혁신적인 로봇을 연이어 발표하면서 이제는 미국 내에서 로봇 전문연구소로 단단

로봇공학자 데니스홍

히 자리 잡았다.

현재 로멜라의 가장 중요한 이슈는 위험한 곳에서 사람을 대신할 수 있는 재난구조용 로봇이고, 다음으로 일상생활에서 몸이 불편한 사람, 노약자를 도울 수 있는 로봇이 나올 것이다.

데니스홍 박사님은 로멜라의 가장 소중한 성과는 논문이나 기술이 아니라 바로 함께 연구하는 학생들이라고 말한다.

"미래의 로봇들을 개발하고 이 분야의 최고가 될 우리 학생들이 너무 자랑스러워요. 저와 같은 사람을 많이 만들어서 이 사회에 좋은 일을 많이 하게 하는 것이 제 가장 큰 보람입니다. 졸업하고 성공해서 이 사회에 선한 영향을 미치는 제자들을 볼 때 가장 뿌듯하죠."

항상 이길 수는 없지만 언제나 배울 수는 있어

강연이나 방송에서 언제나 밝고 재밌는 표정, 위트와 자신감 넘치는 스피치로 사람들을 사로잡는 데니스홍 박사님. 평상시에도 항상 유쾌하고 즐겁기만 한 것일까? 도무지 스트레스가 없어 보이는 비결은 무엇일까?

"저는 삶의 문제를 크게 두 가지로 나누어요. 하나는 내가 노력해서 나아질 수 있는 문제, 나머지는 내 노력과는 무관한 문제지요. 노력해서 좋아질 수 있는 문제라면 열심히 노력하고 그렇지 않은 일은 가급적 잊어버리려고 노력해요. 그래서 스트레스를 덜 받는 것 같아요."

열심히 노력한다고 해서 언제나 성공하기만 하는 것은 아니다. 번번이 실패를 겪기도 하고 좌절을 맛보기도 한다. 다른 점이라면 박사님은 실패를 통해서 더 배우려는 의욕을 다진다는 것이다.

최근에 오랫동안 준비해온 중요한 프로젝트가 실패로 돌아갔다. 지난 해 12월, 미국에서 재난구조 로봇대회가 열렸는데, 후쿠시마 원전 사고 같은 재난현장에서 사람을 대신할 수 있는 로봇을 공개모집하는 행사로, 총 200만 달러의 상금이 걸린 대단히 중요한 대회였다. 재난구조로봇은 박사님이 가장 주력하는 분야이기에 제자들과 함께 오랫동안 이 대회를 위해 총력을 쏟았다.

1차 심사에서 전 세계 17개 팀 중 8등 안에 들어야 1년 뒤 결승에 진출할 수 있었다. 그런데 박사님 팀은 그만 1점 차이로 아깝게 9등을 했고, 탈락이었다. 그동안 승승장구해오던 팀원들의 실망이 이만저만이 아니었다.

그때 데니스홍 박사님은 이런 말로 학생들을 격려했다.

"항상 이길 수는 없지만 언제나 배울 수는 있다. 실패는 우리가 도전하고 있다는 증거다."

같은 실패라도 그것을 어떻게 받아들이고 극복하느냐에 따라 달라진다. 박사님은 실패를 통해서 좌절하지 않고 실패의 원인을 분석하고 배우면 그것이 성공으로 가는 디딤돌이 된다고 강조한다. 그러니 실패하더라도 항상 즐거울 수밖에 없다.

흔히 로봇공학자가 되려면 우수한 두뇌와 창의력을 갖춰야한다고 생각하지만 그것보다 더 필요한 것이 인내와 끈기다. 로봇을 만들다보면 실패할 가능성이 많은데 그때마다 좌절하지 않고 평생 배우겠다는 자세를 가져야 결국 성공할 수 있다. 또한 항상 발전하는 새로운 기술, 다른 연구자들의 연구를 보고 공부해야 더 새로운 로봇을 만들 수 있기 때문에 평생 배우려는 자세는 필수다.

고등학교까지는 로봇이 그저 재밌고 신기할 수 있다. 그런 걸 즐긴다고 로봇공학자가 될 수 있는 것은 아니다. 사람들은 결과물 로봇만 보지만 그 뒤에는 엄청난 노력과 연구가 필요하다. 취미로서의 로봇 만들기를 뛰어넘으려면 공업수학, 과학 등 어려운 공부를 해야 한다.

"과학은 로봇을 만들기 위한 도구이고 수학은 과학을 하기 위한 언어죠. 수학과 과학 없이는 진짜 로봇연구를 할 수가 없어요. 따라서 과학과 수학을 열심히 공부할 자세가 먼저 되어 있어야 합니다."

데니스홍 박사님은 '나'보다는 '우리'라는 말을 자주 사용한다. 나 혼자 성공한 것이 아니라 함께 일해서 같이 성공하고 있다고 말한다. 로봇을 만드는 일은 기계 전자, IT 등 굉장히 넓은 분야의 융합학문을 필요로 한다. 로봇을 개발하려면 그 모든 것이 필요하지만 한 사람이 그 모든 것의 전문가가 될 수는 없는 일. 각 분야의 전문가와 협력하는 것이 아주 중요하다. 그래서 다른 사람의 의견을 잘 듣고 협동하는 것이 무엇보다 중요하다. 어릴 때부터 토론하고 서로 협력하는 것을 배우는 것이 로봇 연구뿐만 아니라 다른 많은 일에도 꼭 필요하다.

끝으로, 꿈을 찾기 어렵다고 느끼는 많은 청소년들에게 데니스홍 박사님은 이렇게 당부 한다.

"꿈이 없다면서 스트레스 받는 친구들이 많아요. 꿈은 자기를 행복하게 해주는 것이에요. 지금은 자기가 좋아하는 것을 발견할 수 있도록 다양한 경험을 쌓는 것이 중요해요. 그러다보면 자연스럽게 자기가 좋아하고 잘 하는 것을 발견할 수 있는데 그것이 꿈이 되는 거죠. 여러분! 의미 있는 꿈을 찾고 자기 노력으로 이 세상에 큰 임팩트를 줄 수 있는 멋진 삶의 주인공이 되세요."

Interviewer : 권혁준, 신규림, 신성철

Profile 데니스홍

「퍼퓰러사이언스」가 선정한 젊은 천재과학자 10인. 현재 미국 버지니아텍 교수이자 로봇공학자로 활약하고 있다. 한국항공우주과학의 태두인 홍용식 박사님의 둘째 아들로 태어나 고려대 3학년에 재학 중 미국으로 유학을 갔다. 퍼듀대학에서 학위를 받고 버지니아텍에서 로봇연구소 로멜라를 설립, 자연의 원리와 다양한 학문을 융합한 로봇을 개발하고 있다. 세계 최초 시각장애인이 직접 운전하는 자동차 개발로 미국립과학재단(NSF)의 '젊은 과학자상', 'GM 젊은 연구자상', '미국자동차공학회(SAE) 교육상'을 수상했다.

모든 성취는
고통을 통해 나온다

한국적인 조형미와 첨단 기능성 갖춘 월드컵 경기장 설계

2002년, 붉은 악마의 함성으로 가득 찼던 역사적인 현장, 서울 월드
컵 경기장! 그곳은 뛰어난 조형미와 첨단의 기능성을 갖춘 설계로 세
계 10대 축구전용 경기장 중 하나로 손꼽힌다. 경기장은 둥글다는 고
정관념을 과감히 탈피해 한국 전통의 방패연 모양으로 설계한 우리나
라 최고의 건축사 류춘수 선생님은 당시 감회를 이렇게 회상한다.
"서울은 산과 강이 있는, 세계에서 제일 아름다운 도시야. 이런 곳에
월드컵 경기장을 짓게 된 걸 필생의 영광으로 생각해."
당시 쟁쟁한 건설 회사를 제치고 27명의 심사위원 중 25명의 전폭적
인 지지로 월드컵 경기장 공모에 당선 되었는데 무엇보다 한국의 전통

조형미에 하이테크 기술을 접목시킨 것이 높이 평가되었다고 한다.

"요즘 젊은 친구들은 우리의 역사와 전통에 무관심하고 스펙 쌓기에만 열을 올리면서 글로벌 운운하는데 사실 국제화로 나가는 첫걸음은 우리의 것을 잘 아는 것부터 시작되지."

월드컵 경기장 설계 공모에서 당선되기 전, 선생님은 인생에 가장 큰 고비를 맞았었다. 1998년 아이엠에프가 왔을 때 보증 선 것이 잘못되어 모든 재산을 다 잃었고 당시 사회적 상황으로 인해 일도 없었다.

그때 직원들을 모아놓고 회사를 살리는 전략보고서를 만들었는데 보고서 제목을 '태산이 높다 하되 하늘 아래 뫼이로다'로 정했다. 어떤 어려움이 있어도 하늘 아래 작은 산에 불과하다는 긍정적인 생각으로 열심히 뛰었고 반 년 만에 월드컵 경기장 공모에 당선되어 재기할 수 있었다.

어린 시절을 궁금해 하는 우리들에게 선생님은 모든 좋은 것은 고통스러운 노력 속에서 나온다며 붓으로 그림을 그리기 시작한다.

"어린 나는 매일 붓글씨를 썼어. 면서기였던 아버지는 퇴근 후 날마다 내가 신문지에 빼곡하게 쓴 한자를 검사하셨는데 그때부터 붓 잡는 게 습관이 되었지."

말씀하면서 순식간에 그림 한 장씩을 완성할 때마다 우리들은 감탄을 연발했다. 선생님은 설계하는 모든 건축물도 붓으로 스케치하는 것으로 유명하다.

"뭐든 잘 하려면 몸에 배게 훈련을 해야 해. 그림도 수없는 연습으로 몸에 배면 나처럼 능숙하게 그리게 되지. 김연아 선수를 봐. 눈 감고 얼음판 위에서도 균형을 잃지 않고 빙글빙글 잘 돌잖아. 그만큼 몸에 배게 훈련한 결과야. 그런 선수들이 세계에 수도 없이 많고 그 중에서 또 제일 잘 해야 세계 1등이 되지. 건축설계도 마찬가지야. 최고가 되려면 엄청난 노력이 필요해."

어려서부터 그림 그리기를 좋아해 몸에 배게 끊임없이 연습했던 선생님은 고 2때 경북 사생 대회에서 장원을 할 정도로 그림을 잘 그렸지만 화가가 되고 싶진 않았다. 수학과 물리를 더 좋아해 이과를 공부했고 고 3때 적성검사에서 건축이 1위로 나와 별 고민 없이 건축을 전공하게 되었다.

건축은 사람의 생활을 설계하는 것

그림을 잘 그리고 수학과 과학적 논리가 뛰어난 선생님께 건축사는 딱 맞는 일이었다. 그러나 그림과 이공계적 논리보다 건축사에게 더 중요한 것은 따로 있다면서 호텔 설계를 예로 들어 건축사는 어떤 사람이어야 하는지 설명해주신다.

"설계를 하려면 여러 전문가의 목소리에 귀를 활짝 열어두어야 해. 우선 나는 건축사니까 형태를 아름답게 만들어야 하고 건물이 무너지지 않게 구조와 전기, 기계, 토목 등 여러 전문가들과 협력해서 과학적이

건축사 류춘수

고 논리적으로 설계를 해야겠지. 그런데 단순히 아름다움과 과학만으로는 안 돼. 공간을 구성할 여러 제반 조건들을 세세하게 파악하고 이해하는 데서부터 건축이 시작되거든."

호텔 이용 고객은 물론 임직원 및 레스토랑, 조리실, 세탁실 등 모든 업무 종사자의 동선과 움직임을 고려해 가장 효율적인 공간으로 설계해야 한다. 예를 들어 호텔 안에는 투숙객들로 인해 세탁물이 엄청나게 나온다. 산더미처럼 쌓이는 세탁물을 처리하려면 세탁실을 설계해야 한다. 그런데 만약 근처에 전문 세탁회사가 있다면 외주로 맡기는게 더 경제적일 수도 있다. 이 때 판단은 호텔운영자와 설계자가 함께해야 한다.

1995년 한국건축문화대상을 받은 리츠칼튼호텔. 각 층의 스위트룸을 계단식 테라스로 처리해 경사진 대지의 조건을 형태적으로 구현했다.

호텔을 사용하는 사람뿐만 아니라 그 앞을 지나다니는 사람까지도 불편함이 없도록 설계해야 하는데 이런 문제는 예술이나 과학이 아니다. 건물을 짓는다는 건 그 안에서 살아가게 될 사람의 생활을 설계하는 것이다.

"그림 같은 호수가 있는데 하필 북쪽이라면 창을 어디로 낼 것인가 고민이 되겠지? 이렇게 조건이 부딪힐 때는 서로 잘 맞춰야 해. 여러 복합적인 조건을 맞춰서 계획적으로 설계하는 것이 우리가 할 일이지."

땅과 기후, 도로 등 주변 환경과 자연환경, 건물을 세우는 의도, 책정된 공사비 등 건축사는 많은 사항들을 고려해 최고의 설계를 하려고 노력한다.

고정관념을 탈피해 자신만의 색깔을 가져야

집을 잘 지으려면 끊임없는 생각과 노력으로 그 집에서 살아갈 사람의 삶을 통찰하고 계획할 줄 알아야 한다. 그러나 다른 사람의 삶을 들여다본다는 것이 말처럼 결코 쉬운 일은 아니다. 생활 조건이란 사람마다 너무도 다르기 때문이다. 그래서 건축사는 먼저 사람의 삶을 제대로 알아야 한다.

건축사는 집을 지을 때 어떤 역할을 할까? 선생님은 건축사를 오케스트라의 지휘자에 비유한다.

"집을 지을 때 건물 재료, 구조, 법규, 전기, 기계, 견적 전문가가 다 따로 있어. 사실 건축사는 전문성이 없어. 이 모든 전문가들을 건물 속에 필요한 요소로 묶는 역할을 하지. 오케스트라 지휘자는 모든 악기를 다루는 플레이어보다는 못하지만 지휘자가 없으면 오케스트라가 안 되지. 건축에서 건축사는 바로 오케스트라의 지휘자 같은 사람이야."

선생님은 기존의 고정관념에 얽매이지 않고 자신의 색깔을 가지려고 노력한다. 우리 고유의 방패연 모양으로 세계의 이목을 끌었던 '서울 월드컵 경기장'이 그 대표작이다.

"그동안 경기장 설계할 때는 대부분 트랙이 있다 보니 둥글 수밖에 없었어. 그런데 축구 전용 경기장은 육상 트랙이 필요 없으니까 꼭 원형을 고집할 필요가 없지. 우리나라 방패연 모양은 축구장과 비례와 같아. 직사각 모서리를 잘라 팔각으로 설계하니 선수와 관객을 가장 가깝게 모아주는 경기장이 되었지."

지하철역도 단순히 지하철을 타기 위한 공간만은 아니다. 선생님이 설계한 갤러리 스타일의 경복궁역은 서울에서 가장 아름다운 지하철역사로 손꼽힌다. 또, 김포공항역은 하늘에서 빛을 끌어와 지하는 깜깜하다는 고정관념을 깼다.

소반, 방패연, 황포돛배의 컨셉으로 이루어진 월드컵 경기장. 경기장을 사용하는 선수, 관객의 움직임과 FIFA 규정을 지키면서도 한국적인 심볼이 드러나도록 설계했다.

선생님은 특별히 애착이 가는 건축물로 한계령 휴게소를 꼽았다.

"1979년이니까 내가 한창 젊었을 때 설계한 건물이야. 비탈진 지형에 건물을 지을 때 보통 바닥을 평평하게 고르고 짓는데 나는 계단식으로 조금씩만 파서 산의 비탈을 그대로 살려 집을 지었어. 발코니도 경기장 관중석처럼 계단식으로 만들어서 한계령의 멋진 전망을 즐길 수 있게 배려했지. 우리나라 정자를 보면 땅을 반듯하게 고르는 게 아니고 아래 기둥의 길이를 다르게 해서 집을 지었어. 자연 훼손을 최대한 적게 한 거지. 그게 우리의 전통 정신이야. 나는 그런 정신이 좋아."

가장 존경하는 스승으로는 고 김수근 선생님을 추억했다. 류춘수 선생님은 스물아홉부터 마흔 한 살까지 김수근 선생님의 '공간 건축'에서 일했는데 그때 그곳에서 건축에 대해 많은 것을 배우며 실력을 닦았다. 김수근 선생님은 건축을 예술로 이해하고 건물이 하나의 기술적인 것이 아니라 문화의 중심이라는 것을 표방하고 실천한 분이었다. 실제로 문화재로 지정될 만큼 아름다운 설계사무소 건물에 극장을 만들어 한국 최초로 사물놀이 공연을 하고 화가, 음악가, 문인들 교류의 장으로 활용했다.

류춘수 선생님은 김수근 선생님이 돌아가시고 그곳에서 5개월을 더 머물다가 '이공 건축'이라는 이름으로 독립했다. '공간 건축'에 있을 때부터 부산야구장, 원주 치악 체육관 등 체육관 설계를 많이 하다 보

니 이후에도 자연스레 그쪽 일을 많이 하게 되었다.

"사람들은 나를 스포츠 경기장 설계의 전문가로 부르는데 원래 그쪽 전문가가 되려 했던 것은 아니야. 경기장 설계를 맡아 잘 하다 보니 올림픽 경기장도 짓고 말레이시아 체육관도 만들게 되었지. 또 외국 사람들과 자꾸 작업을 하다 보니 국제적인 일이나 스포츠 관련 일을 하게 되었어. 그런 실적이 있으니 비슷한 일이 계속 들어오네. 내 운명인 거지."

건축을 자신의 운명이라고 받아들이는 선생님께 건축 설계의 의미는 무엇일까?

"설계는 내가 하고 싶다고 맡을 수 있는 것이 아니야. 누군가 나를 필요로 하는 사람이 나타나면 그 사람과 상황에 맞는 가장 적합한 것을 만들어주어야 해. 내게 주어진 일을 통해 아름다운 것을 표현하고 싶은 욕구와 내가 좋아하는 물리적, 논리적 표현을 다 할 수 있으니 정말 감사한 일이지. 내가 설계한 공간에 들어오는 사람들을 행복하게 해주려고 밤낮으로 고민하는 것이 정말 좋아. 그래서 모든 설계를 할 때마다 혼신을 다해 열정을 바치지."

감사하는 마음, 적극적인 자세를 가져야

류춘수 선생님은 우리들에게 꿈을 갖기 전에 먼저 감사하는 마음을 가지라고 당부한다.

"방글라데시에서는 엄마가 아기를 낳아도 젖을 못 먹이는데 여러분은 대한민국에서 태어난 것만 해도 좋은 조건이고 성공한 거지. 예를 들어 고속도로 화장실만 봐도 세계 최고 수준이야. 더운 물이 콸콸 나오고 어떤 데는 비데까지 있고 휴지도 다 걸어놨지. 이렇게 좋은 우리나라에 사는 것만으로도 이미 일류수준이야. 여기서 조금만 노력해도 세계 초일류가 될 수 있으니 자신감을 가져."

선생님은 우리들이 지구 전체를 생각하면 얼마나 좋은 환경, 좋은 나라에서 공부하고 있는지 일깨워주신다. 공부라는 중압감을 핑계로 주어진 조건에 감사하는 긍정의 자세를 우리들이 간과하고 있는 것은 아닐까? 그런 우리들에게 선생님은 성공하기 위해 꼭 필요한 것이 무엇인가 묻고는 스스로의 답을 들려주신다.

"모든 좋은 것은 힘든 과정을 거쳐야 나와. 건물 하나도 지으려면 고려해야 할 것이 너무 많지. 그래서 좋은 결과물이 나왔을 때 더 행복해. 에베레스트 등반대원들은 정상에 서는 한 순간을 위해 목숨을 걸잖아. 모든 성취는 이렇게 고통으로부터 나온다는 것을 염두에 두고 적극적인 자세로 여러분의 꿈을 이루는 데 매진하길 바래. 파이팅!"

Interviewer : 권혁준, 김수현, 이채린

Profile 류춘수

건축사 류춘수 선생님은 1970년 한양대 건축학과를 졸업하고 1985년 서울대 환경대학원에서 조경학 석사를 받았다. 1970년 불교미술공모전 건축부문에서 최우수상을 받았고, 고 김수근 건축사님의 '공간건축'에서 12년간 일하다 1986년 '이공건축'을 창립했으며 현재까지 가장 한국적인 건축가로 손꼽히고 있다. '서울올림픽 체조경기장', '부산사직 야구장', '말레이시아 사라와크 주경기장' 등을 설계해 스포츠 경기장 설계에서 국내 1인자로 평가받고 있으며, 2002년 서울 월드컵 경기장으로 서울시 건축상 금상을 받았다. 주요 작품으로 리츠칼튼호텔, 한계령휴게소, 경복궁역사, 월드컵 경기장 등이 있으며 '옥관문화훈장', 미국 건축가 협회 영예회원 및 영국 왕실의 더 듀크 에딘버러 펠로우(The Duke Edinburgh Fellowship)등을 받았다.

건축사 류춘수

꿈 하나.
편리하고 스마트한 미래

2013년 미 항공우주국(NASA)이 대서양 한복판에서 거대한 불빛을 발견했다. 인공위성으로 촬영한 사진을 보고 항간에 해저도시가 있는 것이 아니냐는 소문이 돌았다. 남아메리카 대륙 인근 대서양에 거대한 띠를 이룬 불빛은 근처 리우데자네이루 같은 도시보다 훨씬 거대하고 밝았다. 과연 지구상에 해저도시가 있을까? 고도로 발달한 문명을 누리다 하룻밤 새 바다 밑으로 가라앉았다는 전설의 대륙 아틀란티스처럼, 혹 바다 속 어딘가에 해저도시가 존재하는 건 아닐까? 아직까지 그 존재가 확인되지 않아서, 해저도시는 종종 소설 속에 등장하며 사람들의 호기심을 자극하는데 머물고 있다. 그런데 이 해저도시가 과학자들에겐 그저 상상속의 대상이 아니다. 실제 해저도시 건설을 연구하는 사람들이 있기 때문이다. 가상의 대상에도 과학자들은 과학적인 접근을 시도한다.

"해저 3m만 내려가도 압력 때문에 고막이 파열될 수 있고, 300m를 내려가면 폐가 파열된다. 따라서 적합한 지형지를 찾는 게 가장 중요하다."

"해저 거주자들은 햇빛이 침투하면서 동식물이 풍부하게 서식하는 200m 깊이에 살길 원할 것이다. 최적의 장소 중 하나는 플로리다 동부 해안의 대륙붕이다."

(※내셔널지오그래픽채널/ 네이키드 사이언스: 해저도시 건설 프로젝트 참고)

과학자들은 이처럼 과학적 원리를 응용해 작가나 몽상가들의 상상을 실현시킨다. 그래서 과학자들은 다른 사람들보다 앞선 미래를 산다. 그리고 머릿속에 상상했던 것들을 설계하고 만들어냄으로써, 사람들에게 더 편리하고 스마트한 미래를 선물한다.

과학과 공학을 응용하는 직업들을 살펴보면, 우리가 살아갈 미래에 많은 기여를 한다는 걸 알 수 있다. 인간의 감성을 인지하는 로봇이나 수술을 돕는 의료 로봇, 친구가 필요한 사람들의 말벗이 되어주는 로봇까지, 로봇공학자의 머릿속을 나온 로봇들은 더 새롭고 편리한 미래를 만날 수 있게 돕는다. 해저도시를 연구하거나 우주를 탐사하는 공학자들도 마찬가지다. 이들이 하는 일은 당장의 성과보다는 공학적 원리를 연구하고 응용해 언젠가 누릴 수 있는 특별한 미래를 그리는 일에 더 적극적이다.

환경공학자는 환경문제의 원인을 파악하고 더 나은 미래의 환경을 만들기 위해 일한다. 현재의 환경문제는 미래에 더 심각한 문제가 되어 인류를 공격할 수 있기 때문에 환경공학자에게도 미래를 예측하는 일은 매우 중요하다.

컴퓨터나 스마트한 기기들을 통해 현재와 미래의 생활에 직접적인 영향을 미치는 직업들도 있다. 스마트폰이 평범한 일상의 궤도를 급격하게 틀어버린 것처럼, 소위 개발자라 불리는 프로그래머나 소프트웨어개발자 등은 편리한 세상을 만드는데 매우 중요한 역할을 한다. 이중 사람들이 필요로 하는 니즈(needs)를 파악해 다양한 소프트웨어를 개발하는 응용소프트웨어개발자는 업무처리를 편리하게 도와주는 프로그램이나 게임 같은 놀이용 소프트웨어 등을 개발해 삶의 질을 높여준다.

편리하고 스마트한 세상을 만드는 공학 · 과학 분야에서는 세상에 대한 호기심과 상상력, 창의력이 필수다. 이전과 다른 새로운 시각으로 사물을 바라볼 수 있어야 하고, 현재 연구하는 성과가 나중에 어떤 모습으로 나타날지, 세상에 어떤 영향을 미칠지 상상하고 예측할 수 있어야 한다. 특히 새로운 기술은 세상을 바꾸는 힘이 있기 때문에 자신이 연구하고 개발하는 것들이 세상에 안 좋은 영향을 미치는 게 아닐지도 생각해봐야 한다. 이는 과학자의 윤리적인 문제와도 관련이 있다. 해킹이나 기술 도용 같은 범죄에 빠지지 않고 기술을 가치 있게 사용하는 연구자로서의 양심이 중요한 이유다.

한편, 공학 및 과학 분야의 일들은 대개 여러 사람과 협력하며 일하는 경우가 많다. 게다가 이 분야는 기술적인 융합이 활발한 분야이기도 해서 다양한 전문가들과 협력하는 태도가 무엇보다 중요하다. 예를 들어, 로봇 하나를 만들더라도 적용되는 학문이 상당하다. 기계공학, 전기공학, 전자공학, 컴퓨터공학, 메카트로닉스공학, 인공지능, 물리학, 심리학 등 다양한 학문을 전공한 학자들이 참여해야 하고, 인공지능, 센서, 인식기술, 소재, 전지전자, 정보통신, 감성공학, 2차 전지 등 공학 분야 모든 기술이 조화를 이뤄야 한다. 따라서 함께 협력하며 최고의 성과를 내려면, 자신의 의견을 논리적으로 설명하면서도 상대방을 배려하며 입장을 조율하는 의사소통 능력이 중요하다.

로봇공학자

WHO

로봇공학자는 로봇의 구성요소를 연구하고 개발하며, 하나의 단일체로서의 로봇을 조립하여 제작한다. 로봇공학은 다양한 학문이 만나 응용되는 대표적인 융합학문이다. 때문에 로봇 제작 과정에서는 다양한 학문적 배경을 가진 전문가들이 함께 협력하는 일이 많다. 과거에는 기계로서 로봇을 대했으나, 이제는 사람을 닮은 로봇이나 사람의 감정을 파악하는 로봇, 최첨단 기술이 적용되는 지능형 로봇 등이 개발되면서 로봇공학자의 하는 일도 조립과 제작에서 응용 쪽으로 초점이 맞춰지고 있다.

HOW

로봇이 응용되는 범위가 확대되면서 로봇 개발에 접목되는 지식과 기술도 더욱 다양해지고 있다. 대표적으로는 기계공학, 전자공학, 전기공학, 컴퓨터공학, 통신공학, 인지심리학, 영상처리, 인공지능 등이 있고, 로봇공학자로서 연구와 개발에 매진하려면 보통 석사 이상의 학력이 필요하다. 전공지식뿐 아니라, 로봇을 새로운 곳에 응용하기 위한 상상력과 창의력이 더 강조되고 있다.

적성 호기심, 상상력, 창의성, 혁신성, 융합적 사고 등
전공 로봇공학과, 기계공학과, 전자공학과, 전기공학과, 컴퓨터공학과, 통신공학과,
       메카트로닉스공학과, 인지심리학 등
진출분야 로봇개발연구소, 로봇제품 생산기업, 자동화 관련 대기업 등

항공우주공학자

WHO

항공우주공학자는 항공기, 헬리콥터, 로켓, 우주선, 인공위성 등과 같은 비행체를 연구하고 설계한다. 또 항공기 등의 성능을 개선하거나 새로운 기능 등을 개발하기 위한 연구를 한다. 획기적인 성능을 갖춘 미래의 비행체를 연구하고 개발하며, 군사용 제트기나 미사일처럼 특수한 기능의 장비에 대해서도 연구한다.

HOW

연구와 개발 업무가 주가 되기 때문에 대학교나 대학원에서 항공우주공학이나 기계공학 등을 전공하는 것이 좋다. 보통 석사 이상의 학력이 요구되고, 항공사나 연구소에서 일하면서 박사학위를 받는 등 꾸준한 자기개발이 필요하다. 항공기에 사용되는 기술은 계속해서 발전하므로, 새로운 기술을 배우고 응용하려는 자세도 중요하다. 항공우주산업이 발달한 선진국의 기술을 참고하는 기회가 많으므로 기본적인 외국어 실력을 갖춰야 하고, 수학, 물리학 등의 기초 공학과목에 소질과 흥미가 있어야 한다.

적성　수리력, 논리적 분석력, 집중력 등
전공　항공우주공학과, 항공기계공학과, 항공시스템공학과 등
진출분야　항공우주산업 관련 연구소, 항공사, 대학교 및 대학연구소 등

생명공학자

WHO

생명공학자는 생물학, 의약, 식품, 농업 등 생명과학 분야의 이론과 응용에 대한 연구를 통해 복잡한 생명현상을 탐구한다. 생명체에 대한 연구에서 출발하기 때문에 인체, 동물, 미생물, 식물 등으로 연구영역이 세분화되고, 각 영역마다 하는 일에 차이가 있다. 공통적으로는 생명체의 기능이나 발달 등에 대한 연구 결과를 질병의 예방과 치료 등에 응용하고, 미생물을 활용한 농업, 환경, 식품 이용 기술 개발 등을 연구하기도 한다. 식물 분야에서는 유전자 조작이나 세포조작기술 등을 연구한다.

HOW

생명공학자는 대학에서 생명공학을 전공하고 대학원에서 석사 또는 박사학위를 받고 활동한다. 생명공학의 뿌리가 되는 기초과학(생물학)에 재미를 느껴야 하고, 연구결과를 어디에 어떻게 활용할지 늘 고민해야 한다. 오랫동안 반복적인 실험을 해야 하므로 인내심과 꾸준히 노력하는 자세가 중요하다.

적성 주의집중력, 관찰력, 분석력, 추리력, 꼼꼼함, 성실성 등
전공 생명공학과, 생명과학과, 생물학과, 미생물학과, 농업생명과학과 등
진출분야 생명공학연구소, 의약연구소, 농림수산연구소, 국립과학연구소 등의 연구소, 제약회사, 환경, 식품, 화장품 등의 제조회사, 바이오기기회사 등

환경공학자

WHO

환경공학자는 환경문제를 해결하기 위한 연구활동을 한다. 대기, 수질, 토양 등 자연환경에 해가 되는 문제를 예방하거나 개선하기 위한 공학적인 접근을 시도하며, 구체적인 계획을 세워 문제를 해결한다. 환경공학자는 연구영역에 따라 대기환경공학자, 수질환경공학자, 폐기물처리공학자, 토양환경공학자, 환경영향평가사 등으로 불린다. 다루는 영역은 다르지만, 대개 문제점을 분석하고 해결하기 위한 전 과정에 참여한다.

HOW

보통 환경공학이나 화학을 전공으로 대학원에서 석·박사학위를 받아야 연구소 등으로 진출할 수 있다. 환경공학자는 인류가 사는 지구의 환경문제를 연구하고 해결한다는 점에서 일에 대한 자부심을 큰 직업이다. 반면 환경오염 현장에 가거나 오염물질에 노출되는 경우도 많아서 환경보호를 통해 사회에 기여하겠다는 소명감이 필요한 직업이기도 하다. 환경사랑은 기본이고 과학적인 접근으로 환경문제의 원인과 해결방법을 찾기 위한 노력이 중요하다.

적성 논리적 사고, 관찰력, 분석력, 소명감, 책임감 등
전공 환경공학과, 토목공학과, 화학공학과, 해양환경공학과, 산림환경과학과 등
진출분야 환경연구소, 환경전문업체, 환경오염방지시설업체, 폐기물처리회사,
         환경컨설팅회사, 기술직 공무원(환경) 등

기후변화전문가

WHO

기후변화전문가는 빠르게 달라지는 기후 변화에 사람들이 적응할 수 있도록 기후변화에 대한 조사와 대책을 마련하는 일을 한다. 이중에는 기후변화에 밀접한 영향을 미치는 온실가스 배출량 감소에 대한 연구가 많은 부분을 차지한다. 때문에 각 기업이 활동하는 과정에서 방출하는 온실가스 양을 측정하고, 기업이 효율적으로 온실가스 배출량을 줄일 수 있는 방안을 마련한다. 또 기후변화와 관련된 정책 개발에 참여하고, 온실가스 배출량 감소를 위한 홍보활동도 한다.

HOW

환경문제의 원인을 살피고 대안을 연구한다는 점에서 기후변화전문가로 활동하는 종사자 중에는 환경공학이나 대기과학 등을 전공하고, 대학원 졸업 이상의 학력을 가진 경우가 많다. 환경문제는 한 국가나 지역의 문제가 아니라, 전 지구적인 관점에서 해결해야 하는 문제다. 그런 점에서 기후변화전문가는 세계 각국의 환경 이슈에 늘 관심을 가져야 하고, 종합적인 사고력과 거시적인 안목이 필요하다. 또한 국제환경법에 대한 이해와 외국어 실력도 중요하다.

적성 환경사랑, 분석력, 종합적 사고, 문제해결능력 등
전공 환경공학과, 대기과학과, 지구환경과학과 등
진출분야 기후변화연구소, 환경정책컨설팅기업, 환경정책 관련 국가연구소 등

건축가

WHO

건축가는 건축물을 어떻게 지을지 계획을 세우고 그 계획을 건축 설계도에 반영한다. 이를 위해 우선 입지조건과 건물의 용도(주택, 아파트, 사무용 빌딩, 병원, 공연장, 리조트, 체육관 등), 사업성, 공사비 등을 검토해 설계 방향과 기본 디자인을 결정한다. 이후 건축주와 의견을 조율해 기본설계를 준비하고, 기본설계가 확정되면 실제 시공을 위한 실시설계를 마련한다. 건축의 시공은 건축공학기술자들이 담당하는데, 이때 건축가는 설계도에 따라 시공이 제대로 이뤄지는지 등을 확인한다.

HOW

건축가로 활동하기 위해서는 건축학을 전공하고 건축사 면허를 취득해야 한다. 미적으로 아름답고 기능적으로 우수한 건축물을 설계할 수 있어야 하므로, 창의적인 아이디어와 예술적인 감각이 중요하다. 최근 유비쿼터스 도시(ubiquitous city), 친환경 빌딩 등 정보통신 기술과 대체에너지 활용이 접목된 새로운 형태의 건축물을 짓는 경우가 많은데, 이때 건축물의 뼈대를 구상하는 건축가의 역할이 중요하다. 때문에 평소 건축과 융합되는 정보통신 및 환경 관련 분야에도 관심을 가질 필요가 있다.

적성 공간지각력, 미적 감각, 창의성, 혁신성, 예술성 등
전공 건축학과, 건축공학과 등
진출분야 건축사사무소, 건설회사, 건축공사전문업체, 기술직 공무원(건축) 등

도시계획가

WHO

도시계획가는 도시를 체계적으로 개발하고 정비하기 위한 계획을 세우고 설계하는 일을 한다. 즉, 사람들이 편리하고 아름다운 도시에서 생활할 수 있도록 도시의 공간과 기능 등을 체계적으로 계획한다. 구체적으로는 도시 기능에 영향을 미치는 인구, 교통, 주택, 문화, 교육, 산업, 기술 등에 관한 자료를 수집·분석해 장기, 중기, 단기간에 걸친 변화를 예측한다. 그리고 예측 결과를 토대로 도시 개발을 위한 장기 기본계획을 수립하고, 장기 계획에 따라 중·단기 계획을 수립한다. 이 과정에서 주민과 지자체, 행정기관을 상대로 의견을 수렴하거나 조율하는 역할도 한다.

HOW

도시라는 거대한 대상을 연구하고, 개발에 대한 구체적인 계획을 수립한다는 점에서 거시적인 안목과 미시적인 안목이 두루 필요한 직업이다. 때문에 학문적으로도 건축, 교통, 조경, 토목, 환경 등에 대한 종합적인 이해가 필요하다. 여러 전문가들과 협력적인 관계를 맺고 함께 의견을 조율하는 과정도 많아서 의사소통능력과 협상력도 강조된다. 전공은 대학에서 도시계획학이나 도시공학을 전공하는 것이 일반적이고, 건축학, 토목학, 조경학 등을 전공해도 진출할 수 있다. 도시정책이나 법규에 대한 이해도 필요하며, 무엇보다 도시와 인간, 자연에 대한 종합적인 이해가 중요하다.

적성 공간지각력, 종합적 사고력, 분석력, 의사소통능력, 협상력, 설득력 등
전공 도시공학과, 도시계획학과, 도시환경학과, 도시지역계획학과 등
진출분야 도시계획 관련 설계회사 및 엔지니어링회사, 건설회사, 정부기관 및 연구소,
　　　　　 기술직 공무원(도시계획) 등

응용소프트웨어개발자

WHO

응용소프트웨어는 한글이나 MS오피스 프로그램처럼 컴퓨터를 활용해 더 빠르고 효율적으로 일을 처리할 수 있게 돕는 응용소프트웨어를 개발한다. 응용소프트웨어는 교육용, 기업용, 과학용, 산업용 등 특정 업무처리를 위해 개발되는데, 응용소프트웨어개발자는 각각의 개발 목적에 따라 세부적인 기능과 사양을 상세하게 설계하고 프로그래밍에 들어간다. 개발이 완료되면 제대로 기능하는지 테스트를 하고, 오류에 대해 수정·보완을 거쳐 완제품을 출시한다. 출시 후에는 사용자들의 반응을 모니터링하고 다음 개발에 반영한다.

HOW

응용소프트웨어개발자가 되려면 프로그램 개발에 필요한 지식과 기술, 경험을 갖춰야 한다. 이를 위해 대학에서 소프트웨어 개발 관련 전공을 하거나, 사설 학원에서 프로그래밍 개발 과정을 이수하는 것이 좋다. 정보처리기사(산업기사) 등의 자격증을 취득하면 프로그래밍을 이해하고 취업하는데 도움이 된다. 편리하고 새로운 소프트웨어를 개발하는 것이 관건이어서 창의력이 중요하고 계속해서 발전하는 신기술을 공부하는 자세도 필요하다. 한편, 개발 과정에서 야근을 하거나 밤샘 작업을 하는 경우도 많아서 체력과 인내심이 요구된다.

적성 논리적 사고, 분석력, 꼼꼼함, 의사소통능력, 협력적 자세 등
전공 컴퓨터공학과, 응용소프트웨어개발과, 컴퓨터멀티미디어공학과, 인터넷소프트웨어공학과 등
진출분야 소프트웨어개발업체, 시스템통합(SI)업체, 게임업체 등

정보보호전문가

WHO

정보보호전문가는 정보사회에서 가장 중요한 자산, 정보를 지키는 전문가다. 즉, 컴퓨터, 시스템, 네트워크 등에 보안상 취약한 곳이 어딘지를 분석하고, 최적의 보안시스템을 설계해 보안문제를 해결하는 일을 한다. 또 보안상 문제가 발생할 경우, 신속히 문제를 해결하고 또 다시 문제가 생기지 않게 조치한다. 또한 기업이 보유하고 있는 정보를 안전하게 보호하기 위한 정책, 표준, 기본방침 등을 분석하고 이를 적용, 평가하는 일도 한다.

HOW

정보보호전문가는 개인정보처럼 개인과 기업의 소중한 정보를 다룬다는 점에서 직업적 윤리의식이 필요한 직업이다. 때문에 정보보호에 필요한 실력은 기본이고, 윤리적이고 책임 있는 업무태도를 갖춰야 한다. 정보보호전문가로 활동하려면 각종 운영체제(OS)를 비롯해 하드웨어, 프로그래밍, 네트워크, 데이터베이스 등 다양한 컴퓨터 관련 지식이 필요하다. 따라서 대학에서 정보보호나 컴퓨터 관련 전공을 하거나, 프로그래밍 개발 경력을 토대로 정보보호 관련 교육을 추가로 받고 진출하는 것이 좋다. 대학에서 해킹이나 보안 관련 대회에 출전해보거나 동아리 활동을 하면 업무를 이해하는데 도움을 받을 수 있다.

적성 상황판단력, 위기대응능력, 관찰력, 분석력, 책임감 등
전공 정보보안공학과, 정보보호학과, 인터넷보안학과, 정보통신학과, 컴퓨터정보학과 등
진출분야 정보보호컨설팅 전문기업, 바이러스백신개발업체, 보안시스템개발업체,
         기업의 정보보호 부서, 국가기관 등

가상현실전문가

WHO

가상현실전문가는 가상의 시공간에서 게임, 비행기 조종훈련, 가상공간 체험 등의 각종 체험을 경험할 수 있는 시스템을 개발한다. 우선 가상현실로 체험할 수 있는 콘텐츠가 무엇이 있는지 파악해 개발의 방향을 설정하고, 이것이 실현 가능한지 다른 소프트웨어엔지니어와 컴퓨터그래픽디자이너 등과 협의하게 된다. 제작된 3차원 가상현실 소프트웨어에 오류가 없는지 테스트하고 수정작업을 거쳐 제품을 완성한다.

HOW

가상현실전문가가 하는 일은 일종의 가상현실 소프트웨어를 개발하는 것이기 때문에 준비방법은 다른 소프트웨어개발자와 유사하다. 즉, 대학에서 소프트웨어 개발 관련 전공을 하거나, 사설 학원에서 프로그래밍 개발 과정을 이수하는 것이 좋다. 가상현실이라는 특수한 콘텐츠를 다룬다는 점에서 다방면에 지식과 경험, 상상력이 필요하다. 3D컴퓨터그래픽 등 최첨단 기술을 적용할 수 있는 분야이므로 신기술에 대한 공부를 게을리 하면 안 된다.

적성 공간지각력, 상상력, 창의성 등
전공 컴퓨터공학과, 응용소프트웨어개발과, 컴퓨터멀티미디어공학과, 게임공학과 등
진출분야 가상현실콘텐츠개발업체, 게임업체, 소프트웨어개발업체 등

꿈 둘
영화 · 방송

아름답게 빛나는 삶

영화감독 봉준호

예능피디 나영석

한국홍보전문가 서경덕

영화감독 봉준호

남과 다른
나만의 감수성을 키워라

만화와 영화에 푹 빠져 지낸 어린 시절

"이미 세상에 나와 있는 영화와 비슷한 것을 또 만들 필요는 없지요.
그런 점에서 저는 제 작품에 자부심을 느낍니다."
개봉하기도 전에 167개국 판매를 완료한 세계적인 영화 설국열차의
봉준호 감독님! 스크린데일리, 버라이어티 등 해외 유수 언론에서까지
극찬한 감독님의 영화는 작품마다 모험적인 시도와 독창성으로 유명
하다.
'살인의 추억'(2003), '괴물'(2006), '마더'(2009), '설국열차'(2013)까지 네
작품 연속으로 박스오피스 1위에 올린 봉준호 감독님을 서래마을 까
페에서 만났다. 사실 우리들에겐 여느 영화배우보다 더 만나고 싶은

인기 있는 감독님이기에 설레는 마음이 앞섰다. 특유의 헝클어진 머리와 푸근하면서도 단단한 이미지의 감독님은 들떠있는 우리들에게 형처럼, 아버지처럼 어린 시절 이야기부터 들려준다.

감독님은 학창시절, 공부를 일등으로 잘 하지도 않았고 그렇다고 대형 사고를 칠 만큼 껄렁하지도 않았다. 어정쩡하고 존재감 없는 학생이었다고 할까? 그런 감독님에게 아버지의 서재는 종일 틀어 박혀 지내고 싶은 보물창고였다.

"디자인을 전공한 아버지의 서재에 몰래 들어가 화집과 사진집을 보면서 놀았어요. 그때 시각적인 훈련이 많이 되지 않았나 싶어요."

어렸을 적 감독님 세대의 여느 집처럼 아버지와 대화는 별로 나눠보진 못했지만 아버지의 책들은 그렇게 많은 영향을 주었다. 화집을 보면서 만화그리기를 즐겨했는데 지금껏 영화를 만들 때면 콘티를 직접 스케치할 정도로 그리는 것을 좋아한다.

아버지의 서재와 함께 또 한 가지 큰 즐거움이라면 티비 속의 영화들이었다.

"어렸을 적에는 주로 티비로 영화를 봤어요. 요즘처럼 인터넷도 없었고 극장에서 영화 볼 기회도 거의 없었지요. 집에서 MBC 주말의 명화, KBS 명화극장, AFKN 등 여러 방송을 두루 섭렵하며 영화 속에 빠져 지냈지요."

그렇게 영화를 자꾸 보니까 중학교 때 쯤에는 영화를 만들고 싶다는 생각이 절로 들었다. 중 3때쯤 이다음에 보고 싶은 영화를 직접 만들고 싶다는 꿈이 확실해졌고 그 후로 아무리 힘들어도 한 번도 그 꿈을 내려놓지 않았다.

감독님은 다양한 영화 속에서도 공포물이나 서스펜스 같은 어두운 영화에 특히 흥미를 느꼈다.

"저는 이질적인 느낌들이 충돌하는 걸 좋아해요. 아주 사소하고 일상적인 것에서 출발하지만 점점 기괴하고 만화적인 것들이 뒤섞이면서 그 둘이 충돌하는 긴장감이 느껴지는 영화를 만들고 싶었죠."

대학에 진학한 후 영화감독의 꿈은 비로소 구체화되기 시작한다. 전공은 사회학이었지만 영화 동아리를 만들어 영화를 공부하고 직접 만들어 보는 기회를 가졌다.

"영화가 너무 알고 싶어서 공부를 많이 했어요. 같은 영화를 수십 번씩 되돌려 보면서 장면들을 분석했지요. 요즘은 스스로 배울 수 있는 환경이 훨씬 좋아졌어요. 영화 디브이디 뒤쪽에 보면 영화 만드는 과정이 다 나오잖아요. 그런 걸 눈여겨 보면 영화 공부에 도움이 많이 될 거에요."

영화를 만들려면 돈이 필요하기에 아르바이트를 열심히 했던 기억이 난다. 만화 그리는데 소질이 있던 감독님은 자신의 재능을 살려 학보에 만화와 만평을 싣기도 하고 여러 가지 아르바이트를 했다.

"영화 동아리 할 때 비디오카메라가 너무 갖고 싶었어요. 카메라가 있어야 영화를 찍을 수 있으니까요. 6개월 정도 학교 매점에서 도넛을 팔아 비디오카메라를 샀는데 그때 너무 좋아 그 카메라를 껴안고 잤던 기억이 나네요."

1993년, 대학시절 영화동아리 스태프들과 함께 만든 첫 단편영화가 '백색인'이었다. 비록 아마추어 영화인데다가 여기저기서 제작비를 빌려다 만들었지만 과감하게 전문 배우를 캐스팅하기도 했다. 그때 첫 캐스팅 배우의 출연료는 아버지 지갑에서 빼온 와이셔츠 상품권이었다며 감독님은 회상의 미소를 짓는다.

영화감독은 자기 재능을 믿고 돌진하는 프리랜서

대학 졸업 후 영화 아카데미에서 1년간 영화 공부를 하고 스태프부터 영화 일을 시작했는데 감독으로 데뷔하기 전 5년간 제일 힘들었다. 연출부 조감독 생활을 할 때는 육체적으로도 고달프고 경제적으로 쪼들렸다. 여러 가지로 힘들었지만 조감독을 하면 영화 현장을 제대로 경험할 수 있기에 공부한다는 마음으로 견뎌냈다.

감독에 데뷔하고 나서도 쉽지만은 않았다. 영화감독이라는 직업 자체가 미국의 직업 카테고리에서 스트레스 1위를 차지할 정도로 어려운 일이다. 예술적인 성격을 가지면서도 큰 자본으로 많은 사람들이 엉켜있는 작업이기 때문이다. 안정된 직장생활에 비해 굉장히 모험적이랄까? 조직이나 소속이 없는 상태에서 자기 재능을 믿고 계속 돌진해야하는 프리랜서이다. 감독이 되고나서 첫 작품이 마지막 작품이 되는

영화감독 봉준호

경우도 종종 있다.

감독님의 첫 작품 '플란다스의 개'도 결과가 좋지 않았지만 운 좋게도 같은 제작사에서 두 번째 영화 '살인의 추억'을 믿고 맡겨주었고 2003년 이 영화로 충무로를 평정하며 봉준호라는 이름을 널리 알리게 되었다.

연쇄 살인을 두고 펼쳐지는 두 형사의 수사를 다룬 '살인의 추억'은 규모가 큰 작업으로 시나리오 작업만 1년간 했다. 전문작가 없이 시나리오를 직접 쓰다 보니 시간이 많이 걸려 영화 한 편을 만드는 데 약 3년씩 걸렸다.

살인의 추억은 처음 6개월간 리서치만 했다. 당시 인터넷 초창기여서 주로 도서관 등에서 자료를 조사했다. 다큐멘터리 영화를 찍는 것은 아니었지만 스토리가 실제 사건이어서 관련된 형사나 기자도 만나 이야기를 들었는데 그런 과정에서 많은 에피소드가 나왔다.

"여러분도 영화를 찍게 된다면 많은 사람들을 만나보세요. 정말 공부가 됩니다. '괴물'을 찍을 때는 한강에 매점하는 분들도 만났는데 그분들과의 대화에서 상상할 수 없는 이야기들이 나왔고 그것이 저의 상상력을 자극했지요."

영화감독을 하면서 그간 어려움이 많았지만 그 중에서 영화 '괴물'을 찍을 때 컴퓨터그래픽 때문에 애 먹었던 기억이 가장 생생하다.

"CG중에 제일 난이도가 높고 돈이 많이 드는 것이 근육과 피부가 있는 생물체예요. 돈도 돈이지만 기술적인 부분도 상당히 어려운 작업이지요."

'괴물'을 만들 당시 한국에 CG를 맡길 만한 회사가 없었다. 호주와 미국의 회사를 찾아다니면서 고생을 많이 했는데 결과적으로 다 잘되었지만 그때 당시는 영화를 제작한다고 공표해놓고 CG맡길 곳을 못 찾아 죽고 싶을 만큼 괴로웠다.

"10톤 트럭 100대의 부담감이 밀려왔어요. 아는 만큼 길이 보일 거라는 생각이 들어서 헐리웃 특수효과의 노하우가 담긴 전문지를 구해 공부했죠. 영화의 어느 한 장면도 거저 나오는 건 하나도 없어요. 감독의 모든 힘과 정성을 쏟아야만 원하는 장면이 나오죠."

결국 감독님은 CG 적임자로 쥐라기 공원의 시각효과를 담당했던 케빈 레퍼티 감독과 연결되었고 원하는 장면을 얻어냈다. 괴물이 혼자 활개를 치는 장면보다는 괴물을 본 사람들이 놀라는 리액션 컷을 활용하는 등 치밀한 계산으로 괴물의 등장을 최소화 시켜 제작비를 줄이면서 최대의 극적인 효과를 냈다.

"어떻게든 제작비만 뽑았으면 좋겠다고 생각했어요. 그래야 엉뚱하고 모험적인 시도를 계속 할 수 있겠죠. 이상한 건 하면 안 된다는 실패의 이정표가 되고 싶지는 않았어요."

감독님은 '괴물'로 한국 영화사상 최다 관객을 동원하며 한국 영화사의 기록을 다시 썼다.

에스에프 괴수 영화라면 엄청난 선입견을 갖고 보는데 그런 예측이나 우려가 난무하는 가운데 완성도 있게 찍고 보기 좋게 성공을 거두었

다. 어찌 보면 감독님 특유의 모험적인 시도, 독창성과 함께 사소한 디
테일까지 놓치지 않는 집요함 덕분인지도 모른다.

영화 '설국열차'는 한국이 아닌 체코에서 촬영한 만큼 우리나라와 다
른 제작시스템과 타국에서 영어로 씨름하며 고생을 많이 했다. 기차
라는 공간의 제약 때문에 어떻게 찍을지 매일 고민했다. 거의 오기를
불태웠다고 할까. 기차에서 할 수 있는 건 다 해보자는 계획이었는데
오히려 기차라는 제한된 공간이 감독님의 풍부한 상상력을 발휘시켰
다. 기차가 코너를 돌 때는 활처럼 휘니까 어떤 칸과 어떤 칸에 있는
사람들끼리는 마주볼 수도 있겠다 라든가 맨 뒤에 중요한 것을 놓고
오면 사람들끼리 릴레이를 하지 않을까 해서 성화 봉송 씬이 나오기

도 했다. 종일 흔들리는 기차세트 안에서 몇 달간 지내다보니 멀미가
날 정도였는데 이보다 더 괴로운 건 타국에서 느끼는 정신적 공황이
었다. 어떻게든 마음의 위로를 삼기 위해 촬영이 끝나면 장을 봐다가
요리를 즐기곤 했다.

감독님이 영화를 찍을 때 가장 중요하게 생각하는 것은 독창성이다.
영화를 찍을 때 최소한 남이 했던 걸 따라하고 싶지는 않다. 그동안
여러 편의 영화를 만들었는데 모두 기존의 영화와 많이 다르다는 점
에 자부심을 느낀다.

"새롭고 독창적인 것은 개인적인 것에서 나온다고 생각해요. 사람들의
취향과 다른 자기 취향이나 감수성을 두려워하지 말고 오히려 기쁘게

영화감독 봉준호

생각해야 합니다. 우리나라는 특히 남과 다른 나를 두려워하는 경향이 있는데 겁내지 말고 자기가 좋아하는 취향을 키워나가야 독창성을 가질 수 있죠."

창작은 개인적인 일이다. 자기가 좋아하는 일을 우물을 파고들 듯이 들어가야 한다. 영화 '괴물'을 찍을 때도 한강에 웬 괴물이냐며 주변에서 말렸었다. '살인의 추억'도 결국 범인을 못 잡은 이야기인데 왜 영화화하냐고 했다. 그런 단계에서 남의 얘기에 휩쓸려 포기하면 결국 남들과 같은 걸 만들게 된다. 이미 존재하는 걸 하나 더 보태려고 애쓸 필요는 없다. 남들과 다른 것을 자랑스러워하며 거기에 매달려야 한다.

영화를 만드는 일은 모험의 연속이지만 감독님은 그것을 두려움이 아닌 새로운 즐거움으로 생각한다. 영화에 매료되어 영화를 만들고 있는 자체가 기쁘다. 그 중에서도 머릿속에서 아주 오랫동안 상상해왔던 장면을 찍어서 극장의 큰 화면으로 딱 보여줄 수 있을 때 제일 행복하다. 그런 장면으로 영화 마더의 마지막 부분을 얘기하고 싶다. 엄마들이 달리는 고속버스에서 춤추는 장면인데 대학교 때부터 그 장면을 찍고 싶었다.

"2008년 1월에 촬영했는데 그 장면을 찍고 집에 돌아갈 때 오랫동안 몸에 있던 혹 덩어리가 쑥 빠져나가는 기분이었어요. 찍는 순간 짜릿하고 사람들에게 보여줄 때 안도감을 느끼며 비로소 할 일을 다 한 기분이었지요. 머릿속에서 생각했는데 찍지 못하면 속병이 나고 찍어서 보여줘야 직성이 풀리니 그래서 영화감독을 하고 있나 봐요."

감독님은 아들이 세상의 전부인 엄마의 짐승 같은 모정을 그린 영화 '마더'로 깐 영화제 레드카펫을 밟았다.

단체생활에 잘 적응하고 함께 어울릴 줄 알아야

관람등급 때문에 원하는 영화를 맘껏 보지 못하는 우리들에게 감독님은 다른 나라의 예를 들어준다.

"저는 제가 영화를 만들 때마다 아직 어린 제 아들에게 다 보여줬어요. 나라마다 심의기준이 다 달라서 허용하는 연령대도 달라요. '설국열차'나 '마더'가 프랑스에서는 12세 관람가 판정을 받았지요."

인터넷이 발달한 요즘 무엇인가 제한하고 못 보게 하는 것은 사실상 불가능하다고 생각한다. 손바닥으로 하늘을 가리는 것과 같다고 할까? 프랑스처럼 심의 기준을 많이 완화시키고 대신에 아이들이 솔직히 이야기하고 볼 수 있도록 하는 것이 좋겠다 싶다. 아마 앞으로 어쩔 수 없이 그렇게 되리라고 생각한다.

영화감독이 되고 싶은 우리들에게 영화 공부보다는 먼저 영화 찍는 일의 기본특성부터 알아야 한다고 말한다. 영화일은 집단작업이다. 영화 찍는 현장은 수많은 사람들이 움직이는 곳으로 영화감독이 되려면 우선 단체생활에 잘 적응하고 함께 어울릴 줄 알아야 한다. 찍고 싶은 장면을 스크린에 펼쳐놓기 위해서는 아주 복잡한 단계와 큰 자본과

수백 명의 협조를 거쳐야 한다. 기본적으로 일 자체가 타인을 설득해
야하는 작업이다.

"스태프가 되면 팀웍을 위해 자기를 희생하고 서로 맞춰 갈 수 있어야
해요. 감독이 되면 자기의 관점을 정확히 갖고 스태프들과 함께 자신
이 지향하는 한 방향으로 팀 전체를 아우르며 끌고 갈 줄 알아야 하
고요. 그러려면 리더십은 기본이고 단체생활 속에서 끊임없이 자신이
원하는 것이 무엇인지 명확하게 표현하고 상대방을 설득해야 해요."

가장 존경하는 영화감독으로 '알프레드 히치콕' 감독을 소개해준다.
영국출신이지만 미국으로 건너가 공포영화와 서스펜스 영화의 대가로
명성을 날렸던 분이다. 영화계에서는 거의 신적인 존재로 영화 언어를

발명한 사람으로 통한다. 그분은 평생 어떻게 두 시간 동안 관객을 장악할 수 있는가 연구했다고 한다. 배우를 찍는 각도부터 사소한 것까지 관객을 장악할 수 있는 모든 것을 스스로 발명하고 체득한 분이다. 이분의 영화는 오래되어서 요즘 우리들이 언뜻 보기에 촌스러울 수도 있지만 교과서와 같은 면이 충분하므로 영화감독을 하고 싶다면 고전으로서 꼭 공부해보길 권한다.

지난 해 넷플릭스의 투자와 스트리밍 개봉으로 화제를 모은 '옥자'도 감독님 작품이다. 영화감독으로서 평생 15편의 영화를 찍는 게 목표인데 900만 관객몰이를 한 '설국열차'에 이어 '옥자'까지 6편의 영화를 찍었으니 이제 중기작 시대에 들어섰다고 생각한다. 이번에는 어떤 작품을 얼마 만에 다시 보게 될지 궁금해 하는 우리들에게 부지런히 꿈을 향해 나아가라며 어깨를 툭툭 쳐주신다. 유머러스한 감독님 말솜씨에 한편의 영화처럼, 꿈처럼 즐거운 시간이었다.

Interviewer : 권혁준, 김민준, 김수현, 이채린

Profile 봉준호

영화감독이자 각본가. '소설가 구보씨의 일일'로 유명한 소설가 박태원의 외손자로 연세대학교 사회학과를 졸업했다. 한국 영화 아카데미 11기 출신으로 1993년 6mm 단편 영화 '백색인'을 연출해 영화계에 데뷔했다. 첫 장편으로 '플란다스의 개'를 선보인데 이어 두 번째 작품으로 송강호와 김상경이 출연한 '살인의 추억'이 작품성과 상업성을 동시에 잡았다는 평을 받으며 흥행에 크게 성공했다. '괴물', '마더', '설국열차'등 개봉한 영화마다 성공을 거두며 백상예술대상, 청룡영화상 등에서 작품상과 감독상을 휩쓸었다.

영화감독 봉준호

예능피디 나영석

예능으로 즐거운 웃음과
따뜻한 감동을 주다

공부만 열심히 하던 평범한 소년

티비 예능프로에서 늘 소박하고 친근한 모습으로 다가오는 나영석 피
디님. 1박2일, 꽃보다 시리즈 등 우리들이 제일 좋아하는 프로그램을
만든 분이기에 더욱 두근거리는 마음으로 CJ E&M 센터를 찾았다.

나영석 피디님은 어린 시절 평범한 성장과정을 거쳤다. 부모님 말씀대
로 공부는 열심히 했지만 자신만의 꿈을 찾진 못했다.

"제가 중학교 때는 지금처럼 진로에 대한 정보가 별로 없었어요. 피디
라는 직업이 있는지도 잘 몰랐죠. 그런데 여러분은 벌써부터 진로에
대해 탐색하고 이런 시간을 갖다니 참 기특해요."

피디님은 자신의 적성이나 흥미를 찾지 못한 채 수능점수에 맞춰 대

학에 입학했다. 당연히 대학생활에 별로 흥미를 느끼지 못했고 존재
감 없는 나날을 보냈다. 그러다 우연히 연극반 동아리에 들어갔고, 연
극을 만들면서 처음으로 '뭔가를 하고 싶다'는 생각이 들었다. 자신만
의 꿈이 생긴 것이다.

"연극 만드는 것이 너무 재미있었어요. 그래서 재미있게 콘텐츠를 만
들고, 제가 만든 콘텐츠를 좀 더 많은 사람들에게 보여주고 싶다는 꿈
을 꾸게 되었죠."

나영석 피디님은 연극 대본을 쓰면서 심각한 극보다 코미디 장르가 훨
씬 재밌다고 느꼈다. 그래서 재미있는 코미디 대본을 쓰는 작가가 되
고 싶었지만 작가가 되기엔 부족함을 느끼고 결국 피디 시험에 합격해
2001년 KBS에 입사한다.

피디로서 많은 프로그램이 있지만 그중에서 웃음과 재미를 주는 예능
프로그램을 만들고 싶었다.

"뉴스에서는 매일 이야기해도 안 되는데 이경규씨가 나와서 정지선을
지키자 하면 붐이 일어나잖아요? 제가 웃음이나 재미로 표현되는 가
벼운 것을 좋아하는 이유가 바로 그거죠. 가벼운 것이 메시지를 가장
깊숙하게 사람들 마음속에 전달할 수 있다고 생각해요. 그래서 웃음
을 만들되 내가 하고 싶은 메시지를 웃음에 살짝 얹어 표현하면 좋겠
다고 생각했어요."

나영석 피디님은 낯가림이 심하고 내향적인 성격이다. 지금이야 방송
에서도 자연스럽지만, 입사 초에는 연예인들에게 말도 잘 못 걸었다.
급기야 '연예인 울렁증' 때문에 생각지 못한 큰 방송 사고를 치게 된다.
"연말 연기대상 시상식 때였어요. 중간광고 시간에 대기실에서 쉬고
있는 엠씨 이병헌씨, 김혜수씨를 생방송 시작 전에 무대로 데려오는
일을 맡았죠. 방송 시작 시간이 다 되가는데도 소심한 성격 탓에 대기
실 노크도 못하고 알아서 나오길 기다렸어요. 결국 시간이 임박해 부
르러 갔는데 이미 늦어버리고 말았어요. 방송이 시작되었는데 엠씨가
늦어서 카메라가 몇 초간 빈 엠씨 자리를 비추는 장면을 상상해보세
요. 그런 사고를 쳤던 제가 지금은 이렇게 방송을 잘 하고 있다니 신기
하죠?"
그 사건 이후 더 이상 누구에게도 민폐 끼치지 말고 한 사람 몫의 피
디가 되자고 결심했다. '무조건 열심히'라는 모토로 주말도 휴일도 반
납하고 출근해 편집 연습을 할 정도로 일에 매진했다. 그렇게 하루하
루 단련이 되어갔다.
그리고 드디어 2007년부터 시작된 '1박2일'를 통해 피디로서 주목을
받게 된다. 복불복, 야외 취침 등 기상천외한 미션으로 프로그램에 재
미를 더하고 멤버들과 제작진들의 자연스런 어우러짐으로 피디가 모
습을 드러내지 않았던 기존 예능프로그램의 포맷을 바꿔버리는 계기

가 됐다. 진정한 리얼 버라이어티란 무엇인가를 보여준 이 프로는 일요일 저녁이면 시청자들을 사로잡는 국민 예능 프로그램이 된다. '재미있게 콘텐츠를 만들어 좀 더 많은 사람들에게 보여주고 싶다'는 대학 시절의 꿈이 이루어지는 순간이었다.

이 프로그램으로 나영석 피디님은 한국 PD 대상에서 TV 예능부문 작품상을 받았다.

"그 상은 피디에게 주는 상이라기보다는 프로그램에 주는 상이죠. 그간의 노력을 보상받고, 출연자들에게 얼굴을 들 수 있는 기분이랄까. 내가 대단해서가 아니라 좋은 사람들을 많이 만났기에 좋은 프로그램을 만들 수 있었다고 생각해요."

'1박2일'은 나영석 피디님에게 기념비적인 작품이었다. 운 좋게 남들 다 아는 굉장히 큰 프로를 연출하게 되었고 유명세를 타서 좋았지만 앞으로 만드는 프로그램이 그만한 관심과 인기를 얻을 수 있을까 생각하면 쓸쓸하기도 하고 부담도 컸다. 그럴수록 더 좋은 프로그램을 만들어야겠다고 자신을 다독였고 방송사를 옮긴 후에도 시청자들의 기대를 저버리지 않았다. 예능에서 보기 드물게 중견배우들을 캐스팅한 '꽃보다 할배'와 '꽃보다 누나'로 2연타를 날렸다. 2017년에는 꽃보다 시리즈의 여행예능과 삼시세끼의 음식예능이 더해진 '윤식당'으로 또다시 대박예능을 만들어냈다. 이어 예능과 인문학을 결합한 프로그램 '알아두면 쓸데없는 신비한 잡학사전'도 높은 시청률을 기록하면서 성공예능의 역사를 썼다.

여행을 소재로 한 예능. '꽃보다 할배'가 인기리에 막을 내린 뒤 후속으로 방송된 '꽃보다 할배 리턴즈'. 역시 재미와 감동 두마리 토끼를 잡으면서 훈훈한 프로그램으로 시청자들의 사랑을 받았다.

'꽃보다 시리즈'도 '1박2일'처럼 여행을 소재로 한 프로그램이었다.

"여행에 관한 프로그램을 만들 때 가장 즐거워요. 여행은 만드는 사람도 보는 사람도 재밌게 할 수 있는 소재 같아요. 일을 할 때 내가 좋아하는 것과 시청자가 좋아하는 것의 교집합을 찾는데 저의 경우는 그것이 여행이었어요."

피디님은 매번 고비를 넘기면서 지금의 위치에 올랐다. 위기의 순간을 자꾸 겪다 보니 가능한 한 좋은 면만 보게 되었다고 한다. 어떤 사고나 사건을 만났을 때 이것 때문에 프로그램 망하겠다는 생각보다는 덕분에 나중에는 이런 실수를 안 할 수 있겠다고 긍정적으로 생각하는 습관이 생겼다. 프로그램을 만들 때도 흥행부담을 크게 느끼지만 일정부분 그런 긴장감이 있어야 더 열심히 만들 수 있다고 좋게 생각한다.

가장 기억에 남는 방송은 '1박2일'에서 만든 외국인 근로자 특집이다.

"네팔, 방글라데시, 파키스탄, 미얀마 등 서로 다른 국적, 꿈, 종교, 식성을 가진 외국인 근로자들과 함께 1박2일을 진행했어요. 그들 하나하나의 사연과 진심어린 마음이 무한한 감동과 즐거운 웃음을 주는 동시에 우리들 눈물샘을 자극했죠. 가족을 만나게 해주는 깜짝 선물을 준비했는데 오래간만에 가족을 만나 눈시울 붉히는 출연자들을 보면서 시청자들도 가슴 뭉클한 시간이 되었으리라 생각해요."

피디님이 '좋아하고 만들고 싶은 예능프로란 이런 것이다'라는 것을 상징적으로 보여주는 따뜻하고 감동적인 방송이었다. 촬영하면서도 많이 배우고 함께 한 출연자들도 성장하는 기회가 되었다. 또한 방송이 끝나고 시청자들 관심이 뜨거워서 외국인 근로자에 대한 인식을 바꿔놓는 캠페인 효과도 있었다.

"저는 따뜻한 프로그램을 만들고 싶어요. 시청자들이 제 프로를 보고

단순히 웃고 끝나는 게 아니라 '가슴이 좀 따뜻해졌어' 이런 느낌을 받았으면 좋겠어요. 프로그램의 출연자들도 끝나고 나면 즐겁고 행복한 기분이길 바라죠."

피디는 대중적인 감성을 잘 이해해야

현대 사회는 혼자 잘 나서 잘 되는 일이란 거의 없다. 프로그램 만들 때도 마찬가지로 각자 맡은 일을 다 같이 잘 할 때 성공을 거둔다.

"저와 같이 일하는 피디가 지금 5명, 작가가 5명이고 여기에 조명팀, 촬영팀 등 여러 팀들이 함께 프로그램을 만들어요. 저는 작가들과 함께 콘셉트를 잡는 기획 작업을 하고 촬영을 주도적으로 하는 역할을 합니다. 또 편집 작업 할 때 틀을 세워 후배들이 가이드라인에 맞춰 편집하도록 하죠."

요즘 시점에서 피디라는 직업이 결코 쉬운 일은 아니다. '꽃보다 시리즈' 팀 조연출은 월요일에 큰 옷가방을 가지고 출근해서 내내 일하고 토요일에 집에 간다. 잠은 편집실에서 편집하다가 자고 눈 뜨면 또 편집을 하는 식이다. 밤샘 작업의 힘든 시간을 그렇게 몇 년간 이겨내야 한다.

"저 역시 조연출 시절을 그렇게 보냈고 후배들도 그렇게 트레이닝을 해요. 어떤 사회든 그 정도 각오가 없으면 성공하기가 쉽지 않죠. 쉽게

왼쪽/ 여름 득량도를 배경으로 목장을 운영하며 온갖 재료로 한끼를 해결하기 위해 고군분투하는 야외 버라이어티 프로그램 삼시세끼 목장편.
오른쪽/ 해외에서 작은 한식당을 열고 운영하는 이야기를 담은 예능 프로그램 윤식당 시즌2.

예능피디 나영석

얻을 수 있는 열매란 없거든요."

비록 활달한 성격은 아니었지만 피디님에게는 대신 기획력이 있다. 참신한 기획력으로 좋은 프로를 만들다보니 자연스럽게 스태프나 연예인들도 따르게 되었다. 자신의 장점을 잘 발전시키면 다른 단점을 커버할 수 있다며 우리들에게도 부족한 면만 생각하지 말고 자신의 장점을 발전시키는 것이 중요하다고 당부한다.

많은 사람들이 직업을 선택할 때 겉모습만 보고 본질을 생각 안한다. 사람들이 좋아하니까, 멋있고 돈도 잘 버니까 등등 여러 가지 이유를 동기로 삼기도 한다. 그러나 제일 먼저 과연 그 일을 할 때 즐거울까하는 생각부터 해봐야 한다. 티비 프로듀서가 되고 싶다면 과연 자신이 티비 프로그램을 좋아하는지, 그렇다면 어떤 프로를 좋아하는지, 만드는 걸 좋아하는지, 보는 걸 좋아하는지 여러 가지로 생각해봐야 한다.

"여러분이 만약 피디를 꿈꾼다면 책을 많이 읽고 영화나 음악을 많이 접하세요. 피디는 한 분야의 깊은 지식보다 다방면에 많은 관심을 가져야 돼요. 그래서 책을 통해 간접 경험을 많이 하는 것이 중요하죠. 무조건 많이 보는 게 중요한 게 아니라 반드시 자기가 어떤 걸 좋아하는지 생각하고 봐야 해요. 영화 한 편을 보더라도 더 끌리는 게 있을 거예요. '이 장르가 내 취향이구나' 이런 식으로 자기가 좋아하는 것을 발견해야 나중에 피디가 되었을 때 어떤 프로그램을 잘 만들지 알 수가 있는 거죠."

다방면의 지식을 쌓고 자신의 취향을 알아 가는데 이어 대중적인 감성을 잘 이해하는 것도 꼭 필요하다. 그러려면 나이에 걸맞게 평범하게 사는 것이 제일 좋다. 학교생활도, 공부도 남들과 똑같이 괴로워하면서 뚫고 지나가야 한다. 그 나이 때 누구나 겪는 일을 겪지 않으면 대중의 감성을 알기가 어렵기 때문이다. 유학보다는 한국에서 자라면서 한국적인 감성을 이해하는 것이 더 도움이 된다.

끝으로 한창 꿈을 찾아 성장하는 우리들에게 이렇게 당부했다.

"나이 사십이 돼서도 내가 뭘 원하는지 잘 모르는 게 인생이에요. 여러분들도 당연히 모를 수 있어요. 그러나 자기가 원하는 것을 찾도록 끊임없이 노력해야 해요. 내가 원하는 것이 무엇인지, 잘 하는 것은 무엇인지 지속적으로 생각하고, 묻고, 다양한 경험을 통해 알아가도록 하세요. 자기가 잘 하는 것을 발견하고 거기에 온 힘을 다해 매진하면 성공이 따라올 거예요."

Interviewer : 권혁준, 김민준, 차승민, 황보연

Profile 나영석

CJ E&M 프로듀서. 연세대학교 행정학과를 졸업하고 2001년 KBS 27기 공채로 프로듀서가 되었다. '출발 드림팀', '산장미팅 장미의 전쟁' 조연출을 거쳐 '여걸 파이브', '여걸 식스'를 연출했으며 해피선데이의 '1박 2일' 연출로 흥행 대박을 터뜨려 유명해졌다. 2013년 CJ E&M 으로 이적해 '꽃보다 할배'를 연출해 다시 한 번 국민 예능피디로서의 면모를 과시하고 있다. 2009년 한국 PD대상 TV예능부문 작품상, 2014년 백상예술대상 TV부문 예능작품상을 받았고, 저서로는 「어차피 레이스는 길다」, 「PD, Who&How」가 있다.

예능피디 나영석

세상에 없던 일을 창조하다

에펠탑 아래에서 애국가를 힘껏 불렀던 대학생

흰 눈이 펑펑 내리는 날, 성신여자대학교에서 대한민국 홍보전문가 서경덕 교수님을 만났다. 교수님은 특유의 서글서글한 미소로 우리를 따뜻하게 맞아주셨다. 유쾌한 인사를 건네며 칭찬과 유머로 우리를 띄워주시는 교수님! 덕분에 긴장감은 어느새 사라지고 다 함께 즐거운 분위기로 인터뷰를 시작하게 되었다.

제일 먼저 대한민국을 홍보하는 길로 들어선 계기가 궁금했다.

"대학 시절 세계화라는 말이 처음 나왔어요. 신문에서만 보는 세계화 말고 세계에 나가 세계가 어떻게 돌아가는지 직접 보고 내 인생을 판단해보고 싶었습니다."

89년 해외여행 자율화가 되면서 배낭여행 1세대로서 무작정 유럽으로 여행을 떠났다. 그때까지만 해도 나라 밖에 나가 코리아를 얘기하면 사람들이 어느 정도 알아줄 줄 알았다. 그런데 고등학교 때 세계 11위 경제대국이라고 배웠던 기억이 무참할 정도로 사람들은 코리아를 몰랐다. 더군다나 88올림픽도 치른 뒤였다.

"제가 누가 봐도 토종 한국인 얼굴이잖아요? 그런데 중국에서 왔냐 아니면 일본인이냐 묻는 거예요. 한국에서 왔다고 하니 한국이 어디 붙어있느냐는 겁니다. 한국에 대한 이미지가 너무 없어 충격을 받았지요."

한국인이라고 무시당하고 동양인이라고 차별당하면서 일개 대학생이지만 한국을 알리는 의미 있는 행사를 열고 싶었다.

8월 15일은 광복절이기도 하지만 세계적으로 보면 세계 2차 대전이 끝난 날이기도 하다. 그 의미 있는 날에 에펠탑 아래서 한국을 알리는 조그만 행사를 계획 했다. 그리고는 쑥스러워 주최자라고 얘기도 못하고 그저 8월 15일 파리 에펠탑 아래에서 무슨 행사가 있다더라고 만나는 사람마다 소문을 냈다. 그렇게 2주가 지나니 신기하게도 소문을 냈던 자신에게 그 행사 얘기가 들려왔다. 지금이야 SNS로 사람들을 모을 수 있지만 그때만 해도 오로지 입소문에 의지했기 때문에 많아야 한 삼십 명쯤 올 줄 알았다. 그런데 이역만리에서 한국인 여행객들이 300명이나 모였다. 외국인까지 다 합하면 800명 가까이 되었다. 함께 애국가를 부르고 아리랑, 강상술래 등을 알려줬는데 외국인들이 굉장히 관심을 보였다. 그래서 전략적으로 준비를 잘 하면 보다 더 훌륭하게 한국 홍보 행사를 해외에서도 충분히 치를 수 있겠다는 자신감이 붙었다. 이렇게 생긴 자신감이 장차 자신의 인생을 바꿔놓을 줄 그때는 상상도 못했다.

실패란 끝이 아닌 단지 지연된 것일 뿐

대학원 시절, 뉴욕의 메트로폴리탄 박물관에 들렀다가 그곳에서 한국어 서비스를 하지 않는다는 사실을 처음 알았다. 미국, 일본, 중국처럼 우리말 서비스도 꼭 지원되었으면 하는 바람이 생겼다. 비록 대학원생 신분이었지만 특유의 당당함과 자신감으로 박물관 언어담당 디렉터와 직접 통화를 하고 수개월간의 기다림 끝에 직접 만나 한국어 서비스를 요청했다. 박물관 측의 검증절차 외에 돈이 필요했다. 한 개인으로서 6개월 동안 200군데가 넘는 재단과 기업, 정부기관을 끈질기게 찾아다닌 끝에 후원금을 마련해 일을 마무리 지을 수 있었다. 맨처음 유치가 어려웠지 그 후로 직접 연락 오는 박물관도 있었고 후원해주는 분들도 점차 나서기 시작했다. 그렇게 한국을 세계에 알리는 일은 시작되었고 거듭되는 실패에도 지칠 줄 모르고 계속되었다.

10년이 넘게 한국을 홍보하는 일을 계속 하면서 언론에서 서경덕 교수님을 한국홍보전문가로 부르기 시작했다. 홍보전문가라는 직업은 있을 수 있지만 한국을 홍보하는 전문가는 세상에 없던 일이다. 기업의 상품을 홍보하면서 보수를 받고 싶어 하지 한국을 해외에 잘 알리는 사람이 되고 싶어 하지는 않는다. 누가 돈을 주는 일이 아니기 때문이다.

서경덕 교수님은 세상에 없던 일, 가치 있지만 아무도 하지 않으려는 일에 열정을 쏟고 그 분야의 최고 전문가가 되었다. 이미 존재하는 수많은 직업 중에 하나를 택해서 진로를 결정할 수 있지만 세상에 없던 일을 만들어서 그 분야의 전문가가 될 수 있다는 사실을 보여줬다.

이 일을 오랫동안 계속 하고 있는 가장 큰 이유를 꼽으라면 자신이 잘할 수 있는데다가 무엇보다 재미가 있기 때문이다. 재미있게 일 하는 게 가장 중요하다.

뉴욕 현대미술관에 한국어 서비스를 유치한 후 방문할 때였다.

"티켓박스에서 제공되는 7개 언어 팜플렛 중 우리말 팜플렛을 직접 보니까 콧등이 시큰해지더군요. 그런데 바로 그 뒤에 커다란 전광판에

세계에 한국을 널리 알리는 대한민국 홍보전문가 서경덕 교수님. 뉴욕타임스퀘어 광장에 대한민국 홍보 전용 광고판을 만들어 24시간 내내 대한민국을 광고하는 것이 꿈이다.

'환영합니다' 라는 우리말 글씨가 지나가는 거예요. 순간 한 십여 분간 멍하고 그 자리에 굳어버렸지요. 그 감동을 지금도 잊을 수가 없습니다."

그간 한국어 서비스를 유치하기까지 까다로운 검증과정과 후원과정에 애태우던 모든 것이 눈 녹듯 사라지는 순간이었다. 바로 이런 재미가 교수님이 이일을 계속 하고 있는 이유이고 어려운 일을 해내는데 가장 큰 힘이 되고 있다.

물론 모든 일이 술술 풀렸던 것은 아니다. 아무리 애를 써도 이루어지지 않는 일들도 많았다. 그러나 그때마다 마음의 여유를 찾으려고 노력한다.

"실패는 실패로 끝나는 것이 아니라 나중에 언젠가 이루어질 수 있게 지연된 것이라고 생각해요. 그러니 실패는 성공의 어머니지요. 제 20대 때 아무도 도와주지 않아 실패했던 일들을 이제는 하나씩 해결해 나가고 있잖아요."

그때 당시는 성공하지 못했지만 시간이 지나서 성사되는 경험이 쌓이다 보니 실패했다고 결코 의기소침해지지 않는다. 마음의 여유를 가지고 대처하면 나중에 그 일을 추진할 수 있는 힘이 생기는 것이다. 기회는 언제든지 다시 오게 마련이다.

"하다보면 기회가 만들어져요. 물론 기회는 열심히 준비한 사람에게만 보이지요."

서경덕 교수님은 독도지킴이라는 이름이 붙을 정도로 독도와의 인연이 깊다. 2005년, 뉴욕에 머물 때였다. 일본 시마네현에서 '다케시마의 날' 조례 제정을 했다는 턱없는 발표에 충격을 받았다. '일본이 왜 이러나. 조용히 있어서는 안 되겠다'는 생각이 들었다. 일본 정부의 부당함을 전 세계에 알리고 싶었다.

"누군가는 해야 될 일인데 정부나 기업을 탓할 게 아니라 민간인 차원에서 한 개인이지만 한번 해보자. 후회 없이 될 때까지 해보자는 생각이 들었어요."

그때 뉴욕에 있었기 때문에 뉴욕타임스의 위력을 느끼고 있었을 때라 거기에 독도 광고라도 한 번 내보자는 생각이 들었다. 당시는 후원해줄 사람도 없어 대학시절 아르바이트로 조금씩 모은 돈을 다 털었다. 6개월간 각고의 노력 끝에 드디어 작은 박스 광고를 뉴욕타임스에 실을 수 있었다. 세계 여론을 좌지우지하는 뉴욕타임스의 독도 광고는 우리나라뿐만 아니라 전 세계인에게 큰 반향을 일으켰다. 교수님이 하는 일도 널리 알려져 여러 곳에서 우리나라 홍보에 든든한 지원군도 생겼다. 이후 지금까지 각계의 도움으로 약 50여 차례의 대한민국 홍보 광고를 세계 유수 미디어에 싣고 있다.

홍보 일을 하는데 아무리 후원을 받는다고 하지만 적지 않은 비용이 들어간다.

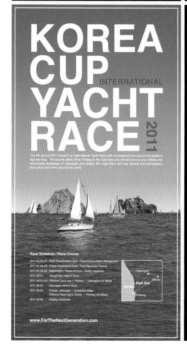

한국홍보전문가 서경덕

"기본적인 교수 월급만 생활비로 사용하고 나머지 외부 강연이나 방송출연료는 모두 한국 홍보에 사용하고 있어요."

요즘엔 교수님이 하는 뜻 깊은 일에 동참하고자 유명 연예인들의 재능 기부나 정부, 기업의 후원이 이어지고 있다. 가장 고마운 것은 얼굴 한 번 보지 못한 네티즌들의 응원이다.

"가수 김장훈씨와 함께 다음 아고라에서 독도와 동해 광고 후원금을 모금한 적이 있었는데 한 달 동안 10만 여명이 2억 1천만원을 모아줬어요. 정말 감동적인 일이죠."

처음 독도로 시작한 광고는 이제 동해와 위안부, 한식, 한복 등 점점 다양해지고 있다. 유명 저널뿐 아니라 뉴욕 한복판 타임스퀘어 광장에 비빔밥과 아리랑 영상광고도 냈다.

앞으로 가장 바라는 일은 뉴욕 타임스퀘어 광장에 국가 단위로는 세계 최초로 대한민국 홍보 전용 광고판을 만드는 것이다. 24시간 독도, 동해, 한식 등에 대한 광고를 하고 싶다.

교수님의 홍보에는 항상 참신한 아이디어가 가득하다. 이런 아이디어를 가장 많이 얻는 곳은 다름 아닌 신문이다.

"8백 원의 행복이 신문을 사는 것이라고 생각해요. 자기가 원하는 면만 치우쳐 보게 되는 포털사이트보다는 다양하게 세상 돌아가는 상황들을 한눈에 읽을 수 있는 신문이 더 좋아요. 신문을 보면 아이디어가 샘솟곤 합니다."

신문을 읽다보면 논리적인 글쓰기나 말하기에 도움이 많이 된다. 그래서 학생시절부터 신문 즐겨 읽기를 적극 권한다.

"요즘 학생들은 정보검색 능력은 뛰어난데 그에 비해 자신만의 깊이 있는 사고가 부족해요. 가장 중요한 건 개념을 잡고 자신만의 결론에 도달하는 힘, 생각을 깊이 있게 하는 힘이에요. 생각할 수 있는 힘을 키우는데 신문읽기가 아주 좋지요."

통합적인 사고, 협력하는 자세가 중요해

서경덕 교수님의 어린 시절 꿈은 택시기사였다. 자가용이 집집마다 흔치 않았던 시절, 원하는 곳 어디든 갈 수 있는 택시기사가 세계 최고의 꿈이라고 생각했다.

"학생 때 책읽기를 무척 좋아했어요. 주로 책을 통해 세상을 배웠는데 제일 좋아하던 책은 사회과부도였습니다. 다른 교과서는 다 흑백이고 볼품이 없었는데 사회과부도만 올컬러에다 시원하게 컸어요. 앞에는 세계지도가 있고 뒤에는 역사연표가 있었는데 참 재미있게 봤죠."

교과서 지도책을 제일 흥미 있게 봤던 교수님. 누나들은 그때부터 방랑벽을 알아봤다고 놀리지만 그때부터 슬슬 세계로의 꿈을 키워나갔던 것은 아닐까?

청소년 시절에는 밖에 나가 놀기를 매우 좋아했다. 학교에 다녀오면 날마다 놀이터에 친구들과 모여 동네 형, 친구들, 어린 후배들과 함께 놀았는데 거기서부터 사회성이 쑥쑥 자라났다고 생각한다. 학교 끝나자마자 학원으로 내몰리는 요즘의 우리 친구들과 비교되는 대목이다. 부럽기도 하고 우리들이 공부대신 중요한 다른 것을 놓치고 있는 것은 아닐까 하는 생각마저 들었다.

그렇다고 교수님이 공부를 게을리 한 것은 아니었다. 신나게 놀고 집중해서 열심히 공부했다. 성적은 늘 상위권이었고 중고등학교 때는 쭉 반장을 맡을 정도로 성격도 활발한 편이었다. 특히 체육, 그림, 음악을 좋아했는데 피아노를 체르니 50번까지 칠 정도로 몰입했다. 아직도 그때 그렸던 아그리파그림을 간직하고 있을 정도로 그림그리기도 좋아했다. 교수님은 국, 영, 수도 중요하지만 이런 예체능교육이 사회성과 창의성을 길러주는 좋은 방법이라고 믿는다. 요즘도 홍보에 관한 많은 아이디어를 예체능을 통해서 얻는다.

전공은 홍보와는 거리가 멀게 느껴지는 조경학. 원래 그림이 너무 좋아 미대를 가고 싶었지만 부모님의 만류에 미술과 관련이 높은 조경학

과로 대학을 갔고 대학원까지 쭉 전공을 이어 공부했다.

대학시절부터 홍보에 열정을 기울이면서 왜 언론이나 미디어 쪽으로 대학원을 가지 않았을까?

"동아리 활동으로 홍보 행사를 하면서 조경학 지식이 도움이 많이 되었어요. 홍보와 조경을 분리해서 생각하기보다 두 가지를 융합하는 방향으로 공부하는 것이 좋겠다 싶었지요."

자신의 전공에 얽매이지 말고 전공을 어떻게 사회에 활용하느냐가 더 중요하다.

"제가 해외에 나가면 조경학을 공부했기 때문에 정원을 유심히 봐요. 유럽이나 미주에 가면 일명 차이니즈 가든, 재패니즈 가든이 있는데 왜 코리아 가든은 없을까요? 만약에 우리가 코리아 가든을 만들어 놓으면 많은 사람들이 와서 한국의 이미지를 갖게 될 거예요. 제가 조경 쪽을 공부하지 않았다면 이런 아이디어를 낼 수 있었을까요? 그러니 다양한 분야의 융합이 꼭 필요해요."

하고 싶은 일보다는 잘 할 수 있는 일을 찾아야

홍보전문가가 되고 싶다는 청소년들이 많다. 어떻게 준비하면 좋을지 물어올 때면 교수님은 어느 분야의 일을 한 가지 공부로만 좁혀 생각하지 말라고 조언한다.

한국을 알리기 위해 뉴욕 타임스퀘어 광장에 비빔밥 광고 기획부터 출연까지 함께 해서 화제가 되었던 무한도전 멤버들과 함께 한 모습.

한국홍보전문가 서경덕

"지금 시대는 외골수보다는 마당발이 필요합니다."

광고만 봐도 국문학을 전공해서 멋진 카피를 쓸 수 있고 디자인을 배워 멋진 공간을 꾸밀 수도 있다. 혼자서 해낼 수 있는 일이란 없기 때문에 여러 사람들과 협력할 줄 아는 자세가 무엇보다 중요하다.

홍보를 잘 하려면 당연히 적극적이고 활발하고 사람들과 잘 어울릴 수 있으면 좋다. 그러나 일에 맞춰 노력하다보면 내성적이고 소극적인 성격도 변하게 마련이다. 성격도 스스로 자신을 닫아놓지 말고 노력하면 바꿀 수 있다. 특히 긍정적인 마인드는 홍보뿐만 아니라 모든 일에 꼭 필요한 자세다.

한창 꿈을 찾고 키워나가야 할 우리들에게 당부말씀도 잊지 않으신다. "이 세상에 나름 꿈이 없는 사람이 있을까요? 그런데 꿈을 갖는 것보다 더 중요한 것은 자신의 꿈을 이루려는 치열한 노력이지요. 나중에 어떤 사람이 되겠다는 거창한 계획보다는 지금 현실에서 할 수 있는 것을 열심히 해내는 것, 그것이 자신의 꿈을 실현시킬 수 있는 최선의 방법이라고 봐요."

학생이라면 당연히 지금 아니면 할 수 없는 것들에 집중해야 한다. 예컨대 공부를 열심히 하는 것도 그중에 한 가지다. 무조건 책상 앞에 오래 앉아 있는다고 잘 하는 것은 아니다. 하고 싶은 것을 하면서 공부에 집중할 수 있는 자기만의 방식을 찾으면 훨씬 재미있게 공부할 수 있다.

공부는 게을리 하면서 우리나라 교육만 탓하는 친구들이 가끔 있다.

물론 창의적인 교육이 만들어져야하는 것이 당연하지만 자신이 해야 할 일도 제대로 안하면서 불만만 가지는 것은 스스로 우물을 파는 격이다.

이제는 더 이상 명문대 졸업장이 삶을 좌지우지하는 세상은 아니다. 자신이 할 수 있는 만큼 공부를 열심히 하는 것은 중요하지만 어느 대학의 어느 과를 꼭 가야한다는 생각은 버려도 되지 않을까. 하고 싶은 일이 점수가 안 되서 못하는 세상이 아닌 만큼 스스로 자신이 잘 할 수 있는 일을 찾아 진로를 정하는 것이 중요하다.

"현실에 안주하느라 자신이 잘 할 수 있는 능력을 죽을 때까지 못 찾는 사람들도 많아요. 여러분은 지금은 물론이고 대학생, 이다음에 직장인이 되더라도 그 안에서 적극적인 노력으로 다양한 경험을 쌓길 바랍니다. 그래야 자신이 가장 잘 할 수 있는 일을 찾아낼 수 있어요. 원하는 일에서 재미있는 일을 찾고 재미있는 일에서 잘 하는 일을 찾아가는 일! 여러분의 꿈을 응원할게요."

Interviewer : 권혁준, 김수현, 이채린

Profile 서경덕

한국의 문화와 역사를 알리는 한국홍보전문가. 성균관대학교 조경학과를 졸업하고 고려대학교 생명과학대학원 박사과정을 수료했다. 뉴욕타임스, 워싱턴포스트, 월스트리트저널 등 세계적인 언론에 독도 및 동해, 위안부, 고구려 등의 이슈를 광고로 실어 화제를 불러일으켰다. 또한 세계 유명 박물관 한국어 서비스 제공 및 한글과 한식의 세계화에도 앞장서고 있다. 현재 성신여자대학교 객원교수이며 국가브랜드위원회 자문위원, 독립기념관 명예홍보대사, 서울시장애인복지시설협회 홍보대사를 역임하고 있다. 저서로 「세계를 향한 무한도전」이 있다.

아름답게 빛나는 삶

1998년 벨기에에서 실시되어 큰 성공을 거뒀던 청년 실업대책이 있다. 당시 벨기에
는 심각한 청년 실업문제를 겪고 있었고, 이를 해결하기 위한 다양한 노력을 기울이
고 있었다. 그러다 한 편의 영화로 청년 실업대책은 강화되고, 더 많은 청년들이 일자
리를 구할 수 있게 되었다. 이 제도에 영향을 미친 영화는 벨기에 감독 다르덴 형제의
'로제타(Rosetta)', 이 영화는 아무 희망 없이 힘든 노동을 하며 살아가는 십대 로제
타의 삶을 통해 미성년자의 임금문제와 청년 실업문제의 심각성을 현실감 있게 고발
했다. 그리고 1999년 칸영화제 황금종려상을 수상하면서 사회적으로 더 큰 반향을
일으켰다.

국내에서는 영화 '도가니(2011)'가 흥행에 성공하면서 영화의 실제 배경이었던 학교
가 폐교되고, 장애인 성폭력 범죄에 대한 법이 마련된 사례가 있다. 또 전 미국의 부통
령 앨 고어가 출연한 다큐멘터리 영화 '불편한 진실(2006)'은 지구가 떠안은 환경 재
앙의 긴급성을 알리면서 전 세계 사람들의 환경의식에 큰 영향을 미쳤다.

이처럼 한 편의 영화는 사회를 바꾸기도 한다. 영화가 주는 메시지는 매우 강력해서
사람들의 마음과 행동을 움직이기에 충분하다. 영화와 유사한 매체인 방송은 더 전 방
위적으로 사람들에 영향을 미친다. 매일 접하는 뉴스와 드라마, 시사프로그램, 다큐멘
터리 등은 더 빈번하게 사람들의 사고방식과 라이프스타일을 바꿔나간다. 그래서 영
화나 방송 관련 직업들은 사회적 영향력이 매우 크다는 특징이 있다. 때문에 사람들에
게 지식을 전달하고 재미와 감동을 주는 역할 말고도, 사회적 메시지를 전달한다는 점
에서 공인으로서의 태도가 요구되는 직업들이라고 할 수 있다.

한 편의 영화를 만들기 위해서는 여러 직업을 가진 사람들의 노력이 들어간다. 일례
로, 영화 시상식에서 수상자들이 수상소감을 말하는 걸 보면 함께 작업한 사람이 얼
마나 많은지 가늠할 수 있다. 또 영화가 끝나고 올라가는 엔딩 크레디트(ending

credit)에서도 영화 제작에 참여한 수많은 사람들과 그들의 역할을 확인할 수 있다. 그중 대표적인 직업을 꼽자면 영화감독을 들 수 있다. 그렇다고 영화감독이 가장 중요한 직업이란 의미는 아니다. 다만 영화감독을 이해하면 다른 영화계 직업들을 이해하기 수월해진다. 실제로 톱니 하나가 빠지면 제 기능을 못하는 톱니바퀴처럼, 제작 현장에선 더 중요하고 덜 중요한 직업을 찾는 건 무의미하다.

영화감독은 영화의 시작을 결정하는 일부터 영화를 찍고 관객들에게 선보이기까지 영화의 전부를 책임지는 수장이다. 처음 작품을 구상하고 기획하는 단계에서 시나리오 작가와 함께 작품을 구상하는데, 영화감독 중에는 아예 시나리오를 직접 쓰는 감독이 있을 정도로 기획부터 영화감독의 관여도는 상당하다. 촬영에 들어가려면 투자자를 찾고 제작 스태프를 꾸리는 등의 준비를 해야 하고, 촬영 중에는 연기자의 연기를 직접 지도하거나 촬영 스케줄과 장소를 결정하는 등 제작에 필요한 크고 작은 의사결정을 해나간다.

영화계에 영화감독이 있다면 방송계에는 방송연출가(PD)가 있다. 영화감독이 영화의 처음과 끝을 진두지휘하는 것처럼, PD는 드라마, 예능, 교양물 같은 방송프로그램을 책임지고 이끌어간다. 두 직업은 영화와 방송프로그램을 제작하는 과정에서 리더로서의 역할을 한다. 요구되는 능력도 비슷한데, 현장의 스태프들을 이끌어가는 리더십과 새로운 작품을 선보이기 위한 창의성 등이 중요하다.

영화와 방송 제작 현장에는 소위 스태프라 불리는 사람들이 있다. 이들은 촬영, 편집, 음향, 조명 등을 담당하는 인력으로 각 파트마다 팀을 이끌어가는 감독이 있고, 감독을 중심으로 팀원들이 현장 경험을 쌓으며 기술을 배워나간다. 예를 들어, 촬영팀에는 촬영감독, 편집팀에는 편집감독, 음향팀에는 음향감독이 있는 식이며, 팀원들이 하는 일은 제작 경력에 따라 조금씩 차이가 있다. 이들은 대개 카메라, 조명장비, 음향장비, 편집장비처럼 기계를 다루기 때문에 기계 조작에 적성과 흥미가 있어야 하고, 영상미를 표현하는데 필요한 미적 감각과 창의성도 중요하다.

한편, 방송계 직업 중에서 아나운서와 기자처럼 청소년들이 선호하면서 세상에 큰 영향력을 발휘하는 직업들이 있다. 아나운서는 대중에게 빠르고 정확한 세상의 소식을 전하고, 기자는 사회문제를 취재하고 고발하면서 세상에 큰 반향을 일으킨다.

영화감독

WHO

영화감독은 영화의 소재를 정하고 시나리오, 연기, 영상 등을 한데 모아 한 편의 영화를 작품으로 완성한다. 이를 위해 영화 제작에 참여하는 스태프들을 이끌며 전체 과정을 진두지휘한다. 촬영에 필요한 조명, 세트, 효과, 분장 등 세심한 부분까지 일일이 챙기고, 배우의 연기를 지도하기도 한다. 또 촬영일정과 촬영장소를 확인하며 촬영스케줄을 관리하고, 제작현장에서 일어나는 돌발 상황에 대처한다. 한편, 제작비를 투자할 투자자를 찾는 데도 영화감독의 노력이 필요하다. 촬영이 끝난 후에는 편집과 영화 홍보에도 참여한다.

HOW

영화감독이 되려면 영화 연출에 필요한 이론과 실무교육을 받아야 한다. 이를 위해 대학의 연극영화과에서 연출을 전공하거나, 영화제작을 가르치는 사설학원에서 촬영과 편집에 대한 공부를 하는 것이 좋다. 다만 전공지식이나 기술만으로 할 수 있는 일이 아니어서 영화 제작 현장에서 경험을 쌓는 것이 가장 중요하다. 때문에 대개는 조감독으로 실력을 쌓아 정식 감독으로 데뷔하는 게 일반적이다. 영화제작은 짧게는 몇 달 길게는 몇 년이 걸리고, 개봉하고도 기대만큼 대중의 관심을 못 받을 수도 있다. 때문에 오랜 기간 여러 사람들을 이끌고 작품을 만들어야 한다는 점에서 부담감과 스트레스가 큰 직업이다.

적성　상상력, 창의성, 통찰력, 미적 감각, 리더십, 스트레스 감내성 등
전공　영화과, 연극영화과 등
진출분야　영화제작사와 함께 일하며 주로 프리랜서로 활동

촬영기사

WHO

촬영기사는 영화, 방송 분야에서 카메라 등의 촬영장비를 사용해 각종 대상을 촬영한다. 주로 스튜디오나 야외 촬영현장에서 일하고, 대본에 따라 인물과 배경에 적합한 영상을 미적으로 표현한다. 담당하는 장르에 따라 하는 일과 촬영스타일에 차이가 있고, 필요에 따라 특수장비를 이용해 항공촬영이나 수중촬영을 하기도 한다. 한편, 방송프로듀서나 영화감독 등과 촬영에 대한 표현과 편집 등에 대해 논의하거나, 다른 방송장비기사(음향, 조명, 편집 등)들과 촬영에 대해 협의하는 일이 많다.

HOW

촬영기사가 되려면 촬영장비나 영상제작에 대한 이해가 필수다. 때문에 대학에서 영상제작에 대한 전공을 하거나 학원에서 이에 필요한 이론과 실기를 공부해야 한다. 방송국 소속 촬영기사가 되려면 공개채용시험에 합격해야 한다. 과거에는 제작현장에서 도제식으로 촬영기술을 배우는 경우도 있었지만, 요즘은 대학에서 전공을 하거나 해외 유학을 다녀와 진출하는 사례가 늘었다. 연출자와 다른 촬영 스태프 등 현장에는 함께 일하는 사람들이 많기 때문에 사회성과 대인관계능력도 중요하다.

적성 미적 감각, 예술성, 사회성, 공간지각력, 강인한 체력 등
전공 방송영상학과, 영상예술학과, 미디어영상학과, 연극영화학과 등
진출분야 방송국, 영화제작사, 영상아카데미 등

영화시나리오작가

WHO

영화시나리오작가는 영화 제작에 필요한 시나리오(대본)를 창작한다. 이를 위해 시나리오가 될 만한 소재를 찾고 줄거리와 등장인물, 에피소드 등을 구상해 전체적인 시놉시스(시나리오의 내용을 요약한 전체 요약 줄거리)를 결정한다. 시놉시스가 나오면 각 장면마다 세부적인 인물의 표정과 동작, 조명, 장소, 배경 등을 구성하고 설정해 전체 줄거리에 맞게 대본을 작성한다.

HOW

대학에서 국어국문학과, 문예창작학과, 연극영화과 등을 전공하면 전문성을 키우는데 도움이 된다. 영화시나리오를 쓰려면 작성방법에 대한 별도의 교육이 필요하므로, 방송아카데미, 영화아카데미, 관련 협회 등에서 시나리오 작성에 대한 교육을 받는 것이 좋다. 무엇보다 영화를 사랑하는 마음이 중요하고 영화에 대한 이해가 있어야 한다. 이런 이유로 영화감독처럼 영화계에 몸담고 있으면서 시나리오를 쓰는 사람들이 많은 편이다.

적성 문장표현력, 창의력, 추리력, 상상력, 통찰력, 스트레스 감내성 등
전공 연극영화과, 국어국문학과, 문예창작과, 문학영상학과, 방송시나리오극작과 등
진출분야 영화제작사, 영상아카데미 등

영화배우

WHO

영화배우는 영화에서 등장인물을 연기하는 연기자다. 작품 출연이 결정되면 주어진 배역을 분석하고 그에 맞는 표정, 행동, 대사톤 등을 설정해 인물을 표현한다. 이때 인물의 성격을 잘 표현할 수 있도록 감독과 작가, 그리고 의상, 소품, 분장 담당과 인물 표현에 대해 협의한다. 개인적으로는 대본을 외우고 연습하고, 리허설을 통해 함께 출연하는 배우와 호흡을 맞춘다. 우리나라에서 영화배우는 꼭 영화만 출연하는 것은 아니며, 탤런트, 연극배우, 가수, 뮤지컬 배우 등을 겸하는 경우가 많다.

HOW

영화배우가 되는 길은 매우 다양하다. 요즘은 작품이 있을 때마다 영화사에서 공개 오디션을 많이 개최하기 때문에 오디션에 합격해 배우 생활을 시작할 수 있다. 또는 연예기획사 오디션에 합격하거나 사설 연기학원을 다니면서 추천을 통해 배우가 될 수 있다. 무엇보다 연기력과 재능, 돋보이는 외모 등이 중요하므로, 이를 위한 준비로서 학교에서 연극연화과를 전공하거나 연기학원에서 연기에 필요한 이론과 실기를 갖추는 것이 좋다. 멋지고 화려한 모습만큼이나 경쟁이 심한 영화계에서 일하려면 남다른 재능과 열정, 노력이 필요하다.

적성 자기표현력, 상상력, 사회성, 스트레스 감내성 등
전공 연극영화학과, 방송연예과, 뮤지컬공연전공 등
진출분야 연예기획사, 극단, 영화제작사, 방송국, 잡지사 등

영화평론가

WHO

영화평론가는 영화의 가치를 평가하고 영화에 대한 자신의 주관적인 평을 전달한다. 이들은 영화를 보고 감독이 어떤 의도로 영화를 만들었는지, 시나리오와 감독의 촬영 의도는 무엇이고 이를 영상으로 잘 표현했는지, 영화가 대중에게 어떤 의미를 전달하고자 하는지 등을 분석하고, 이에 대한 자신의 의견을 가미해 말이나 글로 표현한다. 주로 영화전문잡지나 신문기사 등에 고정적으로 칼럼을 연재하고, TV나 라디오에 출연해 영화평론을 하기도 한다.

HOW

영화평론가가 되려면 무엇보다 영화를 사랑하고 영화에 대한 풍부한 지식이 필요하다. 평론은 단순히 줄거리를 소개하는 게 아니라, 영화를 완벽하게 이해하고 이에 대한 평가를 냉철하게 표현하는 것이기 때문에 영화에 대한 배경지식과 열정이 매우 중요하다. 특히 영화의 주제나 배경이 다양하다는 점에서 미술, 역사, 음악, 철학, 신학 등에 해박한 지식이 필요하고, 새로운 지식을 배우고 이해하는 능력도 중요하다. 영화평론가가 되기 위해 특별히 정해진 길은 없지만, 영화 관련 전공을 하면 아무래도 영화를 이해하는데 도움이 된다. 영화평론가 중에는 대학교수나 문화부기자 같은 유사한 업계에서 일하며 겸업을 하는 경우가 많다.

적성 문장표현력, 분석력, 예술성, 통찰력 등
전공 영화과, 연극영화과, 신문방송학과, 방송연예과, 기타 인문학 전공 등
진출분야 영화잡지사, 신문사, 주로 프리랜서로 활동

방송프로듀서

WHO

방송프로듀서는 드라마, 예능, 교양물 등의 방송프로그램을 제작하는 방송연출가를 말한다. 이들은 사람들에게 사랑받는 프로그램을 만들기 위해 프로그램 제작에 필요한 중요한 의사결정을 내리고 함께 일하는 스태프들을 이끌어간다. 한 편의 방송 프로그램이 완성되기 위해서는 방송작가, 조연출(AD), 카메라맨, 기술감독, 조명감독, 음향감독, 영상감독, 녹화감독, 편집감독 등 매우 많은 사람들이 제작에 참여한다. 때문에 방송연출가에게는 리더십이 매우 중요하다.

HOW

주로 대학이나 방송아카데미에서 방송제작에 대한 교육을 받고, 방송사 공개채용에 합격해 정식 PD로 활동하는 경우가 많다. 나중에는 프리랜서로 활동하거나 직접 독립 프로덕션을 운영하며 방송사에 프로그램을 제작해주기도 하는데, 이런 경우는 연출경력이 오래된 베테랑 PD들인 경우가 많다. 방송은 굉장히 대중적인 매체여서 일에 대한 책임감이 큰 편이다. 방송이 대중에 미칠 영향을 생각해야 하고, 재미와 감동 같은 새로운 경험을 줄 수 있어야 한다. 때문에 평소 여행이나 독서, 전시, 공연, 명상 같은 경험을 하거나, 정부나 기업체 등에서 실시하는 영상 공모전에 참가해 실전감각을 쌓는 것이 좋다.

적성　상상력, 통찰력, 혁신성, 리더십, 책임감 등
전공　연출전공, 연극영화과, 신문방송과, 광고홍보학과 등
진출분야　방송국, 독립프로덕션, 홍보영상제작사 등

방송작가

WHO

방송작가는 방송프로그램의 대본을 쓰며 주력하는 장르에 따라 드라마 대본을 쓰는 드라마작가, 쇼ㆍ코미디ㆍ다큐멘터리 등의 대본을 쓰는 구성작가가 있다. 드라마작가는 드라마 주제에 따라 인물별 캐릭터를 만들고 매회 스토리를 만들어 나간다. 구성작가는 쇼, 코미디 등 담당하는 프로그램별에 따라 하는 일에 차이가 있지만, 기본적으로 프로듀서와 협의해 아이템을 선정하고 대본을 쓰는 일을 맡는다. 특히, 출연진이 함께 하는 프로그램일 경우 구성작가는 출연자를 섭외하는 데 많은 시간과 노력을 들인다.

HOW

작가가 되는 데는 특별한 자격이나 학력의 제한이 없다. 어려서부터 글 쓰는 재능이 있으면 더 없이 좋지만, 방송대본을 작성하려면 별도의 공부가 필요하므로 방송아카데미, 영화아카데미, 관련 사설학원에서 교육을 받는 경우가 많다. 일반적으로 작가의 역량을 키우고 싶다면 국어국문학이나 문예창작학을 전공하는 것이 좋다. 이들 전공에서는 다양한 작품과 작가를 분석하고 습작 훈련을 통해 문장력과 표현력 등을 기를 수 있다. 특히 학과 선배들과의 인맥은 창작의 어려움을 극복하거나 작가의 길을 걷는 데 여러모로 좋은 자산이 된다.

적성 문장표현력, 창의력, 추리력, 상상력, 통찰력, 스트레스 감내성 등
전공 국어국문학과, 문예창작과, 문학영상학과, 방송시나리오극작과 등
진출분야 TV/라디오 방송국, 케이블방송사, 방송외주제작사 등

기자

WHO

기자는 우리 주변에서 일어나는 각종 소식들을 기사화해 신문, 방송, 인터넷 등에 알리는 일을 한다. 기자는 담당 매체와 전문 취재 분야 등에 따라 그 종류가 매우 다양하다. 매체에 따라서는 방송기자, 신문기자, 잡지기자, 인터넷기자, 사보기자(기업의 소식을 전하는 기자) 등이 있다. 또 방송기자와 신문기자의 경우는 담당 부서에 따라 정치부 기자, 사회부 기자, 문화부 기자, 경제부 기자, 국제부 기자 등으로 불리기도 한다. 전문 취재 분야에 따라서도 불리는 이름이 다른데, 그중에는 의학전문기자, 환경전문기자, 기상전문기자, 법률전문기자 등이 있다. 활동 분야에 따라 조금씩 차이가있지만, 공통적으로 취재계획서 작성, 취재 일정 계획, 현장 취재, 기사 작성과 편집등의 일을 한다.

HOW

기자가 되려면 신문사, 방송사, 잡지사, 기업체홍보실, 인터넷언론사 등에 입사해야한다. 입사를 위한 학력 및 전공 등에 제한은 없지만, 보통 4년제 대학에서 신문방송학과, 사회학과 등을 전공하는 것이 유리하다. 다만 의학전문기자처럼 의학 전문지식이 필요한 경우에는 의사 자격증이 있는 자로 채용을 하는 등, 해당 분야 전공자로 제한된다. 기자가 대중에 전달하는 기사는 세상을 바꿀 수 있을 정도로 파급력이 크다. 때문에 정확하고 진실을 담은 기사를 전달하려는 기자정신이 요구된다.

적성 문장표현력, 언어구사력, 의사소통능력, 논리적 사고, 추리력, 기억력, 관찰력, 정확성, 공정성, 사회성 등
전공 신문방송학과, 사회학과, 정치외교학과, 법학과, 국어국문학과 등
진출분야 신문사, 방송사, 잡지사, 인터넷신문사 등

꿈 셋
스포츠 · 문화 · 예술

신나고 즐거운 인생

발레리나 강수진

기타리스트 정성하

하루하루 최선을 다해
큰 꿈을 이루어내다

발레의 불모지에서 세계 최고의 발레리나가 되다

"단원들 각자 자기 색깔을 찾을 수 있도록 조언할 뿐 나만큼 연습하라
고 고집하진 않아요."

자신은 혹독한 연습으로 이름난 발레리나지만 그 누구에게도 자신의
스타일을 강요하지 않는다는 강수진 선생님. 하지만 예술감독 초기 시
절엔 단원들과 의사소통하는 방법을 알기까지 약간의 시간이 필요하
기도 했고, 오래 활동했던 발레단과 다른 연습 스케줄로 조금은 당황
하기도 했었다고 털어놓는다.

예술의 전당 국립발레단 연습실에서 발레 동작에 한창 열중하고 있는
무용수들을 따뜻한 시선으로 바라보는 강수진 선생님은 상상했던 것

보다 훨씬 가냘픈 몸매에 긴 다리가 매우 인상적이었다. 세계적인 발레리나의 아우라를 내뿜는다고 할까! 눈빛은 부드러웠지만 단단하고 강인한 카리스마로 우리들의 시선을 이끌었다.

현재 국립발레단은 단원과 스태프가 130여 명에 이른다. "내가 발레단장이 되었을 때 지금까지 발레만 했던 저에게 많은 것을 알려주기 위해 직원들이 많은 노력을 해주었어요. 다들 도와주셔서 많이 배웠고 서로 호흡이 잘 맞는 것 같아 행운이라고 생각해요." 2020년 2월까지 국립발레단 예술감독으로 재임명된 강수진 선생님은 단원들 각자의 재능이 다르기 때문에 자신에게 맞는 패턴으로 연습해 성장할 수 있도록 돕고 있다고 한다.

강수진 선생님은 2014년 국립발레단 예술감독을 맡으면서 고국에 왔다. 1982년 모나코 왕립 발레학교로 유학을 떠나며 시작된 오랜 외국 생활을 일단은 접은 것이다. 무용계의 아카데미상으로 불리는 '브누아 드 라 당스' 최고 여성 무용수에 선정된 강수진 선생님은 걸어온 삶 자체가 그대로 '발레의 산 역사'라고 평가받고 있다. 발레의 불모지였던 한국에서 태어나 부단한 노력으로 30여 년간 세계 최고의 자리를 지켜온 셈이다.

2016년 7월 22일 독일 슈투트가르트 극장에서 선생님은 가장 좋아하는 작품 중에 하나인 '오네긴'의 주인공 '타티아나'로 은퇴 무대를 가졌다. 예술감독을 결정하고 바로 정한 일정이었다. 존 그랑코가 안무한 드라마 발레 '오네긴'은 매력적이지만 오만한 청년 오네긴을 향한 시골

처녀 타티아나의 짝사랑과 이별, 재회를 드라마틱하게 그려낸 작품이다. 세상 물정에 어둡고 순진한 면에서 스스로 타티아나와 닮았다고 생각하기에 배역에 더욱 몰입할 수 있었다고 한다.

선생님이 최선을 다해 준비한 이 공연이 끝나자 객석은 1400개의 하트로 가득 채워졌다. 강 선생님의 공로를 기리는 리드 앤더슨 전 슈투트가르트 발레단 예술감독과 관객들의 깜짝 이벤트로 마련된 이벤트였다. 이들은 '당케(Danke·고마워요) 수진'이 적힌 플래카드를 흔들며 연신 강수진 선생님의 이름을 외쳤고, 선생님은 관객의 따뜻한 반응과 함께 이제는 정말 작별이라는 감정이 뒤범벅되어 감사함의 웃음을 지을 수 있었다. 이 공연을 마지막으로 30년 만에 현역 무용수에서 완전히 물러났다. "발레리나로서는 은퇴했지만 최선을 다해왔기에 아쉬움이나 후회는 없어요. 이제 국립발레단의 성장 외에는 아무것도 바랄 것이 없어요."

어머니의 권유로 늦은 나이에 발레 시작

우리는 빛나는 성공을 거둔 사람들을 볼 때마다 어린 시절부터 비범했을 거라는 상상을 하곤 한다. 강수진 선생님도 마찬가지 아니었을까? 하지만 선생님은 우리들의 질문에 자신은 그저 평범한 소녀였다고 한다. 다만 발레뿐 아니라 공부도 잘하고 싶은 부지런한 학생이었다고 회고한다. "새벽 4시 반에 일어나 첫 버스를 타고 남산도서관에 공부하러 다녔어요. 등교도 제일 빨리 했죠. 돌이켜 보면 졸려서 공부양이 많지는 않았지만 최선을 다 했기 때문에 후회는 없어요." 그때부터 매일 아침 일어나 하루를 부지런하게 시작하는 습관이 생겼다고 한다.

강수진 선생님의 부모님은 피아노와 성악 등 다양한 예능교육을 시켜주었다. 덕분에 스스로 좋아하는 것이 무엇인지 발견할 수 있게 되었다고 한다. "고집이 센 편이고 자기주장이 강해서 억지로 시켰으면 오히려 반항했을 지도 몰라요. 그런데 부모님께서는 한 번도 강요하지 않고 뒤에서 묵묵히 저를 지켜봐 주셨죠."

발레도 어머니의 권유로 용기를 내어 시작하게 되었다. 선화예술중학교 1학년 때 초등학교 때부터 해오던 한국무용을 과감히 접고 발레로 전공을 바꾸었다. 발레를 시작하기엔 좀 늦은 나이였다.

"이미 몸이 많이 굳어있어서 따라가기가 어려웠지만 음악에 맞춰 춤출 수 있다는 것이 즐거웠어요. 그때 제 발레 담당 선생님이었던 캐서린이 굉장히 예쁘셨는데, 그분 눈에 들고 싶어 더 열심히 연습했죠."

어려서부터 발레를 배워온 또래 친구들에 비해 잘 하진 못했지만 선생님께 잘 보이려는 마음으로 시작해 열심히 연습하다 보니 결국 발레의 매력에 빠지게 되었고, 3년 정도 지난 뒤에는 친구들과의 격차를 극복할 수 있었다. 만약 처음에 힘들다고 발레를 포기했더라면 지금의 강수진 선생님도 없었을 것이다.

밤을 지새우며 연습하던 악바리 동양 소녀

강수진 선생님의 열정과 재능은 모나코 왕립발레학교 마리카 교장 선생님도 사로잡았다. 한국을 방문한 마리카 교장선생님은 강수진 선생님이 '10만 명에 한 명 나올까 말까 한 재목'이라고 칭찬했다. 뒤늦게 시작해 기술적인 면은 조금 부족하지만 타고난 감수성과 표현력을 높이 평가했다. 수많은 학생들 중 마리카 교장선생님께 발탁된 강수진 선생님은 장학금을 받고 유학을 떠나게 되었다.

"그때 멋모르고 유학을 떠난 거죠. 현지 상황을 잘 알았더라면 떠나지 못했을 거예요. 부모님께서도 얼마나 힘든 길인지 모르셨기에 선뜻 허락하신 거 같아요."

꿈의 발레학교라고 불리는 모나코 왕립발레학교에 다닌다는 생각에 들뜨고 설레었던 마음은 유학 첫날 등교하자마자 무너졌다. 전 세계에서 모인 친구들의 발레 실력이 예상보다 훨씬 월등했다. 게다가 모나코의 공용어인 불어는 물론 영어도 잘 알아듣지 못해 의사소통 자체가 힘들었다. 가족에 대한 그리움과 적응하기 힘든 서양음식도 엄청난 고통이었다.

한 주일을 보낸 뒤 더 이상 견딜 수 없을 것만 같았다. 돌아가기로 마음먹고 교장실에 갔을 때 마리카 선생님은 울먹이는 열다섯 살 사춘기 소녀를 아무 말 없이 따뜻하게 안아주었다. 마리카 선생님은 후에 마치 딸을 대하듯 동양에서 온 강수진 선생님을 집으로 들여 함께 생활하며 돌봤다. 단순히 발레의 기술적인 멋만 치중하지 않도록 예술적인 경험도 할 수 있게 도와주었다. 강수진 선생님이 발레뿐 아니라 예술적인 안목을 갖춰 표현력을 기를 수 있도록 늘 공연장이나 미술관을 동행한 일화는 유명하다.

마리카 교장선생님께 큰 위로를 받은 강수진 선생님은 열심히 도전 해보자고 마음먹었다. 그래서 모두가 잠든 밤 몰래 건물 위층에 있는 연습실에 들어가 밤을 새우며 연습을 했다.

학생들을 재우기 위해 밤 9시만 되면 무조건 건물 전체를 소등하기 때문에 인근 왕궁을 밝히는 조명이나 달빛에 의지해 수업시간에 배운 동작을 연습하고 또 연습했다고 한다. 낯선 이국땅, 희미한 연습실에서 혼자 발레 동작을 반복 연습하는 작은 소녀의 모습! 우리들은 선생님의 말씀을 들으면서 한편의 영상처럼 아름답고도 치열한 풍경을 떠올렸다.

강수진 선생님은 발레의 대중화를 위해 다양한 장르의 실험적이고 의미 있는 요소를 발레에 접목시키며 끊임없는 발전을 모색해왔다. 사진 제공 /국립발레단

"오로지 연습만이 모든 것을 극복하는 탈출구라는 생각이 들었기에 2년 동안 하루도 빼먹지 않고 달밤에 도둑 연습을 했어요. 관리인에게 걸릴까 봐 불안하기도 했지만 그렇다고 연습을 대충 할 수는 없었어요. 온몸의 힘이 다 빠져나가도록 뛰고 또 뛰었죠."

이때부터 선생님은 매일 2시간씩 스트레칭을 하고 몇 시간이고 동작이 될 때까지 연습을 해왔다고 한다. 컨디션이 좋지 않고 연습하기 싫은 마음이 들어도 부상을 당해 움직일 수 없었던 1년 반 정도의 시간을 빼고는 30년을 매일같이 반복했다.

주어진 오늘 하루에 최선을 다해라

인간이기에 나태해질 수도 있었을 텐데 어떤 마음가짐으로 흐트러지

는 자신을 꾸준히 다독일 수 있었을까?

"발레를 시작한 후 지난 30년 동안 마치 내일이 없는 시한부 인생처럼 살아왔어요. 난 내일이 없는 하루살이라는 생각으로 오늘을 맞이했고 절실하게 맞이한 오늘을 100% 살아냈어요. 그 하루하루가 모여서 지금의 제가 된 거죠."

영화 '행복을 찾아서'의 실제 주인공인 '가드너'는 "세상에서 가장 큰 선물은 자기 자신에게 기회를 주는 사람이다."라고 했는데, 강수진 선생님이야말로 이 말을 몸소 실천하며 자신의 삶을 사랑한 사람이라는 생각이 들었다.

"우리는 내일 어떻게 될지 아무도 몰라요. 계획을 세우고 살지만 사람 일은 어떻게 될지 아무도 몰라요. 저는 지진을 겪기도 했고 죽을 뻔한 적도 있어요. 그러니 하루하루 산다는 자체에 감사하는 마음으로 살아야 후회가 없겠죠. 지금 하는 일에 충실히 몰두하다 보면 결국은 사람들이 나를 불러주고, 인정도 받게 되는 것 같아요. 성공할 수 있게 되는 거죠."

선생님은 발레를 하면서 인생을 배웠다고 한다. 발레 경력으로만 보면 그간 승승장구만 한 것처럼 느껴지지만 힘든 우여곡절을 많이 겪었다.

"오늘의 저는 하루아침에 이루어진 게 아니에요. 제가 원래 내성적이었는데 고생을 여러 차례 겪으면서 여유가 생기고 자신감이 붙으면서 대인관계가 원만하게 된 거죠. 그러니 제가 겪은 우여곡절에 오히려 감사해야겠죠?"

단원들의 동작 하나하나를 꼼꼼이 살피는 강수진 선생님.
국립발레단의 예술감독(단장)으로서 단원들의 지도에 직접 나서고 있다. 사진 제공 /국립발레단

지금도 인생은 발레처럼 끊임없는 예습과 복습으로 이루어진 공부과
정이라고 믿는다.

남과 경쟁하지 않은 것이 성공 비결

1985년 스위스 로잔 발레콩쿠르에서 우승하며 이름을 알린 강수진
선생님은 슈투트가르트 발레단에 그 당시 최연소 단원으로 입단했다.
그때 이제 다 된 줄 알았다고 한다. 그런데 그곳에 가보니 세계에서 발
레를 잘 하는 사람은 다 모여 있었다. 군무진으로 들어갔으니 배역은
바라지도 않았지만 그래도 군무에 끼는 건 기대를 했었다.
"내 앞에 선배 네 분이 아파야 내 차지가 겨우 돌아왔어요. 무대에 서
지도 못하고 마냥 기다리면서 체중이 늘고 부상까지 당하자 불안하고

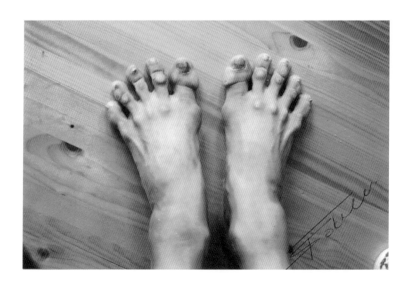

스스로를 미워하게 되었어요."

발레단에 입단한 기쁨도 잠시, 발목에 부상을 입은 강수진 선생님은 1년이 다 가도록 솔로는커녕 군무에도 끼기 어려웠다. 하염없이 기다리는 세월이 너무 힘들어 극단적인 생각을 하기도 했었다.

발레단 밖에서의 생활도 편치 않았다. 처음 모나코로 유학 갔을 때처럼 발레단이 있는 독일에 적응하기 위해 처음부터 많은 것을 다시 시작해야 했다. 독일어 공부는 물론이고 무뚝뚝하고 차갑게 느껴졌던 독일 사람들과 원만하게 교류하는 법을 배워야 했다. 한 푼이라도 아끼기 위해 값싸게 얻은 아파트에서는 곰팡이 냄새가 났다.

이 모든 것에 적응하는 과정이 녹록지 않았다. 강수진 선생님은 살아남기 위해 또다시 맹연습에 돌입했다. 매일 15시간 이상씩 땀을 흘릴 땐 하루에 토슈즈 네 켤레가 닳아 갈아 신어야 했다. 다른 단원들의 2주일 치 분량이었다. 오죽하면 물품 담당자로부터 아껴 써달라는 주의를 듣기도 했다. 나무옹이처럼 튀어나온 뼈, 뭉개진 발톱, 굳은살과 상처들. 선생님의 세상에서 가장 못난 발은 그렇게 태어났다. 엄청난 연습량을 보여주는 선생님의 발 사진은 남편 '툰츠 셔크만'이 찍은 것이라고 한다. "매일 제 자신과 싸워 이긴 흔적이죠. 조금씩 실력이 느는 맛과 그 기쁨에 중독되다 보니 제 발이 이렇게 된지도 몰랐어요." 우리들은 땀과 노력이 고스란히 담겨있는 선생님의 발 사진을 보면서 가슴이 뭉클해졌다.

무대 맨 뒷줄부터 주어진 작은 역할에도 최선을 다 한 강수진 선생님

뼈마디가 굵어지고 굳은살이 박여 울퉁불퉁해진 강수진 선생님의 발. 선생님은 미운 발인지도 몰랐다면서 오히려 스스로 매일 자신과 싸워 이긴 자랑스러운 흔적이라고 여긴다. 사진 제공 /국립발레단

발레리나 강수진

은 한 단계씩 승급해 결국 최고의 자리까지 올랐다. 오직 꾸준한 연습으로 세계적인 무용수들 사이에서 실력과 재능을 인정받게 된 것이다. "남을 의식해 경쟁하거나, 누군가의 삶을 모델 삼아 흉내 내지 않았기 때문에 발레리나로 오래 장수할 수 있었다고 자부해요. 누군가와 경쟁에 빠지면 몸과 마음이 먼저 지쳐버리기 쉽거든요. 만약 '백조의 호수'에서 '오데트'처럼 작품의 주인공을 꼭 해야겠다고 목표를 정하는 식이었다면 일찌감치 발레를 그만두었을 거예요. 지루하게 반복되는 생활이었지만 만족감을 제 자신에게서 찾으면서, 하루하루 배역에 몰입하다 보니 이렇게 멀리 올 수 있었다고 믿어요."

매일의 연습으로 좌절을 극복하다

선생님의 발 사진은 겉으로 보기에 아름답고 우아한 발레의 이면에 육체적으로 굉장히 힘든 훈련과정이 필요하다는 것을 보여준다. 실제로 발레를 하다 보면 부상을 입는 일이 종종 있다고 한다. "몸으로 표현하는 예술을 하는 사람들에게 부상은 어쩔 수 없는 친구 같은 존재예요. 아침에 침대에서 일어날 수 있을 정도의 부상이라면 아무 문제가 안 되죠."

언젠가는 토슈즈를 신지도 못할 만큼 발가락이 아픈 적도 있었다. 그래도 슈즈에 생고기를 밀어 넣어 신고 무대에 올랐다.

"어떤 한계를 뛰어넘기 위해서는 너무 크게 계획을 세우면 안 돼요. 예를 들어 몸이 아플 때 한 시간 더 연습해야 한다고 생각하면 못 하겠죠. 하지만 한 동작만 더 해본다는 마음으로 하면 신기하게 되거든요. 그래도 안 된다면 할 수 없는 거죠. 무언가 시도한다는 마음가짐이 중요하다고 생각해요."

선생님은 온갖 부상을 딛고 무대에 섰지만 다리뼈에 금이 가서 걸을 수조차 없게 되자 더 이상 무대에 설 수 없었다. 처음에는 정강이뼈에 작은 금이 갔는데, 몇 년 동안 쉬지 않고 계속 무대에 서다 보니 뼈 조직이 망가져 버린 것이다. 당시 최고의 전성기로 여러 곳에서 러브콜은 계속 오는데 아쉽게도 포기할 수밖에 없었다. 뼈가 안에서 살아나도록 쉬면서 기다려야만 했기 때문이다. 그때 의사들은 다시는 무대로 복귀할 수 없을 것이라고 예상했었다.

"굉장히 좌절하고 많이 울었어요. 그때 남편이 발레를 계속할 수 있다는 희망과 확신을 주었고 빠른 회복을 위해 요가를 응용한 특별한 스트레칭을 고안해주었어요. 덕분에 일 년여의 공백을 딛고 다시 무대에 설 수 있게 되었죠."

전성기 때 그만둔 선생님은 복귀할 때도 전성기만큼의 실력으로 돌아가야 한다고 생각했다 회복 후 처음엔 다리를 거의 올리지도 못하는 상태였다. 하지만 매일 조금씩 연습해서 2년 만인 2001년 '로미오와 줄리엣'의 줄리엣 역을 성공적으로 해내며 화려하게 재기했다.

"사람들은 내게 특별한 성공 비결을 묻지만 나한테 그런 건 없어요. 오늘 하루, 똑같은 일과를 되풀이하면서도 조금 발전했다고 느끼면 만족해요."

강수진 선생님은 무용수로 은퇴하기 전까지 매일 새벽같이 일어나 자신만의 발레 연습을 꾸준히 했다고 한다. 국립발레단의 단장으로 임명되어 할 일이 더 늘었을 때도 자신만의 연습시간을 지켜왔다. 중학교 때 새벽 도서관에 다닐 때부터 생긴 습관을 평생 유지해 온 것이다. 물론 연습하기 싫을 때도 있었다. 그럴 때는 10분만 몸을 움직이면 가슴에서 열정이 생겨난다. 일단 땀이 나기 시작하면 재미가 생긴다.

"무엇을 하더라도 재미를 느끼지 못하면 열정도 안 생겨요. 그런데 재미를 느끼려면 먼저 노력이 필요하다고 생각해요. 끊임없이 무엇인가 경험해봐야 자신이 무엇을 좋아하는지 알게 되죠. 흥미 있는 일을 열심히 해서 발전하는 자신을 발견하면 재미는 자연히 따라와요."

강수진 선생님은 스스로 발전해나가려면 먼저 계획한 것을 실천할 수 있어야 한다고 강조한다. 그러려면 지나치게 큰 목표보다는 매일 할 수 있는 하루의 계획을 잘 짜야 한다. 그리고 최선을 다해 실천하도록 노력해야 한다. 선생님도 지금까지 최선을 다 해왔기에 지금 당장 어떻게 되더라도 후회가 없다고 한다.

"여러분은 어떤가요? 제 생각에 인생에는 다 때가 있어요. 10대에는

10대에 할 일이 있고 30대에는 30대에 할 일이 있죠. 여러분이 지금 하고자 하는 일이 있다면 지금 해내야 후회가 없겠죠? 부모님께 의논 드려서 할 일을 정하고 열심히 했는데도 안 되면 그때 가서 포기해도 늦지 않아요. 자신만의 시간을 만들어 매일 스스로 노력하는 시간이 쌓이면 그게 인생의 약이 되고 어려운 일도 겪어낼 수 있는 힘이 된답니다."

Interviewer : 권혁준, 김수현, 이채린

Profile 강수진

국립발레단 예술감독. 선화예술고등학교 1학년 때 모나코 왕립발레학교로 유학했다. 1985년 스위스 로잔콩쿠르에서 1위를 차지하면서 국제적으로 두각을 나타내기 시작했으며 1987년 동양인으로는 최초이자 최연소로 슈투트가르트 발레단에 입단했다. 이후 수많은 경쟁자를 물리치고 솔리스트로 활동하게 되었고 1997년에는 수석 무용수가 되었다. 한국 발레를 세계무대로 끌어올린 선구자로서 1998년 문화관광부에서 선정한 오늘의 젊은 예술가상 무용 부문을 수상했으며 1999년에는 무용계의 아카데미상으로 불리는 '브누아 드 라 당스'에서 최고 여성 무용수 상을 거머쥐었다.

기타리스트 정성하

자기가 좋아하는 것을 할 때
가장 행복하다

팬과 함께 성장한 아티스트

"아버지가 음악을 굉장히 좋아하셔서 어릴 때부터 음악을 많이 듣고
자랐죠. 기타를 치게 된 것도 순전히 아버지 덕분이에요."

평범한 회사원이었던 아버지는 퇴근 후 취미로 기타를 치셨다. 어렸을
때부터 그런 아버지를 보면서 저절로 기타에 관심이 갔고 열 살 때 처
음으로 고사리 같은 손으로 기타를 잡았다. 작은 몸집으로 커다란 기
타를 들고 친다는 것이 쉽지만은 않았다. 처음 기타를 치면서 여린 손
가락으로 쇠줄을 누르려니 손가락에 상처가 나고 몹시 아프기도 했
다. 그런데도 기타연주가 참 재미있었다. 기타가 정말 치고 싶어 학교
가기 전 일찍 일어나 연습하고 방과 후 늦게까지 하루 대여섯 시간씩

열성적으로 기타를 쳤다.

일찍이 자신이 좋아하는 것을 발견하고 맘껏 꿈을 펼치고 있는 대한민국 최고 핑거스타일 기타리스트 정성하. 아직도 무엇을 해야 할 지 꿈을 찾아 방황 중인 우리들이 부러워하고 열광하는 아티스트를 만나기 위해 청주 집을 찾았다. 형은 공연을 하지 않는 한 차분하고 편안한 분위기의 집에서 자유로이 기타 연습을 하며 지낸다. 우리들은 유튜브 동영상에서 자주 봤던 거실 소파에 빙 둘러 앉아 이야기를 시작했다.

어떻게 이렇게 기타를 잘 치게 되었을까 제일 궁금했다.

"처음엔 아버지께 기본 코드를 배우고 어느 정도 치게 된 다음부터는 네이버의 핑거스타일 카페에서 연주 동영상을 보고 따라 치기 시작했죠. 악보도 없이 그냥 보면서 따라하는 식이었어요."

중간에 기타학원에서 클래식기타의 기본기를 몇 달 배우기도 했지만 대부분은 인터넷의 동영상을 보고 독학으로 곡을 하나씩 깨우쳐 나갔다. 우리들은 악보 없이 기타를 연주한다는 성하 형의 이야기에 깜짝 놀랐다.

핑거스타일 연주란 무엇이기에 악보 없이 가능할까?

"이제까지 통기타는 노래 부를 때 반주로만 이용이 되었는데 핑거스타일 연주란 멜로디, 반주부터 베이스, 드럼까지 기타 하나로 모든 악기 파트를 동시에 표현하는 주법이에요. 기타를 시작하고 얼마 되지 않아 인터넷에서 보고 이 장르가 너무 끌렸어요. 쉽진 않지만 혼자서 기타를 즐길 수 있다는 매력이 있죠."

연주자가 자기만의 주법과 스타일로 편곡해서 치기 때문에 악보를 안 만드는 경우가 많다고 한다. 변칙 튜닝이 많아 오선지라는 한정된 지면에 그려 넣기도 어렵다.

그런데 더 놀라운 것은 성하 형은 처음부터 지금까지 편곡하거나 작곡할 때 악보 작업을 전혀 하지 않는다는 것이다. 모든 악보는 성하 형의 머릿속에 다 들어있다.

지금까지 유튜브 8억 조회 수라는 경이로운 기록도 놀라웠다. 처음 유튜브와 인연을 맺은 것은 네이버 핑거스타일 카페의 한 회원이 유튜브에 형의 연주를 한 번 올려보라고 권해서였다. 그때 아버지가 흘려듣지 않고 유튜브에 대해 알아보고 세계인들은 성하 형 연주를 어떻게 생각할까 궁금한 차원에서 연주 장면을 올리기 시작했다.

어린 성하 형의 연주를 본 세계인의 반응은 폭발적이었다. 팬들의 뜨거운 관심과 사랑은 더 열심히 연습하는 동기가 되었다. 보통 사람이라면 한 곡 연습해서 발표하기까지 한두 달도 넘게 걸릴 곡들을 성하 형은 삼일이면 완전히 외워서 연주해 냈다. 지금까지 약 6백~7백 곡 정도의 기타 연주를 외워서 유튜브에 올렸다. 그렇게 많은 곡을 유튜브에 올린 아티스트도 아마 드물 것이다.

"저에게 유튜브는 세상과 소통하는 창이에요. 거의 삼사 일에 한 번씩 새로 연습한 곡을 몇 년간 지속적으로 올리다 보니 조회 수가 늘어났고 세계 각계의 유명한 기타리스트들, 프로 연주자들을 그 속에서 만나고 교류하게 되었어요."

핑거스타일 기타의 최고 거장, 독일의 울리 뵈게르샤우센도 유튜브로 인연이 되었다. 성하 형이 그의 기타 곡을 연주해 올렸는데 그동안 많은 기타 신동들을 봐왔지만 이렇게 감정을 잘 실어 연주한 아이는 처음이라고 극찬을 아끼지 않았다. 그 후 내한 공연을 왔을 때 함께 공연도 하고 그분이 서명 아티스트로 있는 독일의 유명한 기타회사 레이크우드에서 지원을 받을 수 있도록 연결도 시켜주었다.

"독일에서 앨범 1, 2집을 녹음하면서 그분께 음악적으로 많은 것을 배웠어요. 기계적인 박자보다는 곡의 느낌을 잘 살려 연주하는 것이 중요하다는 것을 느끼게 되었죠. 사람들이 진짜 공감하고 감정을 느낄 수 있는 좋은 연주를 하고 싶어요."

전 세계 수많은 사람들이 열광하는 뮤지션, 제이슨 므라즈의 'I am yours'라는 곡을 편곡해서 유튜브에 올릴 때도 설마 제이슨 므라즈가 볼 줄은 몰랐다. 그런데 제이슨 므라즈가 성하 형의 연주 동영상을 보고 미국 라디오 방송에 출연해 편곡이 굉장히 기발하다면서 감동받았다고 말해 화제가 되었다. 제이슨 므라즈의 팬이었던 성하 형은

이 사실이 너무 신기하고 영광스러웠다. 제이슨 므라즈가 부산으로 내한 공연을 왔을 때 앵콜 곡으로 "이 곡을 정성하에게 바친다"고 언급하면서 성하 형의 편곡대로 연주해서 감동을 주기도 했다.

존 레논이 작곡한 비틀즈의 노래 'All you need is love'를 올렸을 때는 오노요코가 "하늘의 존 레논도 좋아할 거 같다"라는 댓글을 남겨 일본의 요미우리 신문사에서 인터뷰를 오기도 했다.

이렇게 성하 형이 연주에 몰입하게 된 것은 그를 지지하고 성원해준 전 세계 팬들과 뮤지션들 덕분이었다. 그 뒤에는 곁에서 늘 편안히 연주할 수 있도록 준비해주고 응원과 냉정한 평가를 동시에 해준 아버지가 있었다.

전 세계 수많은 팬들이 열광하는 제이슨 므라즈가 한국에 왔을 때 함께 연주하는 기회를 가졌다.

아버지도 성하 형이 여기까지 오리라고는 예상하지 못했다고 한다. 싫증내서 포기 할 수도 있었는데 기타를 손에서 놓은 적이 없을 정도로 꾸준히 연습하는 모습을 보면서 형의 매니저로서 모든 것을 돌봐주고 있다.

성하 형은 우리나라보다는 해외에서 인기가 더 많다. 특히 태국이나 베트남 등 동남아에 공연하러 갈 때면 밤늦은 시간에도 공항까지 많은 팬들이 나와서 맞아주고 거리에서도 많이들 알아본다.

워낙 자주 다니다보니 이제는 해외공연이 생활처럼 되어 어느 나라를 가더라도 비슷하지만 특히 미국투어가 재미있다. 미국에 가면 '트레이스 번디'라는 미국 기타리스트랑 같이 다니게 되는데 굉장히 호흡이 잘 맞고 열 살 넘게 나이 차이가 나긴 하지만 젊은 축에 끼는 연주자여서 이동하면서 같이 놀기도 하는 등 소소한 재미가 즐겁다.

"저는 연주자로서 공연을 할 때가 제일 행복해요. 혼자서 연습할 때보다는 관객들과 호흡하면서 연주하는 맛이 있죠. 가끔 제 연주를 듣고 눈물을 흘리는 분들도 계셔요. 제 연주를 듣고 감동을 받고 박수를 보내주시는 모습에 힘이 나고 뿌듯해져요."

공연할 때마다 그 곡의 감정을 고스란히 관객들에게 잘 전달하고 싶은 마음으로 연주한다. 그래서일까. 성하 형은 음악의 감성을 잘 살려 연주하는 천재 기타리스트로 세계인에게 인정받고 있다.

"저는 스스로 천재라고 생각해 본 적이 없어요. 어렸을 적 '스타킹'에 출연했을 때 모두들 신동이라고 불러줬지만 부담스러웠어요. 남들보다 상대음감이 뛰어나고 다른 사람보다 빨리 습득하는 재능은 있지만 그렇다고 천재는 아니죠. 신동이나 천재보다는 이제는 아티스트로 불리고 싶어요."

기타는 평생 함께 할 친구

요즘엔 영어, 작곡, 일렉 기타 등 다양한 공부를 하고 있어 기타연습은 하루 2~3시간 정도로 줄었다. 더욱 깊이 있는 음악 공부를 해서 다양한 곡들을 작업하고 싶은 꿈이 있다.

성하 형은 청심국제중학교를 졸업한 뒤 고등학교를 가지 않았다. 연주활동을 위한 부모님의 과감한 결정이었다. 검정고시에 패스한 뒤 지금은 대학입시를 준비하고 있는데 다른 친구들처럼 고등학교를 다니지 않은 것에 후회는 없을까?

"잃는 것이 있으면 얻는 것이 있죠. 이렇게 팬들에게 인기가 있고 투어를 다니면서 기타를 연주할 수 있는 제 삶이 행복해요."

대학에서 전공은 굳이 음악 쪽이 아니어도 좋겠다고 생각하고 있다. 음악보다는 삶을 풍요롭게 해줄 다른 공부도 하고 싶다.

성하 형은 기타리스트가 되고 싶은 후배들에게 되도록 많은 장르의

다양한 곡들을 자신의 레퍼토리로 익혀두라고 당부했다.

"처음 기타를 시작하고 아주 다양한 장르의 곡들을 시도해보고 연주해서 제 것으로 만들었죠. 제 머릿속에 무수히 많은 레퍼토리를 쌓아가다 보니 저만의 스타일로 작곡하고 편곡하는 데 도움이 많이 돼요."

별 생각 없이 기타를 시작하는 어린 친구들이 많은데, 기타를 시작하고 보통 한 달 정도 되면 포기하는 경우가 많다. 처음에 손이 많이 아프고 맘처럼 연주가 쉽지 않기 때문이다. 좋은 기타연주자가 되려면 무엇보다 기타를 정말 사랑하는 지 생각해봐야 한다. 자기가 좋아하는 것을 할 때 가장 행복하기 때문이다.

성하 형에게 기타란 무엇일까?

"기타란 평생 함께 하게 될 제 소중한 친구라고 생각해요. 기쁠 때나

기타리스트로서 많은 가수들과 다양한 콜라보 연주를 진행한다. 사진은 개성이 뚜렷한 걸그룹 '2NE 1'과 함께 하는 모습.

슬플 때나 언제나 제 곁에 기타를 두고 싶어요." 라면서 어느새 기타를 들고 와 우리들에게 김광석의 '먼지가 되어'를 연주해 준다. 형이 현란한 손짓으로 반주와 멜로디, 드럼 느낌까지 아우르면서 연주하는 멋진 모습에 감동의 소름이 절로 돋았다.

우리들은 이제 막 믹싱작업이 끝난 새 앨범의 수록 곡 중에서 '천공의 성 라퓨타'를 형과 함께 듣는 행운도 누렸다. 일본 만화영화 주제가로 이미 잘 알고 있는 곡이기에 성하 형만의 편곡느낌과 풍부한 감성을 듬뿍 느끼면서 우리 모두는 이렇게 입을 모았다.

"아! 정말 좋아요!"

Interviewer : 권혁준, 여운빈, 이채린, 차승민

Profile 정성하
———

음악을 좋아하는 아버지의 영향으로 10살부터 기타를 치기 시작했다. 어쩌다 가르쳐본 기타를 너무도 잘 치는 모습을 본 아버지는 동영상을 찍어 유튜브에 올렸고 이후 폭발적인 관심을 모았다. 한국인 최초로 유튜브 1억 조회수를 기록해 화제가 되었으며 올 초 유튜브 조회수 8억을 돌파하며 단일 연주자로서 전 세계에 유례가 없는 독보적인 인기를 과시하고 있다. 2013년 대한민국 인재상 수상, 미국 빌보드 2013 연말결산 'Uncharted' 부문 3위 등극 등 활발한 활동을 보이며 2010년 1집 앨범 발표 이후 올해로 다섯 번째 스튜디오 앨범이자 네 번째 솔로앨범 'Monologue'를 선보였다.

꿈 셋.
신나고 즐거운 인생

2008년 미국을 시작으로 글로벌 경제 위기가 유럽 시장이 흔들었다. 당시 뉴스마다 이탈리아, 그리스, 스페인이 국가 부도 위기에 내몰렸다는 소식이 전해졌다. 상대적으로 안전한 영국이나 프랑스도 경제적으로 침체 위기를 겪고 있었다. 하지만 유럽의 스포츠 산업은 이런 위기와 무관했다. 영국의 프리미어리그, 독일의 분데스리가, 스페인의 프리메라리가 등 유럽의 축구계는 오히려 매 시즌 엄청난 매출을 달성했다. 입장권 수익이나 기념품 등은 말할 것도 없고, 무엇보다 중계권으로 얻는 수익이 엄청났다. 이런 매출 행진은 현재도 마찬가지다. 특히 축구의 경우, 월드컵이라는 강력한 시장을 가지고 있어 방송, 광고, 마케팅, 전시, 행사 등 많은 부문에서 황금알을 낳는 거위라 불린다. 스포츠를 사랑하는 사람들이 늘면서 이제는 스포츠 스타라는 말도 자연스러워졌다. 예전에는 "스타"라고 하면 탑 클래스 연예인들을 지칭했지만, 요즘은 연예인을 능가하는 스포츠 스타들도 대거 등장했다.

경제 위기에도 스포츠 산업이 꾸준한 발전을 보이는 것처럼, 인간을 가장 인간답게 하는 문화 · 예술 산업 역시 다양한 콘텐츠를 꽃피우며 발전하고 있다. 사회가 각박해지고 소비심리가 위축돼도 문화생활을 통해 여가를 즐기려는 사람들의 욕구는 변치 않기 때문이다. 앞으로도 현대인에게 큰 재미를 주는 스포츠 분야, 그리고 풍요롭고 아름다운 인생을 선물하는 문화 · 예술 분야의 발전은 계속될 것으로 보인다. 또 그에 따라 새롭고 재밌는 직업들이 속속 등장해, 미래에 도전할 직업들을 찾는 데 좋은 힌트를 제공해줄 것이다.

스포츠 업계에는 수많은 직업을 가진 사람들이 존재한다. 운동선수와 감독, 코치, 경기심판은 기본이고, 스포츠라는 산업 네트워크로 연결된 직업들은 생각보다 다양하다. 그중에서도 가장 대표적인 직업은 운동선수다. 운동선수는 일 자체가 치열한 경쟁이어서 뛰어난 재능과 엄청난 노력이 필요한 직업이다. 감독, 코치, 경기심판 등의 직업은 소수의 사람들이 일하는 데다 대개 운동선수 출신들이 많은 편이다. 한편, 운동에 소질이 없는데, 스포츠 분야에서 일하고 싶을 땐 다른 직업들에 관심을 가져볼만하다. 그중 스포츠 마케터는 스포츠로 기업을 홍보하고 마케팅을 하는 직업으로, 스포츠 행사를 개최하고 후원하는 등 기업명, 단체명, 상품명 등을 마케팅 한다.

문화·예술과 관련된 직업들은 오랜 역사만큼이나 그 수를 헤아리기 힘들 정도다. 순수 예술을 하는 음악가, 미술가, 문학작가 등은 기본이고, 만화가, 웹툰작가, 뮤지컬 배우, 사진작가 등은 사람들에게 인기가 많은 직종이다. 특히 만화가는 예전부터 청소년들이 선호하는 직업으로 종종 꼽히곤 했는데, 인터넷이 보편화되면서 웹툰작가라는 새로운 장르의 직업을 탄생시켰고 요즘 꽤 많은 인기를 누리고 있다. 디자인 분야에서도 매우 다양한 직업들이 존재한다. 시각적 정보가 갈수록 중요해지면서 시각디자이너의 역할이 커졌으며, 전문 분야에 따라 광고디자이너, 패키지디자이너, 편집디자이너, 표지디자이너, 서체(타이포)디자이너, 캐릭터디자이너, 일러스트레이터 등으로도 구분한다. 디자인 분야에서는 최근 친환경 바람이 불면서 환경에 해가 되지 않는 디자인과 기능을 고안하는 에코디자이너란 새로운 직업이 등장했다. 그 외에 미술관이나 박물관에서 전시 기획을 담당하는 큐레이터(학예사), 지식의 보고이자 문화생활의 일등 공신 책이 있는 도서관에서 일하는 사서 등은 우리들의 아름답고 즐거운 인생에 기여하는 직업들이다.

인간의 문화생활과 관련된 직업들은 사람들에게 즐거움을 주면서도 자신도 함께 즐거울 수 있는 직업들이 많다. 더욱이 어느 정도 예술적인 감각과 재능이 필요한 일이다 보니, 자신의 흥미와 적성을 살려 직업을 선택하는 경향이 있고 그래서 직업에 대한 만족도 높은 편이다. 이 분야에서 일하려면 최신 트렌드를 파악하면서도 새로운 문화를 만들어간다는 자부심이 필요하다. 또 서로 다른 문화적 차이를 인정하고 받아들이는 개방적인 태도도 중요하다. 한편, 만화나 뮤지컬, 스포츠 등은 그 자체로도 매력적이어서 이런 직업들에 대한 환상을 갖게 되는 경향도 있다. 따라서 이 분야 직업을 선택할 때는 직업에 대해 너무 이상적으로 생각하고 있는 건 아닌지 점검하고, 보다 현실적인 직업정보를 수집해 직업을 제대로 탐색할 필요가 있다.

운동선수

WHO

운동선수는 축구, 야구, 농구, 유도, 검도, 마라톤 등 특정 경기에 프로 선수로 참가한다. 여기서 운동선수는 대한체육회에 가입된 법인이나 경기단체에 선수로 등록되어 활동하는 직업 운동선수를 뜻하므로, 아마추어 선수는 포함되지 않는다. 운동선수는 경기에 이기거나 좋은 기록을 내기 위해 평소 육체적, 기술적 훈련에 매진한다. 감독과 코치에게 종목에 필요한 기술을 지도받고, 대회 출전을 위한 적응훈련과 전지훈련을 받기도 한다. 또한 감독 및 코치와 함께 자신의 경기 모습을 모니터링하며 약점을 보완하고 강점을 살리기 위한 전략을 세운다.

HOW

운동선수가 되는데 학력이나 전공에 제한은 없다. 대개는 운동에 소질이 있어 어릴 때부터 운동을 시작하거나 감독 및 코치에게 발탁돼 시작하는 경우가 많다. 운동선수로 계속 활동하려면 고등학교 졸업 후 실업팀에 들어가 프로생활을 시작하거나, 대학에서 체육 관련 학과를 졸업하고 실업팀이나 프로팀에 입단해야 한다. 그 과정에서 실력이 좋은 선수들은 스카우트 제안을 받기도 한다. 운동선수는 부상의 위험이 크고, 체력적인 소모가 많아서 30대 정도면 슬슬 은퇴를 준비해야 한다. 이처럼 직업의 수명이 짧은 편이어서 선수생활을 마치면 나중에 어떤 직업을 가질지 늘 고민해야 한다.(코치, 감독, 해설위원 경기심판, 스포스강사, 스포츠 트레이너 등)

적성 근성, 끈기, 순발력, 집중력, 성실성, 강인한 체력 등
전공 체육학과, 사회체육학과, 스포츠과학과 등
진출분야 기업체 및 기관의 실업팀, 사회체육단체, 개인 프로활동 등

스포츠마케터

WHO

스포츠마케터는 스포츠를 통해 기업이나 상품을 마케팅하는 직업이다. 이를 위해 각종 스포츠 행사를 개최하거나 후원하며, 선수를 지원하고 스포츠용품 등의 판매를 대행한다. 스포츠 산업이 크게 성장하면서 기업에서도 회사의 인지도를 높이고 상품을 홍보하는 데 스포츠 마케팅을 적극 활용하고 있다. 이런 이유로 스포츠 마케팅 전문기업도 생기고 기업에서도 전담팀을 꾸려 스포츠 마케터를 채용하고 있다.

HOW

스포츠마케터가 되려면 스포츠와 마케팅에 대한 열정과 지식이 있어야 한다. 스포츠를 사랑하는 것은 물론이고, 경영학이나 마케팅에 대한 전문적인 지식이 필요하다. 그래서 스포츠마케터로 활동하는 사람 중에는 스포츠 경영학, 스포츠 마케팅학, 경영학, 체육학 등을 전공한 사람들이 많다. 시장을 분석하고 마케팅 전략을 세우는 능력이 중요하며, 국제 스포츠시장에서 활동하기 위한 외국어 실력이 더욱 강조되고 있다.

적성 언어구사력, 설득력, 사회성, 대인관계능력 등
전공 스포츠 마케팅학과, 스포츠 경영학과, 경영학과, 체육학과, 사회체육학과 등
진출분야 스포츠 마케팅 전문기업, 기업체 스포츠 마케팅팀, 스포츠의류 · 용품 회사,
　　　　 프로 스포츠팀 등

스포츠기록분석가

WHO

스포츠기록분석가는 스포츠 경기의 각종 수치적인 데이터를 기록하고 분석하는 일을 한다. 농구를 예로 들면, 슛, 어시스트, 반칙 등 주요 경기내용을 횟수나 시간 등으로 기록해 의미 있는 결과로 분석하는 식이다. 이런 분석결과는 관중이나 시청자가 경기를 더 재미있게 즐길 수 있게 돕는다. 또 경기를 치른 팀들에게는 상대팀의 경기 전략을 분석하고 향후 경기력을 향상시키는 데 도움을 준다. 스포츠 기록분석가는 스포츠 경기를 객관적으로 분석하기 위한 기록시스템과 분석기법을 개발하고, 분석결과와 통계수치를 활용해 학문적인 연구도 수행한다.

HOW

스포츠기록분석가란 직업의 역사는 그리 길지 않은 편이다. 우리나라에서는 한일월드컵이 개최되었던 2002년에서야 이런 직업이 있다는 게 알려지기 시작했다. 스포츠기록분석가가 되려면 스포츠 관련 학과나 스포츠기록분석과 대학원 과정을 마치는 것이 좋다. 스포츠 기록분석은 스포츠 과학의 일종으로, 수치와 통계기법을 주로 다루고 분석에 필요한 프로그램이나 영상기기를 자주 활용한다. 때문에 수리력과 분석력이 뛰어나고 기계조작에 소질이 있는 것이 좋다.

적성 수리력, 분석력, 추리력, 통찰력, 스포츠 사랑 등
전공 체육학과, 스포츠 과학과, 사회체육학과, 스포츠 기록분석과 등
진출분야 체육과학연구소, 스포츠 기록분석기관, 프로 스포츠구단, 국가대표팀 등

웹툰작가

WHO

웹툰작가는 만화를 그려 웹으로 제공하는 만화가를 말한다. 기존의 만화가처럼 만화의 소재를 찾고 그림과 스토리를 만든다는 점은 동일하지만, 웹툰작가는 종이책이 아닌 웹을 통해 만화를 전달한다. 만화를 그리는 방식에도 큰 차이가 있는데, 웹툰이 시작된 10여 년 전만 해도 종이에 그림을 그리고 이를 스캔해 포토샵으로 처리했으나, 이제는 태블릿 PC로 직접 그림을 그리고 웹에 바로 올리는 방식으로 바뀌었다. 과거 만화책을 출간하던 것과는 달리, 네이버나 다음 등 포털사이트에 연재하거나 개인 블로그에 작품을 올리는 등 다양한 곳에 웹툰을 게재하고 있다.

HOW

웹툰작가가 되는 길은 정해져 있지 않다. 과거 만화가들은 유명 만화가의 문하생으로 있다가 데뷔하곤 했는데, 웹툰작가는 기존의 만화가보다 더 다양한 방식으로 데뷔하고 있다. 만화나 미술을 전공한 경우도 있고, 그렇지 않고 만화가 좋아서 개인적으로 만화를 그려 웹에 올리다가 정식으로 웹툰작가가 되는 사람들도 많다. 요즘은 포털사이트에 아마추어 작가들도 웹툰을 올릴 수 있어서 이 경로를 통해 인기를 얻어 웹툰작가가 될 수도 있다. 또 개인 블로그를 통해 인기를 얻어 작가로 전업하거나, 공모전에 수상해서 웹툰작가로 정식 데뷔할 수도 있다.

적성　호기심, 상상력, 창의성, 예술성, 미적 감각, 그림실력 등
전공　만화학과, 카툰코믹스전공, 만화콘텐츠전공 등
진출분야　프리랜서 웹툰작가, 만화가, 애니메이션 제작사, 게임회사 등

뮤지컬배우

WHO

뮤지컬배우는 무대 위에서 노래를 부르고 춤을 추며 연기하는 배우를 말한다. 뮤지컬
은 일종의 연극으로 대사 대신, 춤과 노래로 극을 전개하며 화려한 무대장식과 볼거리
로 많은 사람들의 인기를 끌고 있다. 뮤지컬 배우는 뮤지컬 극단이나 기획사에 소속되
어 활동하거나 프리랜서로 활동한다. 대개 오디션을 통해 배역을 맡게 되고, 역할이 정
해지면 스토리를 익히고, 노래와 춤 연습을 시작한다. 또 개별연습 외에 함께 공연하는
배우들과 같이 하는 장면별로도 연습을 맞춘다.

HOW

뮤지컬배우는 춤과 노래, 연기실력을 고루 갖춰야 한다. 세 가지가 잘 조화를 이뤄야
실력을 인정받을 수 있고, 극단에나 기획사에서 실시하는 오디션에 합격할 수 있다.
뮤지컬배우로 성장하기 위한 실력을 쌓으려면 대학이나 뮤지컬 전문학원에서 연기,
발성, 호흡, 음악, 현대무용, 발레, 재즈댄스 등을 배우고 익혀야 한다. 춤, 음악, 연기
등 다재다능함이 요구되는 분야여서 늘 자기관리에 충실해야 하고 성실한 태도가 중
요하다.

적성 자기표현력, 상상력, 사회성, 음악성, 예술성, 성실성 등
전공 뮤지컬 공연전공, 연극영화학과. 방송연예과, 성악과, 음악전공 등
진출분야 뮤지컬 극단, 뮤지컬 기획사, 연예기획사, 프리랜서 활동 등

사진작가

WHO

사진작가는 사진을 촬영하고 편집해 한 편의 사진작품을 완성한다. 이를 위해 촬영 전에 촬영할 대상의 특징과 거리, 구도를 결정하고, 그에 맞게 카메라의 각도, 조명, 초점, 노출 정도 등을 결정해 촬영한다. 촬영은 스튜디오 같은 실내에서 이뤄지기도 하지만, 야외 촬영도 많은 편이다. 특히 광고사진, 생태사진, 자료사진 등을 찍기 위해서는 지방이나 해외로 촬영을 가는 경우가 많다. 사진작가 중에는 개인 작품활동 외에 대학이나 문화센터 등에서 강의활동을 하는 사람들도 많다.

HOW

취미로 찍는 사진이 아닌, 전업 사진작가가 되려면 대학에서 사진학과를 전공하거나 사진을 전문적으로 가르치는 사설학원, 사회교육원 등에서 이론과 실기교육을 받는 것이 좋다. 이중 사진학원에서는 광고, 패션, 인상 등 전문 분야의 사진을 배울 수 있다. 평소 독서, 여행, 전시회 관람 등을 통해 예술적 감성을 풍부하게 하기 위한 노력을 하는 것이 좋고, 각종 사진공모전이나 콘테스트에 입상하면 사진작가로 성장할 기회를 경험할 수 있다. 한편, 디지털 카메라 사용이 크게 늘면서 새로운 기술을 익히기 위한 노력이 중요해졌다.

적성 자기표현력, 예술성, 미적 감각, 혁신성, 기계조작 등
전공 사진학과, 사진예술학과, 사진영상학과 등
진출분야 사진스튜디오, 영화사, 출판사, 광고회사, 언론사, 프리랜서 활동 등

소설가

WHO

소설가는 소설을 집필하는 문학작가를 말한다. 이들은 각종 문예지, 잡지, 신문, 웹진 등에 작품을 연재하거나 단행본을 출간하는 형태로 작가활동을 한다. 한 편의 소설을 완성하기 위해 소설가는 글의 소재를 찾고, 이에 따라 줄거리를 구성하고 등장인물을 만든다. 또 배경을 설정하기 위해 역사적인 사건을 조사하고 필요할 경우 사건현장을 직접 찾아가기도 한다. 그리고 수집한 자료들을 소설에 반영해 작품의 완성도를 높인다. 소설가는 주로 프리랜서로 활동하고 대학에서 강의활동을 겸하기도 한다. 대개는 집에서 작업하지만, 유명 소설가의 중에는 작업실이 따로 있는 경우도 있다.

HOW

소설가가 되려면 일간지의 신춘문예에 당선되거나, 전문지·동인지 추천, 출판사 및 문학잡지 등에서 하는 공모전에 당선돼 등단을 해야 한다. 꼭 대학을 졸업할 필요는 없지만, 대학에서 문예창작학과나 국어국문학과 등을 전공하면 소설가로 등단하는데 도움이 된다. 즉, 다양한 작품과 작가를 분석하고 습작훈련을 통해 문장력과 표현력을 기를 수 있으며, 문학계 선후배와 관계를 맺으면 작가의 역량을 키울 수 있다. 평소 독서와 사색, 글쓰기 연습을 하는 것이 좋고, 자신만의 개성을 살린 문체나 집필스타일을 개발할 필요가 있다.

적성　상상력, 호기심, 창의성, 자기표현력, 문학적 감성 등
전공　문예창작과, 국어국문학과, 인문계열 전공 등
진출분야　문학출판계, 인터넷 소설 영역, 문화콘텐츠 영역 등 주로 프리랜서로 활동

시각디자이너

WHO

시각디자이너는 특정한 이미지를 통해 시각적인 정보를 전달하는 디자이너를 말한다. 시각디자인은 그 종류가 매우 다양해서, 어떤 영역을 전담하는가에 따라 광고디자이너, 포장디자이너, 편집디자이너 등으로 불린다. 디자인 작업은 보통 기획회의를 하고 작업의 기본방향과 디자인 콘셉트를 설정하는 것에서 시작된다. 이후 디자인 목적에 맞게 특별히 강조할 부분을 대략적으로 배치하는 등 전체적인 레이아웃을 정한다. 세부작업에서는 사진, 그림, 텍스트, 삽화 등을 시각적으로 정교하게 배치하고, 디자인이 완성되면 내부 검토를 거쳐 의뢰자에게 보내진다.

HOW

시각디자인을 하려면 작업에 필요한 디자인툴과 시각디자인 전반에 대한 이해가 필요하다. 보통은 전문대학 및 대학교의 시각디자인학과, 사설 디자인학원에서 시각디자인 관련 지식과 기술을 배울 수 있다. 전문디자인업체 등 주요 진출분야로 입사하려면 공개채용, 학교나 교수, 선후배 등의 추천을 받는 것이 유리하다. 무엇보다 디자인 실력을 쌓는 것이 중요하므로 자신만의 포트폴리오를 만들거나, 디자인 공모전 등에 입상해 실력을 인정받는 것이 좋다.

적성   상상력, 호기심, 창의성, 미적 감각, 공간지각력 등
전공   시각디자인학과, 시각정보디자인학과, 시각멀티미디어학과, 광고디자인학과 등
진출분야   시각디자인 전문업체, 멀티미디어업체, 광고회사, 영화제작사, 잡지사, 방송국,
          게임회사 등

에코디자이너

WHO

에코디자이너는 환경에 해가 되지 않는 친환경 디자인을 고안하는 디자이너를 말한다. 이중에는 친환경 제품을 만드는 에코제품디자이너도 있고, 재활용품을 활용해 의상이나 악세서리를 디자인하는 에코패션디자이너도 포함된다. 에코디자이너가 하는 일은 여느 디자이너와 크게 다르지 않다. 다만 친환경성을 우선적으로 반영한 아이디어를 도출하고, 소비자가 제품을 사용하고 폐기할 때도 환경에 해가 적도록 고민해 디자인을 한다. 에코디자인에서는 소재의 친환경성을 활용해 디자인하는 경우가 많아서 에코디자이너에게는 소재의 특성을 분석하는 일이 매우 중요하다.

HOW

에코디자이너가 되기 위해서는 환경을 사랑하는 마음과 디자인 툴을 다루는 기술이 필요하다. 디자인 툴을 익히기 위해서는 디자인 관련 전공을 하거나 사설 디자인학원에서 필요한 교육을 받으면 된다. 에코디자인에는 재활용 천이나 제품, 심지어 쓰레기를 소재로 쓰기도 하므로, 이런 소재로 어떤 제품을 탄생시킬지 상상하려면 소재에 대한 분석이 필수다. 예를 들어, 버려진 천막으로 작업을 할 때는 가볍고 튼튼한 특징을 살려서 제품을 디자인하고 제작하는 등 소재에 적합한 디자인을 적용하는 것이 중요하다. 환경보호에 대한 메시지가 담긴 제품을 제작하는 만큼 디자인한 제품이 다시 쓰레기가 되지 않도록 미와 실용성을 갖춘 제품을 만들려는 의식이 필요하다.

적성   환경사랑, 상상력, 호기심, 창의성, 미적 감각, 설득력 등
전공   제품디자인학과, 시각디자인학과, 패션디자인학과, 산업디자인학과 등
진출분야   완구 · 팬시제품 · 가구 관련 라이프스타일 디자인업체, 의류업체,
          기타 제품디자인전문업체 등

큐레이터

WHO

큐레이터의 주된 업무는 작품과 관람객을 이어주는 것으로, 이들은 미술관이나 박물관 등에서 근무하며 각종 전시를 기획하고, 전시할 작품의 작가, 이력, 학술적 가치 등을 조사하고 연구하는 일을 한다. 일정 기간 동안 진행될 전시회를 위해 새로운 전시아이템을 찾고, 그에 맞는 작가 섭외, 작품 선정 및 진열, 전시일정 조율, 개막식 준비, 홍보 등 전시와 관련된 모든 업무를 총괄 기획한다. 보통 전시할 작품들은 전시에 임박해서 들어오기 때문에 전시회를 준비하려면 시간에 쫓기는 때가 많고, 때문에 초과근무를 하거나 야근을 할 때가 많다.

HOW

큐레이터가 되려면 동양화, 서양화, 조각 등 미술 실기를 전공하거나, 미술사나 민속학 등을 전공하는 것이 좋다. 주로 근무하게 되는 미술관이나 박물관의 채용요건을 보면 관련 전공자로 응시자를 제한하고 석사 이상의 학력을 요구하는 경우가 많다. 사람들의 관심을 끌만한 전시회를 선보이려면 창의적인 아이디어와 이를 전시에 반영하는 기획력이 필요하다. 특히 미술에 조예가 깊어야 하고, 해외 작품을 조사하고 섭외하기 위한 외국어 실력도 중요하다.

적성 　꼼꼼함, 기획력, 예술성, 창의성, 언어구사력, 서비스마인드 등
전공 　미술학과, 미술사학과, 고고학과, 민속학과, 인류학과 등
진출분야 　국공립 또는 사립 미술관, 박물관, 전시관, 상업화랑 등

꿈 넷
의료 · 웰빙 · 음식

건강하고 행복한 인생

외상외과 전문의 이국종
스타 셰프 에드워드권

진심과 최선으로 묵묵히
헌신하다

사명감이 없다면 감당하기 어려운 길

이국종 교수님을 뵙기로 한 첫날, 오랜 기다림 끝에 인터뷰를 시작하자마자 호출이 왔다. 중증외상환자가 발생했다며 우리들을 데리고 응급실로 바삐 가시는 교수님. 응급실 수술방에 도착한 우리는 생사의 갈림길에 선 환자 앞에서 두려움으로 바짝 긴장할 수밖에 없었다. 그런 우리들과 달리 교수님은 놀라울 정도로 침착하게 외쳤다.

"이국종입니다. 최선을 다해 치료하겠습니다!"

그곳에서 환자의 치료를 지휘하고 보호자를 대하는 교수님은 우리가 그동안 보아온 담백한 느낌의 의사들과 달랐다. 진심어린 걱정이 담긴 따뜻한 책임감이랄까! 우리들은 그날 뭐라 말하기 힘든 찡한 느낌표를 가슴에 담고 돌아왔다.

두 번째 날, 이번에는 하루의 일과가 끝난 늦은 시각이었다. 방금 전 헬기로 환자를 이송해 치료를 마쳤다며 반갑게 맞아주신다. 언제 발생할지 모르는 중증외상환자를 치료하기 위해 늘 대기 상태인 이국종 교수님은 이렇게 말문을 열었다.

"이렇게 대기만 하는 게 아니에요. 우리는 환자가 있는 곳이라면 어디든 출동합니다. 직접 헬기를 타고 현장으로 날아가 최선을 다해 환자의 생명을 유지시키면서 병원으로 이송해요. 다친 환자가 어느 정도 회복해 재활을 시작하기 전까지 모든 것이 우리의 임무죠."

헬기로 출동할 때면 18kg 짜리 배낭을 한두 개씩 기본으로 메고 간다. 장거리에 갈 때는 여기에 혈액 가방까지 추가 된다. 헬기 착륙장이 없는 곳에 환자가 발생했을 때는 헬기에서 50kg이 넘는 하중을 짊어지고 뛰어내리기도 한다. 때문에 강한 체력은 기본. 수없는 훈련과 실제상황을 반복하는 것이 통상적인 모습이다. 의사로서 사명감이 없다면 감당하기 어려운 일일 것이다.

이국종 교수님은 몸이 불편한 아버지를 보면서 어린 시절부터 의사가 되겠다는 꿈을 꾸었다.

"아버님이 한국전쟁 중에 크게 다치셨어요. 장애를 입고 국가 유공자가 된 아버님을 보면서 어릴 때부터 아픈 사람을 잘 치료하는 것이 굉장히 중요한 일이라 여겼고 의사가 되고 싶다는 꿈을 갖게 되었죠."

가난한 장애인의 아들이라는 주변의 시선이 큰 상처가 되었던 중학교

환자가 있는 현장에 헬기를 타고 직접 날아가 환자의 생명을 유지시키면서 병원으로 이송한다. 이를 위해 수없는 훈련을 거친다.

시절, 장애인에게 사회가 얼마나 냉랭한지 잘 알기에 주변에 일부러 국가유공자의 가족이라는 사실을 숨기곤 했다. 어쩌다 몸이 아파 병원에 가면 국가 유공자에게 주는 의료복지카드를 내밀 때마다 푸대접 받기가 일쑤여서 병원에 간다는 것 자체가 조심스러울 정도였다. 그러던 어느 날 축농증이 심해져 병원을 찾았는데 다른 병원과 달리 싫은 기색 하나 없이 정성껏 치료해주는 의사를 만났다.

"국가유공자인 아버지가 자랑스럽겠다며 제 머리를 쓰다듬어주면서 이다음에 꼭 훌륭한 사람이 되라고 격려해줬어요. 하얀 가운을 입고 사람을 가리지 않고 성심껏 치료해주는 모습이 어린 제 눈에 너무나 존경스러웠어요. 열심히 공부해서 꼭 의사가 되리라고 다짐했죠."

공부라면 자신 있던 우등생 이국종 교수님에게도 의대 공부는 만만치 않았다. 국가유공자 가족으로 국가 장학금을 받고 있었는데 낙제를 하면 장학금이 나오지 않기 때문에 성적에 대한 중압감이 더욱 컸다. 외상외과 전문의를 택한 이유는 지도교수님이 권해서였다. 원래는 UC 샌디에고에서 이식외과를 공부하고 왔지만 모교병원에서 중증외상환

자를 치료 할 교수를 필요로 하기에 다시 런던으로 가서 외상외과 수련을 받았다. 그때 런던의 지도교수님이 군인들을 주로 치료하던 분이었기에 아주대 교수로 돌아와서 부상당한 미군들의 치료를 맡게 된 인연이 되었다. 훈련 중 다친 미군들을 많이 치료하다 보니 2003년 주한미군으로부터 감사장을 받았고 2009년도엔 백악관에서 표창장까지 받았다.

교수님 개인적으로 감사장이나 표창장보다 더 소중하게 여기는 것은 주한 미군 제2사단 의무 항공대 휘장이다.

"이건 미 2사단 부대원이 자기 환자를 살려주어 고맙다고 자기 어깨에 붙이고 다니던 것을 떼어서 준 거에요. 위에서 내려주는 상이 아니라 환자 동료가 정말 고마운 마음에서 자기 것을 떼어 준거니 감동이 밀려왔죠."

자기 부대원을 살려주어 고맙다고 어깨에서 떼어 준 주한미군 제 2사단 의무 항공대 휘장.

원래 하고 싶었던 간이식외과를 포기하고 묵묵히 외상외과를 맡았지만 외상외과 생활은 생각보다 더 고달팠다. 우리나라에 외상외과 전문의가 손에 꼽을 정도로 적은 이유도 이 일이 매우 힘들기 때문이다. 외상외과 전문의는 집에 가는 날보다 당직을 서는 날이 더 많고 언제 위급한 환자가 올지 몰라 늘 대기해야 하는 긴장 속에서 산다.

이런 육체적인 고달픔보다 더 힘든 것은 병원의 재정 상태를 악화시키고 있다는 자괴감이었다. 교수님이 센터장을 맡고 있는 아주대학교의 중증외상센터는 1년에 약 3백여 명의 환자를 보는데 환자가 많을수록 병원의 적자 폭이 늘어난다. 중증외상 환자를 치료하기 위해 드는 여러 가지 비용보다 받을 수 있는 치료비가 적기 때문이다. 날로 늘어가는 병원의 적자 때문에 스트레스를 받으면서도 꿋꿋이 외상외과를 지켜온 교수님에게 운명과 같은 환자가 나타난다.

아덴만 영웅 석해균 선장 주치의가 되다

2011년 1월 21일, 소말리아 해적에게 피랍된 삼호주얼리 호의 선원들을 구출하기 위해 '아덴만의 여명' 작전이 벌어진다. 한국 해군은 해적들을 제압하고 선원 21명 전원을 무사히 구출하지만 석해균 선장이 온몸에 총상을 입고 중태에 빠지면서 온 국민의 관심이 쏠렸다. 그때 수원 아주대 이국종 교수님이 서울의 쟁쟁한 종합병원을 제치고 석해

외상외과 전문의 이국종

균 선장의 주치의로 결정되었다.

"조용히 가려고 했는데 기자들이 왔어요. 왜 저를 보내는지 말들이 많았죠. 석 선장이 국민적 관심을 받는 환자였기에 부담감이 더욱 컸어요. 잘해야 본전이라며 주변에서 가지 말라고 말리기도 했어요."

그러나 교수님은 묵묵히 의료팀을 꾸려 오만으로 갔다. 석 선장님의 상처는 예상보다 훨씬 심각했다. 스위스에서 에어 앰불런스까지 동원해서 한국으로 이송하자마자 응급수술을 했다. 칼 대는 곳마다 고름이 쏟아졌고 호흡기까지 안 좋아 의료진의 애를 태웠다.

교수님은 치료과정 영상을 보여주면서 당시 상황이 안 좋았다고 회상했다. 교수님은 한 달 반 동안 집에도 못가고 곁을 지키며 정성을 다했고 마침내 9개월 후 석 선장님은 건강하게 퇴원했다. 그때 석 선장님의 치료 과정이 연일 매스컴에 보도 되면서 교수님은 대한민국 최고의 외상외과 전문의로 이름을 알렸다. 교수님과 선장님의 이야기가 매일 언론에 노출되자 그동안 적자를 감수하면서 중증외상센터를 운영해온 아주대 병원도 엄청난 광고효과를 얻을 수 있었다. 교수님이 석 선장님도, 아주대 병원도 살렸다는 말이 나올 정도였다.

갑작스레 유명세를 탔지만 교수님 일상엔 큰 변화가 없다. 또한 환자를 정성으로 돌보고 치료하는 마음가짐도 전과 다름이 없다.

교수님이 국민들의 관심을 받게 되면서 열악했던 우리나라의 응급 의료 시스템이 개선되는 효과도 있었다. 경기도와 아주대 병원은 최첨단 소방 헬기를 이용해 응급환자를 이송하는 프로젝트를 추진했다. 이

프로젝트가 시행 된 뒤 헬기로 수송해 살려낸 환자만도 이백여 명이 넘는다. 또 전국에 중증외상센터를 만든다는 일명 이국종법이 국회에서 통과되어 차례로 센터가 개설되고 있다. 국내 전역에서 중증외상환자들이 신속하게 치료 받을 수 있게 되다니 참 반가운 일이다.

자기 자리에서 최선을 다하는 사람

중증외상환자는 생과 사의 경계를 오가기 때문에 치료할 때마다 생명을 살려내야 한다는 의지를 갖게 된다.

"만약 벼랑 끝에 매달린 친구의 손을 여러분이 잡고 있다면 친구의 목숨이 여러분에게 달려있겠죠. 그 상황에서 어떻게든 온 힘을 다해 끌어올리면 친구가 살 것이고 손을 놓치면 친구는 죽습니다. 제가 환자와 마주할 때면 늘 그런 절박한 기분이에요. 죽을힘을 다해서 뭔가 해내지 않으면 환자를 살릴 수 없죠."

교수님은 이순신 제독의 삶을 다룬 김훈의 소설 「칼의 노래」를 즐겨 읽는다. 어려운 일이 많아도 맡은 자리에서 군인이라는 원칙에 준해서 나라를 지킨 이순신 장군처럼 자기 자리에서 최선을 다하고 싶다.

"우리 일이 생명을 다루는 일이라 특별하게 생각하는 사람들이 있지만 여러분 부모님도 마찬가지예요. 장사든, 사업이든, 회사든 이 세상에 힘들지 않은 일은 없어요. 그저 받아들이고 자기 자리에서 맡은 일

외상외과 전문의 이국종

을 열심히 해야 하는 거죠."

가장 힘들 때는 시간과의 싸움에서 밀리는 기분이 들 때다. 뿜어져 나오는 피를 막으면서 최선을 다하고 있는데 환자가 얼마 못 견딜 거라는 생각이 들 때면 손발이 타들어간다. 어떻게든 환자를 데려가려는 죽음의 신과 싸워 이겨야 한다는 절박감은 매일의 일상이 되었다.

이 모든 일들엔 팀웍이 아주 중요하다. 위급한 상황이기 때문에 여러 명의 의사들과 간호사들이 서로 의지하며 협력하는 것이 필수다.

"동료들 한 명 한 명 모두 사심 없이 환자를 돌보는 대단한 분들이에요. 저와 호흡도 척척 맞죠. 팀 전체가 일사분란하게 움직여야 하는데 성격이 모나거나 참을성이 없으면 안 되겠죠. 그러니까 여러분이 만약 훌륭한 의사가 되고 싶다면 먼저 학교 친구들과 잘 지내는 법부터 배워야 해요. 친구들과도 잘 못 지내는 사람이 자기와 상관도 없는 환자를 잘 돌볼 수 있겠어요?"

교수님이 가장 존경하는 멘토는 오만에 함께 갔던 동료 정경원 교수님이다. 불평 한마디 없이 자신을 헌신하면서 교수님과 함께 석 선장님을 살리는데 중요한 역할을 해줬다. 당시 오만에 에어 앰뷸란스를 구해온 김지영 간호사도 무척 존경하는 동료다. 교수님은 함께 일하는 훌륭한 동료들 덕분에 오늘의 아주대 중증외상센터가 있다고 강조했다.

의사로서 보람을 묻자 하얀 가운 주머니에서 환자 이름이 빽빽이 적힌 명단을 꺼내어 보여준다.

"저는 부족한 게 많은 의사입니다. 저보다 더 수술 잘하는 분들도 많

죠. 어쩌다 유명세를 탔지만 저에게 그보다 더 중요한 것은 제가 지금까지 치료한 환자 명단 이것이죠. 약 2천 명 정도 되는데 그분들 중 대부분이 살아서 나가셨어요. 돌아가실 수도 있었지만 살아서 가족과 함께 지내게 되신 그분들 인생에 제가 뭔가 기여했다는 게 가장 뿌듯해요. 꿈이 있다면 죽기 전에 하루라도 더 일해서 한 명이라도 더 살리는 것, 그것이 제 바람입니다."

자신에게 결국 남는 것은 유명세도 그 무엇도 아닌 지금까지 치료해온 환자 명단이 전부라는 이국종 교수님. 누구나 그렇듯 자기 자리에서 할 일을 묵묵히 할 뿐이라고 하지만 사명감 없이는 불가능한 일이기에 더욱 깊은 감사를 느꼈다.

Interviewer : 권혁준, 김수현, 양이린

Profile 이국종

외상외과 전문의. 아주대학교 대학원 외과박사로 영국 로열런던 병원 외상센터를 거쳐 아주대학교 병원 중증외상특성화센터 센터장을 맡고 있다. 2011년 아덴만 여명작전에서 온몸에 총상을 맞고 심각한 부상을 입었던 석해균 선장을 기적적으로 살려내며 최고의 외상전문의로 이름을 알렸다. 2009년과 2010년 백악관으로부터 감사장을 받았으며 2012년 제3회 홍진기 창조인상 사회부문, 2012년 제22회 여의대상 길봉사상, 2011년 국민포장을 수상했다.

스타 셰프 에드워드권

꿈에 대한 열정을
노력으로 바꾸어라

맛으로 사람들에게 행복을 주는 요리사

아기는 태어나자마자 엄마젖부터 찾고 사람들은 누굴 만날 때면 언제
밥 한 번 먹자고 한다. 이렇게 중요한 음식을 맛있고 멋지게 만들어주
는 직업, 요리사로서 최고의 길을 걷고 있는 에드워드권 셰프님을 만
났다.

셰프님을 레스토랑에서 만나 뵐 줄 알았는데 현재 서울현대전문학교
조리학부 학장님으로 계시기에 그곳을 찾았다. 수십 명을 거느린 회
사의 대표로, 방송인으로, 이곳에서 후학을 양성하는 학장님으로 하
루를 분단위로 살아가는 셰프님은 대뜸 요리사의 행복에 대해 이렇게
얘기한다.

"이 직업의 가장 큰 행복이라면 맛으로 다른 사람을 행복하게 하는 것 아닐까요? 요리란, 결국 남을 행복하게 하고 그 행복이 내 자신에게 기쁨으로 돌아오는 것이에요. 그래서 요리를 사랑하기보다 먼저 사람을 사랑해야만 최고 요리사가 될 수 있다고 생각해요."

두바이 국왕은 물론 조지부시, 마돈나 등 세계적인 명사들을 요리로써 감동시킨 최고의 셰프님이기에 어려서부터 대장금처럼 절대 미각을 타고났는지 어떤 천재적 소질이 있었는지 궁금했다. 우리들 질문에 그랬다면 얼마나 좋았을까 되묻는다. 그렇다면 과연 어떤 과정을 거쳐 오늘날의 최고 스타 셰프가 되었는지 어린 시절부터 들여다보자.

어려서부터 요리사가 되고 싶었던 것은 아니었다. 꼬맹이 시절, 헐리웃 영화를 보면 미국에 가고 싶었고, 티비에 군인이 멋있게 나오면 군인이 되고 싶었다. 꿈이 수시로 바뀌는 우리들과 똑같았다.

셰프님은 중학교까지는 우등생이었고 입시를 치러 제법 좋은 고등학교에 입학했다. 학교 얘기가 나오자 갑자기 우리들 한 명 한 명에게 반에서 몇 등하냐고 묻는다. 만약에 성적이 그닥 안 좋으면 공부보다는 자기가 필요한 소양을 배우는 게 훨씬 낫다. 이제 명문대 간판이 중요한 시대는 지났고 셰프님처럼 자기가 잘 하고, 하고 싶은 것을 찾아야 성공할 수 있다고 강조한다.

"어려서 아버지 회사 사정으로 이사를 자주 했어요. 전학을 자주 다니니 학교에 가도 친구가 없었죠. 그러다보니 학교보다는 성당에 더 의지하게 되었어요."

성당에서 신부님과 자주 어울리다보니 자연스럽게 신부가 되겠다는 꿈을 키워왔고 고등학교에 가면서 신부가 되고 싶다고 부모님께 말씀 드렸다. 그런데 장손이 장가도 가지 않고 아이를 낳지 않는 신부가 되겠다고 하니 집안에서 반대가 무척 심했다. 결국 신부가 되는 꿈을 접고 그때부터 방황이 시작되었다.

공부 잘하고 조용하던 아이의 반전이었다. 불량서클 대장으로 학교에서는 아웃사이더가 되었고 성적은 꼴찌 근처를 맴돌았다.

졸업 즈음 같은 반 친구들을 보면서 정신이 나기 시작했다.

"친구들은 명문대에 척척 합격하는데 나는 과연 무엇을 해야 할 지 막막했어요. 무엇을 잘 하는지, 무엇을 하고 싶은지 아무것도 알 수가 없었죠. 고민 끝에 재수하기로 마음먹고 가출을 해서 서울로 올라왔어요."

당장 먹고 사는 문제를 해결해야했다. 당시 번화한 거리였던 건대 입구에는 레스토랑이 꽤 있었는데 아르바이트생들에게 숙식을 제공해줬다. 지낼 곳과 돈이 필요했기에 별 고민 없이 레스토랑에서 일을 시작하게 되었다. 처음엔 홀에서 서빙을 하다가 월급을 더 주는 주방 보조 일을 맡게 되었고 그것이 요리와 운명적인 첫 만남이 되었다.

주방 일을 하면서 대학입시를 준비했고 드디어 원서 철이 왔다.

"주방 일을 해서 그런지 조리학과가 끌리더라고요. 그래서 영동전문대학 조리학과에 지원했고 합격했어요. 1학기 마치고 군대를 갔는데 제대할 쯤 정말 겁이 덜컥 났어요. 뭐해서 먹고 살 것인지 진지하게 고민했죠."

스스로 길을 열다

제대 후 복학 전에 용평리조트에서 아르바이트를 했다. 통근버스를 타고 출퇴근하는데 강원도여서 그런지 밤하늘에 별이 무척 반짝거렸다. 그 별을 보면서 스스로에게 물었다.

"너는 무엇을 하고 싶니? 무엇을 해서 먹고 살래?"

대답은 점점 선명해졌고 조리사로 끝장을 보자라는 생각을 굳혔다.

복학하고 학교를 졸업할 즈음 현장실습을 나가게 되었다. 실습 나간 호텔에 어떻게든 조리사로 남고 싶었다. 이리저리 고민을 많이 한 끝에 문 연지 얼마 안 되어 인지도가 낮은 리츠칼튼호텔이 그나마 경쟁률이 낮을 것 같아 지원했다.

"남들보다 1시간 일찍 출근해서 정말 열심히 일했어요. 선배 요리사들이 '서울국제요리대회'에 참가할 땐 도우미도 자처했죠. 결국 제 집념을 좋게 봐준 조리장님 덕분에 당시 40여 명의 실습학생들 중 저 혼자만 정사원이 되는 기회를 거머쥘 수 있었어요. 정말 운이 좋았죠."

세프님은 그때를 회상하며 운이 좋았다고 하지만 언제나 최선을 다하는 노력이 만들어낸 결과 아니었을까?

지금도 마찬가지지만 처음으로 호텔리어가 됐을 때 틈만 나면 서점에 들러 외국요리책을 봤다. 수천 가지의 요리를 책으로 접하면서, 무궁무진한 표현방법에 기쁨과 즐거움을 느끼곤 했다. 미국 샌프란시스코로 자리를 옮긴 뒤엔 마켓이 책을 대신했다.

"미국의 요리 세계는 제게 충격으로 다가왔어요. 재료와 요리의 다양성에 입을 다물지 못했죠. 사과 하나만 해도 종류가 십수 종, 치즈는 말할 것도 없이 다양했어요. 퇴근 후 날마다 마켓에 들러 다양한 요리 재료를 구입해 어떤 맛일까 하나하나 맛보면서 경험했어요."

한국에서는 상상할 수도 없는 다양한 재료와 요리를 경험하면서 자신만의 요리법을 찾아나갔다. 그러나 말도 안통하고 동양인에 대한 편견을 가진 나라에서 일한다는 것은 정말 힘들었다. 그럴수록 더 열심히 일했다. 잘리지 않기 위해 시간외 수당도 받지 않고 하루 16시간씩 근무하기도 했고 화장실 가고 싶은 것을 참고 주방을 지키느라 방광염을 달고 살기도 했다.

"여러분 백조가 물 위에 우아하게 떠다니기 위해 물 아래서 수없이 발길질 한다는 거 알아요? 제가 자칫 화려해만 보일 수 있지만 조리사로

2014년 아부다비 고메. 궁중요리가 아닌 도토리묵무침, 닭강정 같은 보편적인 한국음식으로 세계인의 입맛을 사로잡았다.

서 호텔의 헤드셰프가 된다는 것은 자신을 내던지지 않고는 불가능한 일입니다. 그 피나는 과정을 간과하지 마세요."

늘 이런 식이었다. 이후 중국으로, 두바이로, 세계적인 호텔들로 뻗어나갈 때마다 셰프님은 항상 최고의 노력으로 스스로 길을 열어왔다. 세계적으로 유명한 두바이의 7성급호텔 버즈 알아랍에 입사할 때였다.

"그곳에 가기 전에 바로 그 맞은 편 페어몬트 호텔에서 일했었죠. 창 너머로 버즈 알아랍 호텔을 바라보면서 그곳에서 꼭 일해야겠다는 결심을 굳혔고 그로부터 정확히 일 년 만에 꿈을 이루었어요."

버즈 알아랍에 들어가기 위해 입사원서부터 테스팅, 인터뷰까지 모든 준비를 치밀하게 했다. 철저한 준비는 주로 서양요리만 선보인 프렌치나 이탈리안 요리사들도 당당히 이기게 해줬다.

"새로운 곳으로 몸을 옮길 땐 철저한 사전준비를 한 뒤에 면접에 응해야 해요. 그때 버즈 알아랍 호텔 홈페이지는 물론이고 호텔에 대한 신문기사까지 꼼꼼하게 읽어 그곳의 기업이념은 물론이고 당시의 목표, 사업 방향까지 완벽하게 파악했죠. 면접관에 관한 온갖 정보도 수집해서 달달 외울 정도로 준비했어요. 테스팅 과정에서는 서양요리는 물론이고 중국요리, 퓨전요리, 아시아요리 등 세계 여러 나라의 다양한 음식을 코스로 선보여서 다국적인 성향의 이곳에 잘 맞겠다는 인상을 심어주었죠"

마켓에 가는 습관은 두바이에서도 이어졌다. 외국인이기 때문에 따라잡을 수 없는 맛의 차이를 극복하기 위해 틈만 나면 중동의 재래시장을 찾아 나섰다.

"사람들이 내게 최고라고 해도 나는 내가 최고라고 생각하지 않아요. 포장마차의 떡볶이 아줌마에게도 아직 배울 게 많죠. 요리사는 평생을 배워야 하는 직업이에요. 그 누구도 평생 최고가 될 순 없죠."

자신의 매력을 가꾸는 셰프가 필요한 시대

몇 해 전 에드워드권 셰프님은 버즈 알 아랍 호텔 수석총괄주방장을 그만두고 새로운 꿈을 찾아 귀국했다. 셰프님의 꿈은 에드워드권 요리사관고등학교를 만들어서 요리사가 되고 싶은 아이들을 제대로 길러 내는 것이다. 단지 최고의 요리사에 머물지 않고 이제는 다른 사람에게 도움을 주는 요리사가 되고 싶다. 특히 요리사를 꿈꾸는 아이들에게 희망이 돼주고 싶고, 그들을 빛나게 해주고 싶다.

"현재 지자체, 교육부와 협의를 거쳐 부지선정을 끝낸 상태에요. 몇 년 안에 학교 문을 열 계획입니다. 기숙사가 딸린 국립학교로 아이들이 큰 부담 없이 요리를 배우게 하고 싶어요."

방학이면 인근의 강과 바다, 산에 가서 요리 재료부터 구하면서 재료의 소중함을 일깨우게 할 계획이다. 지금 회사를 잘 일궈서 아이들을 위한 장학재단도 건립하고 싶다.

요즘 요리에 대한 관심이 폭발적이다. 셰프를 뽑는 오디션 프로가 넘

치고 요리채널 속에서는 세계적인 유명 셰프가 매일 자신의 레시피를 공개한다. 많은 아이들의 장래희망 속에 최고의 셰프가 당당히 자리 잡은 지 이미 오래 전이다. 요리사가 되려면 어떻게 공부하는 것이 좋을지 물었다.

"요리사가 되고 싶다고 자격증 따는 학원부터 찾지 마세요. 저도 조리사 자격증이 있지만 그 자격증을 딴다고 좋은 요리사가 될 수 있는 것은 절대 아니에요. 칼질하고 불 다루는 그런 것들은 단시간에 훈련만 하면 누구든지 다 할 수 있어요. 기능은 어디까지나 기능일 뿐입니다."

그 열정과 비용으로 차라리 부모님과 함께 인도요리, 태국음식점 등 여러 식당에 가서 입으로, 눈으로 다양한 나라의 음식을 경험해보길 권한다. 요리는 몸으로 계속 경험하는 것이 가장 중요하다. 음식을 알면 그 나라의 문화까지 금방 습득할 수 있고 그런 다양한 배경지식들

한국 외식 과학고등학교에서 특강을 마친 후 학생들과 함께 한 모습.

이 이다음에 큰 도움이 된다.

세계적으로 유명한 요리학교를 나오면 훌륭한 요리사가 저절로 되는 것일까?

"좋은 대학에 가서 제대로 공부하면 성공으로 가는 시간이 조금 단축될 수 있을지는 몰라요. 그러나 만약에 제 아이가 셰프가 되겠다고 한다면 차라리 대학 가는 걸 말릴 거예요. 그 비용으로 외국에 가서 다양한 식재료를 맛보고 경험하는 게 더 현명하다고 생각하거든요."

요리에 관한한 학교공부와 현장공부는 너무 다르다. 유학 갈 형편이 충분히 된다면 안 가는 것보다 가는 것이 낫겠지만 그만큼 대학졸업장을 높이 쳐주지 않는 세계가 바로 이 직업이다.

"예를 들면 신라호텔 총주방장이 어느 학교 나왔는지 아무도 안 따집니다. 아마 인류 종말까지 학력에 구애받지 않는 직업이 요리사 아닐까요?"

유능한 셰프가 되기 위해 꼭 길러야 할 것은 무엇인지 궁금했다. 셰프님은 다음의 세 가지 감각을 꼽았다. 첫째는 색을 보는 감각이다. 요리는 먼저 눈으로 먹는다. 먹음직스럽고 멋지게 담아낸 요리가 경쟁력 있다. 시각을 가장 사로잡는 것이 색감이다. 재료의 색을 어떻게 살려서 조합하고 어울리게 담아내느냐에 따라 시각적인 감각을 극대화 시킬 수 있다.

둘째는 맛에 대한 감각이다. 이것은 더 말할 나위가 없다. 아무리 멋진 요리라도 맛이 없으면 게임 끝이다. 맛에 대한 끊임없는 훈련이 필

스타 셰프 에드워드권

요하다.

셋째는 엔터테인먼트 감각이다. 이 부분은 대개 간과하기 쉬운데 날이 갈수록 더욱 요구되는 대목이다. 이제는 요리사가 칼질만 잘해서 되는 시대가 아니다. 자신의 요리를 잘 팔려면 먼저 스스로 매력적인 사람이 되어야한다. 외모 관리부터 화술 등 사람들을 자기 고객으로 끌어 올 수 있는 친화력이 필요한 시대다. 꼭 잘 생길 필요는 없지만 나름대로 매력 있는 셰프가 되어야 한다.

우리들 중학생들에게 당부말씀도 잊지 않았다.

"여러분 저를 보세요. 제가 청소년시기에 방황 좀 했다고 인생이 실패한 거 아니잖아요. 그때 명문대 간 친구들보다 오히려 제가 더 성공했다고 자부해요. 지금 좀 성적이 안 나온다고 너무 앞날 걱정하지 말고 부모님 눈치만 보지 말고 좀 당당해지세요. 게임하고 싶으면 하세요. 그 대신 엄마한테 적어도 다음 시험에서 성적을 얼마큼 올리겠다는 식으로 딜을 할 수 있어야 해요. 그 약속은 반드시 지켜야죠. 부모님께 현명하고 당당하게 하고 그 책임을 잘 지키는 게 중요해요. 결론은 인생은 여러분 몫이라는 거예요. 누구도 대신할 수 없어요."

셰프님은 달변가였다. 인터뷰 내내 우리들을 사로잡았고 수많은 이야기들을 통해 '인생은 결코 호락호락하지 않다'는 것을 보여주었다. 쉽게 이루는 것은 없다. 꿈에 대한 열정을 노력으로 바꾸었을 때만이 그 꿈을 이룰 수 있다.

Interviewer : 권혁준, 이채린, 차승민, 황보연

Profile 에드워드권

(주)이케이푸드 대표이며 서울현대전문학교 학장을 맡고 있다. 리츠칼튼 샌프란시스코 수석조리장, 중국 쉐라톤 그랜드 텐진 호텔 총 조리장, 두바이 페어몬트 수석총괄조리장, 두바이 버즈 알아랍 수석 총괄조리장을 역임한 세계적인 셰프. 2009년 한국으로 돌아와 캐주얼 레스토랑인 '에디스카페'와 유러피언 캐주얼 다이닝 레스토랑 '더 스파이스'를 오픈했다. 차별화된 컨셉의 다양한 레스토랑을 선보일 계획이며 다양한 방송활동과 함께 한식의 세계화에도 앞장서고 있다. 저서로 「일곱 개의 별을 요리하다」, 「에드워드권 인 더 키친」, 「인생기출 문제집1」 등이 있다.

꿈 넷.
건강하고 행복한 인생

1996년, 미국의 한 의과대학에서 흥미로운 실험을 했다. 먼저 환자 60명을 대상으로 정상적인 혈액 상태를 측정하고, 이후 1시간 동안 코미디 비디오를 보게 다음 웃음이 신체에 어떤 변화를 일으키는지 혈액을 채취해 살펴봤다. 그 결과, 비디오를 보고 폭소를 터뜨리며 웃은 환자들에게서 병원균의 침투를 막아주는 인터페론 감마 호르몬이 평소보다 무려 200배가 늘어나는 것을 확인했다.

2005년, 심리학자인 데이비드 루이스(David Lewis)가 한 실험은 더욱 재밌는 결과를 보여준다. 109명의 실험 참가자들에게 다양한 표정을 한 사람들의 사진을 보여주면서 뇌 활동과 심전도 변화를 관찰했다. 그 결과, 미소 짓는 아이의 사진을 보는 것은 초콜릿 바 2천개를 먹거나 현금으로 1만6천 파운드(한화 약 2,800만원)를 받았을 때와 비슷한 반응을 보였다. 다른 유사한 실험들에서도 누군가의 미소를 보는 것만으로도 기분이 좋아진다는 결과는 종종 보고된다.

그렇다면, 우리는 언제 가장 행복하게 미소 짓고 웃을 수 있을까? 남녀노소를 막론하고 진정한 웃음은 몸과 마음이 건강할 때 가능하다. 건강이 뒷받침돼야 진정한 행복을 느낄 수 있고, 유쾌한 웃음을 통해 행복은 더욱 배가된다. 이처럼 건강과 행복은 매우 밀접한 관계를 맺는다. 때문에 사람들의 건강을 지키고 회복시키는 직업은 사람들의 행복을 책임지는 일과 같고, 그래서 일을 하며 느끼는 행복이 큰 직업들이다.

의료 · 보건 분야 직업들은 질병을 예방하고 치료하면서 사람들의 건강을 책임진다. 건강과 관련된 대표적인 직업들은 병원에서 쉽게 만날 수 있는데, 의사, 간호사, 임상병리사, 응급구조사, 방사선사, 물리치료사, 약사 등 그 종류도 다양하다. 그중 의사는 가장 대표적인 의료인으로, 청소년들의 희망직업을 묻는 설문조사에서 늘 1, 2위를 다투는 인기 직종이다. 생명을 살리는 존엄함과 일에 대한 자부심이 큰 직업이면서, 차가운 이성과 따뜻한 감성이 공존하는 매력적인 직업이다. 다만 그에 따른 부담과 책임감도 크기 때문에 소명감이 없으면 수행하기 힘든 일이기도 하다. 의료인들을 대표하는 직업 중 간호사를 빼놓을 수 없다. 간호사는 환자와 가장 가깝게 만나는 친숙한 직업이면서 "남을 돕는 일"이란 직업적 가치를 가장 잘 실현할 수 있는 직업이다.

그 외에도 의료 · 보건 분야에는 특정 역할에 전문성을 갖춘 직업들이 있다. 그중 임상병리사와 방사선사는 정확한 진단에 초점을 두고 질병의 원인을 찾는 일을 하고, 물리치료사, 작업치료사, 언어치료사 등은 의사의 지시에 따라 특정 치료요법으로 환자들을 치료한다.

한편, 꼭 의료 기술이 아니더라도 건강한 삶을 위해 존재하는 직업들이 있다. 바로 음식과 관련된 직업이다. 예로부터 약식동원(藥食同源)이라고 하여 약과 음식은 그 근원이 같아서 좋은 음식은 약과 같은 효능을 낸다는 말이 있다. 질병의 예방이나 건강 유지의 차원에서도 음식은 매우 중요하며, 음식이 주는 기쁨이 워낙 크기 때문에 음식과 관련해서 존재하는 직업들은 너무나도 다양하다. 그중 조리사, 파티쉐(제과제빵사) 등은 꽤 인기가 있고, 바리스타, 소믈리에, 푸드스타일리스트, 쇼콜라티에, 슈가크래프터 등 새로운 직업들도 많다.

의료 · 보건 분야의 직업들은 누군가의 생명과 직접적인 관계가 있기 때문에 철저한 전문성이 요구된다. 그래서 의료인으로 활동하기 위해서는 반드시 전문면허나 자격이 필요하고, 이런 자격증을 취득하려면 반드시 해당 학과를 졸업해야 한다. 때문에 이 분야로 진출하고 싶은 학생들은 다른 직업들에 비해 진로의사결정을 신중하게 내려야 한다. 의사, 한의사, 치과의사, 간호사, 임상병리사, 방사선사, 치과위생사, 치과기공사, 응급구조사 등 대부분의 직업들이 해당 학과 입학과 동시에 직업이 결정되고, 학과에서 배우는 내용이 국가면허시험 과목들에 해당하기 때문이다.

누군가의 생명과 건강을 지키는 일을 하기 위해서는 무엇보다 아프고 힘든 사람들을 이해하고 공감할 수 있어야 한다. 또한 과중한 업무에서 오는 스트레스를 참고 견디는 긍정적인 마음이 꼭 필요하다. 맛있고 멋있고 건강한 음식은 사람들에게 큰 기쁨을 준다. 때문에 음식을 만드는 사람들은 기술을 배우기에 앞서 음식을 즐기는 사람들의 마음을 헤아리는 태도가 필요하다.

꿈 넷, 의료·웰빙·음식 : 건강하고 행복한 인생

의사

WHO

의사는 전문적인 의료 지식과 기술을 활용해 환자들을 치료한다. 사람의 생명과 건강을 책임진다는 점에서 전문지식과 오랜 수련 기간이 필요하며, 많은 사람들에게 존경을 받는 만큼 그에 따른 책임감이 큰 직업이다. 의사가 하는 일은 특정 진료과목에 따라 하는 일에 차이가 있다. 기본적으로는 환자의 증상에 따라 치료방법과 치료순서를 결정하고, 약물 처방과 외과적인 수술 등을 시행한다. 또 의료기술이 발전하고 첨단 의료기기들이 개발됨에 따라 질병을 치료하는 방법도 달라지므로, 의사는 이런 치료법을 계속 공부해야 한다.

HOW

의사가 되려면 우수한 성적과 명석함이 뒷받침 되어야 한다. 복잡한 인체의 기능과 원리, 다양한 질병과 치료법을 이해해야 하기 때문이다. 의사가 되는 방법은 크게 두 가지로 의과대학에서 의예과 2년+의학과 4년을 거쳐 의사 국가면허시험에 합격하는 방법과, 일반 학과를 졸업하고 의학전문대학원에 진학해 의사 국가면허시험에 합격하는 방법이 있다. 이후 일반의와 전문의를 선택해야 하는데, 일반의는 의사 면허를 취득한 다음 1년 동안 인턴생활을 하고, 전문의는 특정 진료과목을 선택해 인턴 1년과 레지던트 4년 과정을 거쳐야 한다. 대개 전문의를 선호하는 경향이 있어서 전문의로 활동하려면 10년 이상의 준비기간이 필요하다.

적성   리더십, 통찰력, 상황판단력, 혁신성, 협상력, 추진력 등
전공   의학과, 생물학과, 의학전문대학원 등
진출분야   병원, 대학교수, 의학연구소, 기초과학연구소, 공무원(보건직),
         세계보건기구(WHO) 보건행정가 등

약사

WHO

약사는 의사의 처방이나 환자의 상태에 따라 약품을 조제해 판매하고, 복약 지도, 건강 상담, 약품 연구·개발 등의 업무를 한다. 보통은 약국에서 약을 만들고 판매하는 약사들을 많이 보게 되는데, 이외에도 약사 자격을 가지고 활동할 수 있는 분야는 다양해서 어디서 근무하는가에 따라 불리는 이름도 다르다. 즉, 약국을 본인이 직접 개설해 운영하면 개국약사, 약국에 고용되어 일하면 관리약사, 병원에서 일하면 병원약사, 식약청 등의 공공기관에서 일하면 공직약사, 제약회사나 판매회사에서 근무하면 제약약사, 유통약사 등으로 불린다. 이중 공공기관이나 연구소 등에서 근무하는 약사는 마약이나 독약, 부정의약품 등의 성분을 분석·감식하거나, 새로운 화학물질, 식품첨가물, 화장품, 농약 등의 독성과 안정성 평가해 사용기준을 정하는 등의 업무를 한다.

HOW

약사가 되려면 대학에서 6년(2+4년 학제) 동안 약사에 필요한 공부를 한 다음, 약사 국가면허시험에 합격해야 한다. 먼저 2년 동안 전공에 관계없이 생물학, 물리학, 유기화학 등의 선수과목을 이수해야 하고, 이후 약학대학입문시험(PEET; Pharmacy Education Eligibility Test)에 합격해야 4년간 약학 공부를 할 수 있다. 마지막으로 총 6년 과정을 모두 마치고 나면 한국보건의료인국가시험원에서 일 년에 한 번씩 시행하는 약사 국가면허시험에 합격해야 한다.

적성 　정확성, 사회성, 꼼꼼함, 의사소통능력, 설득력 등
전공 　약학과, 제약학과, 생물학과, 화학과 등
진출분야 　약국, 제약회사, 병원, 건강식품 업체, 약품관리 관련 공공기관 등

한의사

WHO

한의사는 한의학적 지식을 기초로 얼굴색, 피부의 윤기, 혀 등을 관찰하거나 말과 호흡, 기침소리, 진맥 등으로 병을 진단하고 치료한다. 치료방법으로는 침술, 뜸, 부황, 한약재, 추나요법 등이 있고, 한의사는 환자의 상태에 따라 가장 적절한 치료방법을 적용해 환자를 치료한다. 한방치료도 전문의 제도가 있어서 한방내과, 한방부인과, 한방소아과, 한방신경정신과, 침구과, 한방안·이비인·피부과, 한방재활의학과, 사상체질과 등 8개 진료과목으로 세분화되어 있다.

HOW

한의사가 되려면 한의예과 2년+한의학과 4년을 졸업하거나 한의학전문대학원에 입학해 한의학 석사를 취득한 다음, 한의학 국가면허시험에 합격해야 한다. 단, 한의학전문대학원에 입학하려면 한의학교육입문검사인 OMEET(Oriental Medical Education Eligibility Test, 또는 KEET)에 합격해야 하고, 응시자는 국가공인한자능력검증시험 2급 이상이어야 한다. 한의학 책은 거의 한자로 되어 있기 때문에 한자 실력이 매우 중요하다. 의사와 마찬가지로 한의사도 전문의 제도를 시행하고 있는데, 한의사 전문의가 되려면 한의사 면허를 취득한 다음 수련 한방병원에서 인턴과정 1년, 레지던트과정 3년을 거쳐 전문의 자격시험에 합격해야 한다.

적성　관찰력, 통찰력, 집중력, 분석력, 사회성, 의사소통능력, 소명감 등
전공　한의학과, 한의학대학원
진출분야　한의원, 한방병원, 종합병원, 한의학 연구소 등

간호사

WHO

간호사는 의사의 진료를 돕고 의사의 처방이나 규정된 간호 기술에 따라 환자를 치료한다. 주로 국공립병원, 사립병원, 정신병원, 보건소 등에서 일하고, 보건소에서 간호직 공무원으로 근무하기도 한다. 또 학교에서 일하는 보건교사도 있고, 일반 기업체의 건강관리실에서도 근무할 수 있다. 군대에서 일하는 간호장교는 군대에 있는 군병원에서 간호업무를 수행한다.

HOW

간호사가 되려면 정규대학 간호학과(4년제)나 간호전문대학(3년제)의 간호학과를 졸업하고 간호사 국가면허시험에 합격해야 한다. 단, 전문대학에서 간호학을 전공하면 간호사 학사학위특별과정(RN-BSN)으로 편입하거나 학점인정제로 학사학위를 취득해야 간호사 국가시험에 응시할 수 있다. 간호직 공무원은 별도의 공무원시험에 합격해야 하고, 보건교사는 간호사 면허 취득 후에 교원임용고시에 합격해야 한다. 간호장교는 4년제 간호학과를 졸업하고 간호사 면허를 취득한 다음 전문사관에 지원해 합격하거나, 국군간호사관학교에 입학해야 한다. 간호장교의 경우, 그동안 여성만 선발해 왔으나 2012년부터 남자 간호장교를 선발하기 시작했다.

적성   인내심, 책임감, 소명감, 사회성, 의사소통능력, 긍정적 마인드 등
전공   간호학과
진출분야   병원, 보건소, 기업체, 학교(보건교사), 군대, 간호직 공무원 등

임상병리사

WHO

임상병리사는 의사의 요청에 따라 각종 의학적인 검사를 실시한다. 이들이 하는 검사는 혈액검사, 소변검사, 조직검사, 뇌파검사, 알레르기검사 등이 있고, 이를 통해 질병의 정확한 원인을 파악한다. 대개 첨단 검사장비나 분석장비로 작업을 하기 때문에 분석의 범위가 더욱 확대되었고, 이에 따라 임상병리사가 하는 일도 더욱 전문화되고 다양해졌다. 질병의 원인을 분석하는 일 외에도 약물의 치료 효과를 검증하기 위해 동물실험과 같은 연구를 하거나 새로운 검사법과 분석법을 개발하는 연구 업무도 수행한다.

HOW

전문대학(3년제)이나 대학교(4년제)에서 임상병리학을 전공하고 임상병리사 면허시험에 합격해야 한다. 관련 학과를 졸업해야 면허시험을 볼 수 있는 자격이 주어지기 때문에 해당 학과에 들어가는 것이 임상병리사가 되는 첫 번째 방법이다. 임상병리사로 활동할 수 있는 곳으로는 병원이 대표적이며, 진단검사의학과, 특수검사실, 임상병리과, 조직병리과, 응급검사실 등의 부서에서 근무한다. 이외에 전문임상검사센터, 국립보건연구원, 바이오산업체, 한방병원, 의료 관련 실험실, 제약 및 의료장비업체 등으로도 진출이 활발하다.

적성 꼼꼼함, 분석력, 사회성, 침착성 등
전공 임상병리학과
진출분야 병원, 임상검사센터, 임상의학연구소 및 실험실, 제약회사 등

상담전문가

WHO

상담전문가는 우리들이 일상생활에서 겪는 심리적인 문제들을 상담하는 전문가다. 어떤 문제를 겪는지 진단하기 위해 심리적인 검사를 실시하기도 하고, 개인상담, 집단상담, 각종 상담프로그램을 진행하기도 한다. 주로 상담하는 내용은 성격, 적성, 진로, 대인관계, 부부문제 등이 있다. 청소년을 상담하는 경우가 가장 많고, 아동, 성인, 부부, 노인 등도 상담대상에 포함된다. 소속 기관이나 상담대상에 따라 하는 일에도 조금씩 차이가 있는데, 상담전문가 중에는 학교상담실이나 청소년상담실 등에서 청소년들을 상담하는 청소년상담사가 가장 많은 편이다.

HOW

상담전문가로 활동하려면 상담심리에 대한 전문적인 지식과 상담기술을 갖춰야 하고, 이를 현장에 적용하기 위한 수련과정을 거쳐야 한다. 상담전문가들 중에는 대학에서 심리학, 교육학, 사회복지학, 청소년학, 아동학 등을 전공하고, 대학원에서 상담심리학으로 석·박사 학위를 취득한 사람들이 많다. 인간의 내면과 심리에 대한 심층적인 이해가 필요하고 전문적인 상담기술이 요구되기 때문에 상담전문가로 활동하면서도 상담 경험이 더 풍부한 선배 상담전문가에게 지도와 조언을 받게 된다. 취득하면 좋은 자격증으로는 한국상담심리학회에서 발급하는 상담심리사(1,2급)와 국가자격인 청소년상담사(1,2,3급)있다.

적성   타인에 대한 배려, 인내심, 사회성, 의사소통능력 등
전공   심리학과, 사회복지학과, 청소년학과, 아동학과, 교육학과 등
진출분야   학교상담실, 청소년상담실, 전문상담센터 등

의료관광코디네이터

WHO

의료관광코디네이터는 의료시술을 받으러 온 외국인들의 의료시술 계획을 세워주고 의료시술을 받은 후 시술분야에 맞는 적절한 관광 안내와 환자의 사후관리를 하는 의료인을 말한다. 우리나라 의료기술이 해외에서 인정을 받게 되면서 일본, 미국, 러시아, 동남아 등에서 의료시술을 목적으로 관광을 오는 경우가 늘어났다. 때문에 대형병원을 중심으로 의료관광코디네이터가 활동하고 있고, 외국인들이 국내 병원에서 불편함 없이 진료를 받을 수 있게 도와주는 일을 한다.

HOW

의료관광코디네이터가 대학의 병원코디네이터과를 전공하거나 평생교육원, 사설교육기관 등에서 의료관광코디네이터 양성과정을 수료하는 것이 좋다. 간호사나 간호조무사 자격을 가지고 있으면 기본적인 임상지식과 의료현장 경험이 인정되어 의료관광코디네이터로 입사하는데 우대를 받을 수 있다. 외국인 환자를 대하기 때문에 어학능력은 기본이고, 환자들에게 의학용어를 쉽게 풀어 설명하려면 의학적 지식도 갖춰야 한다. 서비스정신도 매우 중요해서 의료관광코디네이터 중에는 스튜어디스 등의 서비스 관련 경력자들도 있다.

적성 배려심, 이타심, 서비스정신, 의사소통능력, 외국어실력 등
전공 의료관광 코디네이터과, 의료행정학과, 간호학과 등
진출분야 종합병원, 한방병원 등

예술치료사

WHO

예술치료사는 특정 예술활동으로 심리적, 정서적 문제를 치료하는데 도움을 주는 직업
이다. 예술치료는 치료방법에 따라 다양한 분야로 구분되는데, 놀이, 음악, 미술, 댄스,
스포츠 등의 매개체를 이용해 치료하고, 그에 따라 놀이치료사, 음악치료사, 미술치료
사, 댄스치료사, 승마재활치료사(스포츠 부문) 등으로 불린다. 매개체가 다르기 때문
에 하는 일에도 차이가 있다. 하지만 환자의 상태를 진단하고 치료계획을 세워 치료 및
평가를 하는 과정은 유사하고, 심리치료를 통해 마음의 상처를 회복시킨다는 목적이
동일하다.

HOW

예술치료사는 특정 예술 분야를 전공하고 심리치료 관련 공부를 하고 진출하는 경우
가 많다. 음악치료사를 예로 들면, 음악을 전공한 사람이 상담심리학이나 임상심리학
을 전공하거나, 별도 음악치료사 양성과정을 거쳐 음악치료사로 활동하는 경우가 많
다. 이 일을 위해서는 심리치료에 대한 이해는 물론 사람에 대한 이해가 무엇보다 중
요하다. 또한 장기간 치료가 이뤄지는 편이어서 끈기와 인내심도 필요하다.

적성   배려심, 이타심, 의사소통능력 등
전공   음악, 미술, 연극, 무용 등의 예술 관련 학과, 심리학과, 교육학과 등
진출분야   아동심리치료센터, 사회복지관, 사회교육원, 지역아동센터 등

조리사

WHO

조리사는 레스토랑이나 식당에서 한식, 중식, 일식, 양식 등의 특정 음식과 메뉴를 조리하는 음식 전문가다. 주방의 최고 책임자는 주방장이라고 하는데, 주방장은 음식조리뿐 아니라 주방의 모든 직원들을 감독하고 훈련하는 일도 한다. 일반적으로 조리사는 자신만의 전문 조리 분야가 있어서 자신이 가진 자격증에 따라 한식조리사, 양식조리사, 중식조리사, 일식조리사 등으로 근무한다. 이외에 다양한 국가의 전통요리를 전문으로 조리하는 경우도 있다.

HOW

정식 조리사로 활동하려면 조리 관련 고등학교나 대학을 졸업하면 좋다. 다만, 학력보다는 실력이 중요한 직업이므로 음식점이나 레스토랑에서 보조원으로 일하면서 조리기술을 익혀도 되고, 학교 외의 요리학원이나 평생교육원 등에 개설된 조리과정을 이수하고 활동해도 된다. 자격증으로 한식/양식/중식/일식 기능사(산업기사) 또는 조리장의 국가기술자격이 있고, 자격증이 있으면 대학에 입학하거나 취업을 하는데 유리하다.

적성 손기술, 미적 감각, 창의성, 예술성, 강인한 체력 등
전공 식품조리학과, 호텔조리과, 외식조리과 등
진출분야 호텔, 레스토랑, 식당, 요리학원 등

파티쉐

WHO

파티쉐는 본래 불어로 과자를 만드는 사람을 의미하지만, 보통 빵이나 케이크, 쿠키, 파이 등을 만드는 제과제빵사를 통칭한다. 이들은 직접 만들 빵이나 과자를 개발하며, 이를 위해 재료를 고르기, 반죽 만들기, 모양 만들기, 장식하기, 진열하기 등의 전체 과정을 직접 수행한다. 또한 주방에서는 밀가루와 설탕, 팥 같은 재료를 옮기고 무거운 식기나 기계 등을 다뤄야 한다. 때문에 정교한 손기술과 함께 강인한 체력이 요구된다. 많은 파티쉐들이 제과점 같은 매장에서 일하기 때문에 친절한 서비스마인드도 필수다.

HOW

파티쉐가 되는 방법은 여러 가지가 있다. 그중 첫 번째는 전문대학이나 대학교의 제과제빵과, 호텔조리과 등에서 제과제빵에 대한 이론과 실습을 익히는 방법이 있다. 둘째는 제과제빵학원이나 제과학교 등에서 6개월에서 1년 정도 실습 위주로 교육을 받는 방법이다. 이후 교육을 받고 자격증(제과기능사, 제과제빵사, 제과기능장 등)을 취득하면 취업에 유리하다. 프랑스, 일본, 호주 등 제과제빵 기술이 발달한 나라에는 명문 제과제빵 직업학교들이 많다. 그래서 이들 학교로 유학을 가는 사람들도 많은 편이다.

적성 손기술, 미적 감각, 창의성, 서비스마인드, 강인한 체력 등
전공 제과제빵과, 호텔조리과, 식품조리과 등
진출분야 제과점, 제과제빵 프랜차이즈, 호텔, 식품회사, 제과학교 등

꿈 다섯
국제 · 정치 · 사회

함께 사는 따뜻한 사회

국제NGO활동가 이일하

외교관 신각수

행복의 최고 비결은
나눔과 봉사

가장 좋은 이웃이 되겠다는 꿈과 열정의 '굿네이버스'

우리들에게 '굿네이버스'라는 이름은 굉장히 친근하다. 초등학교 때부터 '굿네이버스'가 주관하는 '희망편지쓰기대회'의 영상을 보면서 지구촌 어려운 아이들의 꿈과 희망을 위해 편지를 쓰는 기회를 가져왔기 때문이다. 마음은 있지만 이웃돕기에 앞장서기가 쉬운 일은 아닐 텐데, 이렇게 따스한 나눔 문화를 펼치는 '굿네이버스'를 만들고 이끌어가는 분은 누구일까?

화창한 봄날, 우리들은 '굿네이버스'의 이일하 회장님을 만나기 위해 굿네이버스 본부를 찾았다. 회장님은 남을 돕는 일은 결코 어려운 일이 아니라며 첫마디를 이렇게 시작한다.

"내 이웃이 어려울 때 조그만 관심이라도 가지고 함께 맞들 수 있다는 것, 내 주위를 넘어 세계 도처에서 굶주리는 이웃들을 돌아볼 수 있다는 것은 대단한 축복입니다."

남을 돕는 일을 축복으로 생각하는 회장님에겐 특별한 성장배경이 있었다. 충남 임천 농촌마을에서 해방 직후 태어났기에 전쟁으로 파괴된 최악의 조건에서 어린 시절을 보냈다. 목사였던 아버지는 당시 주변의 어려운 이웃들에게 구호물자를 나눠주는 일이 일상이었다. 항상 자신보다는 남을 위해 봉사 하는 가족들을 보면서 자랐기에 남을 배려하고 인내하는 것이 자연스레 몸에 밸 수밖에 없었다.

어린 시절 꿈도 대통령처럼 거창한 것이 아니라 남을 위해 일하는 사람이었다. 내 이웃, 더 나아가 나라 전체, 세계 인류를 위해 일하는 큰 사람이 되고 싶었다.

4대째 내려오는 목사 집안에서 태어나 어려서부터 교회에 열심히 다니면서 예수님의 모습을 담고 싶었기에 당연히 신학을 공부했고 목사가 되었다. 그러나 설교로 교인들의 지도자 역할을 하는 목사의 길보다 어려운 사람을 직접적으로 도와주는 일을 하고 싶어 사회복지를 공부하고 1991년 '굿네이버스(구 한국이웃사랑회)' 설립을 주도해, 본격적으로 NGO(Non-Government Organization, 정부기관이나 관련단체가 아닌 순수한 민간단체)를 이끌기 시작했다.

"당시 서울올림픽을 성공리에 마치고 민주화정부가 들어서는 등 우리나라가 선진국으로 가는 중요한 길목이었어요. 순수한 민간운동이 필요한 시점이었기에 세상에서 가장 좋은 이웃이 되겠다는 꿈과 열정으로 시작하게 되었지요."

'굿네이버스'는 굶주림 없는 세상, 더불어 사는 세상을 만든다는 가치를 품고 지구촌의 소외된 이웃들, 특히 힘 없고 약한 아이들을 돕는다는 사명으로 출발했다.

특별히 아이들에게 집중한 이유는 아동은 노인과 장애인처럼 투표권 행사로 자기의 권익을 주장할 수 없기 때문이다. 가장 도움이 필요한 대상인 아동에게 방향을 맞춰 복지 사업을 해왔고 현재 한국 내에서는 아동을 위한 가장 큰 단체가 되었다.

굶주림 없는 세상, 더불어 사는 사회를 꿈꾸다

굿네이버스의 설립취지인 더불어 사는 사회란 어떤 모습일까?

"더불어 사는 사회란 도움이 필요한 사람이 언제든지 도움을 요청할 수 있고 그것을 부끄럽게 여기거나 어색하게 느끼지 않는 곳입니다. 더 나아가, 도움이 필요한 사람이 말하지 않아도 도움을 줄 수 있는 사람이 먼저 다가가 손 내미는 곳이죠. 좋은 이웃이란 그렇게 자기 이웃의 아픔을 보듬는 사람들이라고 생각합니다."

'한국이웃사랑회'는 국내 폐결핵 장기 질환자를 지원하고 방글라데시 구호 사업을 시작으로 도움이 필요한 곳은 세계 어디든 달려갔다. 지구촌을 대상으로 하기에 이름도 '굿네이버스'로 바꿨다. 회장님은 처음에는 사무총장으로 주도하다가 5년이 지난 뒤 1996년에 정식으로 회장에 취임하고 지금까지 '굿네이버스'의 회장직을 맡고 있다.

그간 많은 활동이 있었지만 가장 기억에 남는 활동으로는 1994년 아프리카 르완다에 내전이 벌어졌을 때 현지에 긴급구호를 갔던 일이다.

"일찌감치 한 민족 간의 전쟁을 경험한 우리였기에 르완다 내전소식을 듣고 가만히 있을 수 없었죠. 인종, 종교, 사상과 지역을 초월하여 도움이 필요한 곳은 어디든지 달려간다는 '굿네이버스'의 비전을 가슴에 새기면서 르완다로 첫 긴급구호를 떠났습니다."

르완다 종족들 간의 전쟁으로 400만명이 자기 나라를 버리고 이웃나라로 도피해서 20세기 최대 난민촌을 만들었는데 전염병이 돌아 매일 5천 명의 시신이 30킬로미터의 도로에 아침마다 버려졌던 끔찍한 상황이었다. 의료의 손길이 모자라 사람들이 죽어나가는 상황에서 현지 간호사를 채용해서 하루 2백 명 씩 주사를 놔서 사람들을 살렸다. 열흘을 봉사하고 귀국했으니 총 2천 명의 사람을 살린 셈이었다.

이렇게 대한민국 최초로 해외 난민을 향해 긴급구호의 손길을 펼치는 등 세계의 좋은 이웃으로 숨 가쁘게 달려온 결과 1996년 유엔 경제사회이사회로부터 NGO 최고 지위인 '포괄적 협의 지위'를 획득, 당당히 세계 속의 글로벌 NGO로 눈부신 성장을 이어왔다.

굿네이버스의 핵심활동은 좋은 이웃되기 운동이다.

"좋은 이웃의 첫걸음은 더불어 사는 마음을 갖는 것입니다. 이 마음

'굿네이버스'는 해외에 도움이 필요한 아동과 결연을 맺어 아동의 건강한 성장을 돕고 아동이 살고 있는 지역사회를 지원하는 지역개발사업을 후원한다. 사진(위, 아래)_박찬학/굿네이버스

만 있다면 돈이 없어도 자신이 가진 지식, 기술, 따뜻한 관심을 얼마든지 이웃과 나눌 수 있죠. 사람들은 좀 더 경제적으로 나아지면 남을 돕겠다고 흔히 말합니다. 그러나 남을 돕는 데는 거창한 무언가가 아닌, 그저 내가 가지고 있는 것을 나누어 줄 수 있는 마음이 필요할 뿐입니다."

국제NGO활동가 이일하

돈이 없는 사람도 함께 좋은 이웃되기에 동참할 수 있도록 2005년도에 매달 100원부터 기부를 시작할 수 있는 '100원의 기적'이라는 캠페인을 시작했다.

"우리나라에선 100원으로 할 수 있는 일이 거의 없지만 방글라데시와 케냐에서는 100원으로 한 명의 아이가 한 끼 식사를 할 수 있습니다.(2008년 기준) 100원을 가진 사람 100명이 모인다면 무슨 일이 일어날까요? 바로 이것이 100원의 기적입니다. 같은 마음을 가진 한 사람, 한 사람이 모일 때 기적이 일어납니다."

현재 '굿네이버스'의 회원은 약 62만 명쯤 되는데 앞으로 2020년까지 백만 명 정도로 늘리는 게 목표다.

"후원금을 냄으로써 내 주위를 넘어 세계 도처에 굶주리는 이웃들을 돌아볼 수 있는 대단한 축복을 누리게 되는 거죠."

모금한 후원금은 지구촌의 소외된 이웃들, 특히 힘없고 약한 아이들을 위해 쓰인다. 개발도상국에 아이들을 공부시킬 학교를 짓거나 식수를 포함한 건강·의료비를 지원하고 조합설립을 통해 소득을 증대시킬 수 있도록 돕는다. '굿네이버스'는 세계 빈곤 아동들의 보편적 초등교육 달성에 공로를 인정받아 유엔으로부터 2007년 '새천년개발목표상'을 수상했다.

"금년 예상 모금액이 1천억을 넘어갈 정도로 대단합니다. 기부금이 늘어날수록 저희 업무도 많아지지요. 저희가 힘들수록 더 많은 이들이 웃을 수 있어요. 그러니 바쁘다고 불평할 수 없지요."

후원금만 모금뿐 아니라 자원봉사 프로그램도 다양하게 개발해 뜻있는 사람들이 전 세계에서 활동할 수 있도록 돕는다. 현재 한 해에 약 85명 정도의 굿네이버스 자원봉사자가 해외에서 활동하고 있다.

봉사는 세상을 바꾸는 가장 좋은 방법

굿네이버스가 하는 일은 전문적이고 방대하다. 국내에서는 전문사회복지사업과 더불어 사회 문제를 예방하고 교육하는 프로그램을 짜고 언론을 통해 우리 사회의 소외된 이웃들과 그들을 위한 제도를 개선할 수 있도록 알리고, 이를 위해 정부에 의견도 개진하는 것은 물론 전문적인 논문도 써서 이론을 정립한다.

"우리는 항상 십 년씩 장기적인 계획을 가지고 프로그램을 시작해서 중간에 여러 번의 검토 과정을 거쳐 계획을 수정 보완하고 육성해 나갑니다. 그런 장기 계획들이 성공할 때 제일 기뻐요."

현재 우리나라에 본사를 두고 전 세계에 파견한 직원만 100여 명이고 현지인 1,800명을 고용하고 있다. 우리나라에는 약 900여 명의 직원이 일하고 있다. 굿네이버스가 이만큼 성장한 이유는 무엇보다 우리가 세상을 바꿀 수 있다고 믿는 사람들의 열정이 있기 때문이다.

"한 해 10%씩 기부금 모금액이 꾸준히 성장해왔는데 IMF 때도 사람들은 이웃돕기를 멈추지 않았어요. 이렇게 서로 도울 줄 아는 나라가 우리나라예요. 선진국 국민으로서 자긍심을 가져도 좋겠죠?"

우리나라 전체 NGO에서 일하는 사람은 약 2만여 명 정도 된다. 영리 단체에 비해 대우가 낮기 때문에 이곳에서 일하려면 봉사 정신 사상에 대한 준비가 철저히 되어 있어야 한다.

"나를 비롯해 여기서 일하는 직원들은 평생을 절약해야 한다는 불편은 있지만 자긍심이 높아요. 사회적 분위기가 정치지도자나 재벌보다 우리 같은 사람을 존경하는 분위기로 바뀌어 가고 있기 때문이죠."

평생 봉사에 앞장서온 회장님께 봉사의 의미는 무엇일까?

"여기 청소부가 있다고 생각해봅시다. 정말 할 일이 없어 쓰레기나 치운다고 생각하면 너무 괴롭겠죠. 그러나 생각을 바꾸면 다른 사람을 위하는 기쁜 일이 될 수도 있어요. 봉사는 이렇게 다른 사람을 기쁘게 함으로써 세상을 바꾸는 가장 좋은 방법이고 이것을 직업으로 가진

다면 정말 복 받은 거예요. 나는 봉사를 위해 단체를 조직하고 사람을 훈련시키고 기부금을 걷고 정부에 의견을 개진하는 일을 하죠. 남이 뭐라고 하든 '좋은 일을 합시다'하면서 전문적으로 나눔과 봉사 일을 조직하는 것이 내가 가장 잘하고 좋아하는 일이기에 정말 축복받았다고 생각합니다."

회장님께서는 우리들이 학교에서 시간 채우기로 하는 자원봉사라 할지라도 긍정적으로 평가한다. 원하지 않는 봉사라 해도 모든 봉사는 자기 삶의 소중한 경험이 되기 때문이다. 봉사 프로그램에 참여하면서 전혀 기대하지 않았던 인생을 발견할 수도 있다. 봉사라는 것은 사회에 헌신하는 마음으로 하는 것이 기본이지만 굳이 그런 마음이 없더라도 이미 훌륭한 행동이다.

이일하 회장님은 행복하게 사는 비결도 봉사와 나눔이라고 강조한다. "여러분들에게 당부하고 싶은 얘기는 나보다 다른 사람을 더 낫게 여기는 자세를 가지라는 것입니다. 공부 좀 못하는 친구에게 노트도 빌려주고 줄 섰어도 더 급한 사람이 있으면 양보도 해주세요. 어릴 때부터 남을 배려하는 생활 습관이 중요해요. 인생을 행복하고 편안하게 사는 비결은 남을 위해서 베풀고 양보하는 거예요. 그러면 인생 최대의 행복을 맛볼 수 있을 거예요."

Interviewer : 권혁준, 김수현, 이채린

Profile 이일하

굿네이버스 회장, 한국 NPO 공동회의 이사장. 목사의 아들로 태어나 어려서부터 어려운 사람을 돕는 분위기에서 성장했다. 연세대학교 신학과 졸업 후 목사 안수를 받았지만 목회보다는 복지에 뜻을 두고 국제 NGO에서 오랫동안 복지 일을 했다. 이후 그간의 복지 경험과 미국유학을 통해 국제구호 전문가가 되었다. 1991년 우리나라를 대표하는 국제기구를 만들어야겠다는 생각으로 동기들을 규합해 '한국이웃사랑회(현 굿네이버스)'를 설립하고 국내뿐 아니라 해외의 어려운 사람들과 나눔을 실천하는 가치를 최고로 알고 평생을 바치고 있다.

국제NGO활동가 이일하

외교관 신각수

"제일 중요한 것은
자기 자신을 아끼고 사랑하는 거야"

통일의 꿈을 좇아 외교부의 수퍼스타가 되다

어렸을 적부터 외교관을 꿈꾸는 우리 친구들이 많다. '외교관' 하면 막연하게 세계를 누비는 멋진 겉모습만 상상하기 쉬운데 외교관의 실제 세계는 어떨까? 외교를 통해 통일을 이루는 꿈을 꾸며 평생을 외교관으로 열성을 다한 신각수 대사님을 멘토로 모셨다.

신각수 대사님은 국제법, 유엔과 아시아 문제에 정통한 실력파로 주유엔 차석대사, 주이스라엘 대사, 외교부 차관, 주일대사를 지낸 외교부의 수퍼스타로 통한다. 현재 국립외교원 국제법 센터의 소장으로 계시는데 어떤 곳인지 궁금했다.

"국제법이란 국가 간에 외교를 할 때 필요한 법입니다. 국제사회를 규

율하는 규칙이기 때문에 힘없는 약소국과 한국과 같은 중견국가들에게는 매우 중요한 외교수단이지요. 여기는 이러한 국제법을 우리 외교에 잘 활용하기 위해 연구하는 곳이에요."

대사님은 국립외교원 국제법 센터에서 그간의 풍부한 외교 경험을 바탕으로 우리나라의 국제법 수준을 끌어 올리는 데 힘쓰고 있다.

30년 전 그 옛날 어떻게 외교관의 길로 들어섰을까 어린 시절 이야기부터 들어보자.

대사님은 충북 옥천에서 어린 시절을 보냈다. 그때는 모두가 어려운 시기였지만 시골이라 서울과도 격차가 많이 났다.

"학교에서 우유가루, 밀가루 같은 미국의 원조식량이 지급되던 힘든 시절이었어요. 어린 나는 외교관이라는 직업이 있는지도 몰랐지요. 무엇이 되겠다는 꿈을 찾기보다는 그냥 공부를 열심히 하는 우등생 쪽이었어요. 처음엔 공대에 갈 생각으로 고등학교에서 이과를 공부했는데 막판에 맘을 바꿔 법대로 진로를 바꿨지요."

서울대 법대라면 지금도 그렇지만 그때 당시 공부 잘하는 수재가 가는 곳으로 남부러울 것 없는 진학이었다. 그런데 대학에 가서 막상 법학공부를 하려니 딱딱하고 재미가 없었다. 법조인보다 더 의미 있는 일이 없을까 진로를 고민하던 차에 은사님의 권유로 국제법을 공부하게 되었고 자연스레 외교에 눈 뜨게 되었다.

"나는 무엇보다 통일에 대한 염원이 컸어요. 분단된 한반도를 통일 시키려면 두 가지가 중요한데, 첫째는 나라 힘이 커져야 하고 둘째는 외

교를 잘 해야 된다고 생각해요. 당시 법대 친구들은 거의 판사, 검사, 변호사가 되었지만 나만 유일하게 외교관의 길로 나섰는데 무엇보다 이 일이 내게 어울리고 재미있겠다고 생각했기 때문이에요. 내 꿈을 좇아 열심히 공부해서 외무고시에 합격했고 지난 30년 간 외교관으로서 즐겁게 꿈을 펼치다보니 여기까지 왔네요."

반기문 유엔 사무총장님과 악수를 나누고 있는 신각수 대사님. 신각수 대사님은 유엔 대표부 참사관으로 다자교섭에 뛰어난 능력을 발휘했다.

우리나라는 해외에 약 160개 정도의 공관이 있는데 대사관과 총영사
관으로 나뉜다. 대사관이란 우리나라와 외교관계에 있는 나라들과 교
섭이나 외교를 하는 창구역할을 하고, 총영사관은 우리가 돌봐야할
사람이나 비즈니스가 있는 특정 도시에 파견하는 것이다. 대사관은
항상 그 나라의 수도에 있다. 예컨대 일본 수도 동경에 대사관이 한
곳 있고 총영사관은 일본 도시 삿뽀로부터 후쿠오까까지 10개가 있는
식이다.

"대사관에서 제일 높은 사람이 대사예요. 대개 은퇴하기 전에 몇 년
간 평균 2개국의 대사를 맡게 되는데 외교관의 꽃이라고 불리지요."

외교관은 외국 사람들과 외교 교섭을 해야 되고 자기가 파견된 국가

를 대상으로 외교를 해야 하기 때문에 외국어뿐만 아니라 그 지역의 역사, 문화, 음악, 미술 등 다방면으로 잘 알아야 한다.

"매력 있는 사람이 외교관으로서 상대적으로 인기가 있어요. 상대방 나라에서 인기가 좋으면 일처리에도 도움이 많이 되겠지요? 여러분도 마찬가지예요. 여러분이 가진 매력에 따라 친구들 사이에서 인기가 있고 없고 판가름 나잖아요. 그러니까 꾸준히 어학과 지식, 매너를 익히면서 자신의 매력을 높이도록 노력해야 해요."

자기계발을 꾸준히 하면서 늘 젊은 감각을 유지하는 대사님은 외교정책의 방향을 결정하는 리더십의 핵심, 외교부 차관으로도 명성을 떨쳤다. 항상 정치, 경제, 문화 등 다양한 분야의 전문지를 가까이 하는 것은 물론이고 현재 국제사회의 이슈에 대한 세미나에 참석하고 그 나라의 리더나 전문가를 만나 토론을 즐김으로써 늘 공부하는 외교관의 모범을 보였다.

"외교관은 영어만 잘한다고 되는 것이 아니에요. 무엇보다 국제 이슈에 대한 관심과 흥미가 있어야 하지요. 평생 공부를 통해 자기 계발을 늘 해야겠다는 굳은 각오가 꼭 필요해요. 그리고 국가 이익에 대해서 깊은 이해를 가지고 있어야만 나라를 위해서 일할 수 있어요. 그 다음으로 외국어에 대한 관심과 소질이 중요하지요."

신각수 대사님은 일본대사관 1등 서기관, 주일본대사를 지내는 등 특히 일본과의 외교에 정통하다.

외교관 생활은 잘 알려져 있지 않지만 현실적으로 어려움이 많다. 나라의 국익을 매순간 극대화하기 위해 보이지 않는 전쟁을 하는 사람이 바로 외교관이다. 이뤄야할 목표를 달성하기 위해 상대방을 설득하고 교섭하고 때로는 어르기도 해야 한다. 필요로 하는 정보를 얻기 위해 모든 노력을 다 한다. 어떤 사람을 만나 와인 잔을 부딪치는 순간에도 좋은 정보를 받으면 잊지 않기 위해 화장실에 가서 얼른 메모를 하고 올 정도로 항상 촉을 세우다보니 긴장된 생활의 연속이다.

대개 3년을 주기로 본국과 다른 나라를 교대로 근무하게 되는데 그 중에는 OECD 멤버인 우리나라보다 근무 환경이 좋지 않은 나라가 훨씬 많다.

"외교관 30년 경력 가운데 보통 6~7개국을 나가는데 그 나라 문화를 익히는데 반년 이상 걸리고 2년은 열심히 일하고 돌아오곤 하지요. 외교관으로서 제일 힘든 것은 그렇게 여러 나라를 다니기 때문에 애들 교육을 제대로 시키기가 어렵다는 거예요. 아이들 입장에서는 늘 친구를 새로 사귀어야 하고 언어가 자주 바뀌다보니 공부하기가 힘들겠지요. 정체성 확립에 어려움을 겪고 외로움을 많이 타기도 해요."

내전처럼 사회 상황이 위험한 경우도 종종 있고 기후가 안 좋아 고생할 때도 있다. 아프리카처럼 험지에 근무하다가 풍토병으로 가족을 잃는 경우도 있다. 열악한 근무여건에 적응하는 것은 물론 외교부에서 해내라는 지시를 완수해야 하고 상대국의 협조를 받아내야 한다. 겉으로 볼 때는 멋있어 보이고 외국 사람과 자주 교류하는 것이 좋아만 보일지는 모르지만 외교관이 되려면 나름의 애환을 이해하고 외교업무의 역할에 대해서도 잘 생각해 봐야 한다.

국민 개개인이 모두 민간 외교관

국력과 외교력과는 어떤 상관관계가 있을까? 나라의 힘이 세지면 외교하기에도 훨씬 쉬울 것 같다는 우리들에게 대사님은 외교에 미치는 다양한 요소들을 설명해주신다.

"국력이란 경성국력이 있고 연성국력이 있어요. 경성국력이란 경제력, 군사력처럼 손에 딱 잡히는 것을 말해요. 경제력이 좋아지면 우리 외교력이 높아지고 군사력이 있으면 상대방의 위협에 굴복할 이유가 없으니까 외교할 때도 엄청 편하겠지요. 연성국력이란 매력이나 좋은 이미지 등을 말해요. 미국이 지금 경제력이 떨어졌지만 세계 지도자 역할이 가능한 것은 다른 나라가 범접할 수 없는 연성국력이 강하기 때문이에요. 미국이 가진 문화. 과학기술, 민주주의가 모두 외교력으로 집결되는 것이지요."

지금 세계에서 힘을 얻고 있는 '한류'도 우리나라의 외교에 엄청나게 도움을 준다.

"이란에 '대장금'을 틀어줬더니 시청률이 90%가 나왔다고 해요. 드라마 '별그대'는 중국에서 엄청난 영향을 미치고 있지요. 외국에서 케이팝 공연을 할 때면 비가 철철 오는데도 몇 만 관중이 몇 시간 동안 꼼짝 않고 함께 서서 노래를 같이 불러요. 이건 모두 문화의 힘이지요. 이래서 민간외교가 중요한 거예요."

경성국력과 연성국력이 합해져서 스마트하게 잘 하면 이것을 '스마트 파워'라고 한다. 대한민국이 '스마트 파워'를 잘 발휘하려면 정부와 민간이 나름대로 최선을 다해야 한다.

대사님은 외교는 우리들도 다 같이 해야 한다고 강조한다. 국민 개개

외교통상부 제 2차관시절 외교통상부를 방문한 아이들과 함께.

인 한사람이 다 민간 외교관으로서, 국민이 힘을 합할 때 21세기의 외교력이 나온다. 우리 모두가 해외에서 똑바로 행동하고 세계적인 기준에 맞는 마음가짐과 자세를 얼마나 보여주느냐에 따라 우리 외교의 힘은 천양지차로 달라질 수 있다.

"대한민국은 외교가 그 어느 나라 보다 중요해요. 왜냐하면 우리는 한반도만으로는 먹고 살 수가 없기 때문에 세계를 상대로 시장과 자원을 확보해야 하고 또, 분단국이니까 통일도 이루어야 하기 때문이지요. 우리나라의 우수한 인재들이 우리 외교를 잘 뒷받침 해줘야 한다고 생각해요."

대사님은 우리들에게 미래의 외교를 부탁하면서 우리들이 가장 새겨야할 당부말씀을 덧붙였다.

"여러분은 중학생이지만 벌써부터 공부 때문에 부담되지요? 아마 고등학교에 가면 더 할 거예요. 그런데 내가 인생을 이만큼 살고 보니 우리가 살면서 제일 중요한 것은 자기 자신을 아끼고 사랑해야한다는 거예요. 그 다음에 자기가 하고 싶은 꿈을 추구해야겠지요. '제일 중요한 것은 자기 자신이다'라는 전제 하에 자기가 뜻하는 바를 이루기 위해 최선을 다하고 그런 가운데서 사회에 이바지하고 삶을 즐겨야 합니다."

Interviewer : 권혁준, 김수현, 이채린

Profile 신각수

국립외교원 국제법센터 소장. 서울대 법학과를 졸업하고 외무고시 9회에 합격해 외교관이 되었다. 국내는 물론 국제적으로도 알아주는 국제법전문가이며 특히 일본 업무에 정통하다. 초기에는 일본대사관 1등서기관, 동북아 1과장 등 주로 아시아 업무를 다뤘지만 1991년 국제법 박사학위를 취득한 이후에는 이스라엘 대사와 유엔대표부 참사관, 조약국장, 주일대사, 외교통상부 1.2차관을 역임하는 등 다자교섭에 뛰어난 능력을 발휘해왔다. 소탈하고 자상한 성격으로 대인관계가 원만하다는 평을 듣는다.

꿈 다섯.
함께 사는 따뜻한 사회

수천 개 치약과 칫솔을 들고 여행을 떠나는 청년이 있다. 칫솔이 뭔지, 치약이 뭔지도 모르는 가난한 나라 아이들에게 양치하는 법을 알려주기 위해 떠나는 여행, 일명 "치카치카 프로젝트"를 실천하는 청년이다. 처음은 봉사활동을 갔던 라오스에서 아이들의 치아 상태가 급속하게 안 좋아지고 있다는 이야기를 들으면서 시작된 여행이었다. 불량식품 등으로 아이들의 건강을 위협하는 치위생 상태에 그는 사비를 털어 치약과 칫솔을 샀고, 마을 이곳저곳을 돌며 아이들에게 양치도구를 쥐어주었다. 그리고 왜 양치질을 해야 하는지 설명하기 위해 아이들에게 빛나는 연기력을 선보이기도 했다. 콜라나 사탕을 마구 먹고 잠들었다가 아침에 기지개를 켜고 일어나는 모습, 마지막에 앞니에 김을 붙여 마무리하는 영구 연기에 아이들은 폭발적인 반응을 보였다. 이 순간 값싼 치약과 칫솔, 누군가를 위한 헌신은 아이들의 건강한 미소로 탈바꿈한다. 동시에 청년도 아이들도, 마음에서 우러나오는 행복을 느끼게 된다. 이 착한 청년이 하는 일처럼, 자신의 일이 누군가에게 행복을 주는 일이라면 얼마나 좋을까? 가난하고 소외된 사람들을 돌보고, 국가와 인류에 기여하는 일은 누구보다 그 일을 하는 사람을 가장 행복하게 해줄 것이다.

세상에는 함께 사는 사회를 만들기 위해 존재하는 직업들이 있다. 한 사람의 이익이 아닌 국가와 국제사회의 공존을 위해 노력하는 직업, 사회문제를 해결하고 소외된 자들을 위해 일하는 직업들이다. 대표적으로 국제공무원, 외교관, 국제단체활동가, 행정공무원이 있고, 국회의원, 사회복지사 등도 이런 직업에 속한다.
국제공무원은 전 세계 사람들을 위해 일하는 대표적인 직업이다. 이들은 국제기구에서 경제, 환경, 식량 등 지구가 당면한 문제들을 해결하고 세계의 평화와 번영에 기여한다. 마치 우리나라를 위해 일하는 공무원처럼 공익을 위해 봉사하고 헌신하는 직업이다. 한 나라를 대표하며 외국과 협력하는 외교관도 모두의 행복을 위해 꼭 필요한 직업이다. 외교관은 해외에서 각 나라를 대표하는 얼굴 같은 직업이어서 책임감이 매우 큰 직업이다. '치카치카 프로젝트' 같은 국제구호 활동을 벌이는 국제단체활동가란 직업도 있다. 이들은 '그린피스', '국경없는 의사회' 같은 단체에서 더불어 사는 세상을 위한 국제활동을 벌인다.

국내에는 국민과 시민의 행복을 위해 일하는 직업이 있다. 국민에 의해 선출된 국민의 대표자, 국회의원이 가장 대표적이다. 국회의원이 하는 일, 정치는 "국민의 행복"의 다른 이름이다. 때문에 진심으로 국민을 위해 일하는 국회의원은 세상에서 가장 행복한 직업인이라고 할 수 있다. 또 사회적 약자를 보호하고 이들의 문제를 돕고 해결하는 사회복지사, 시민들의 건강과 복지, 인권, 환경 등의 문제를 해결하려 노력하는 사회단체활동가도 누군가의 행복을 위해 일하는 직업 중 하나다.

이런 직업을 꿈꾸는 사람이라면 누구보다 따뜻한 마음의 소유자여야 한다. 상대방에 대한 존중과 배려는 기본이고, 마음에 사랑이 넘쳐야 한다. 세상에는 참 어렵고 힘들게 생활하는 사람들이 많다. 어린 나이에 힘들게 일하거나 전쟁터에 나가야 하는 아이들도 있고, 먹을 게 없어 늘 굶어야 하는 사람들도 있다. 누군가의 도움이 절실한 이들에게 힘이 되어주는 일을 하고 싶다면, 앞서 소개한 직업들에 자신의 꿈을 담아 보는 건 어떨까? 분명 따뜻한 마음을 전하는 데서 오는 보람이 굉장할 것이다.

고대 그리스어로 "살아있다"는 말은 "남들과 함께 하다"를 의미하고, "죽었다"는 "남들과 함께 하기를 그치다"를 뜻한다고 한다. 사회적으로 성공한 사람들은 단순히 돈을 많이 벌거나 인기가 많거나, 또는 아주 놀라운 업적을 이룬 사람들은 아니다. 진짜 자기 일에서 성공한 사람은 자신을 통해 세상에 감동을 주고, 사람들에게 또 다른 꿈과 희망이 된다.

자, 그럼 지금부터 무엇을 해야 할까? 지금 가슴 뜨거움을 느끼고 있다면, 우선 앞서 소개한 직업들에 대해 더 깊이 알아보고, 그 일을 하기 위해 어떤 준비와 노력을 해야 하는지 차근차근 살펴보도록 하자. 각 직업마다 필요한 공부와 전문지식, 자격증 등이 다르므로, 해당 정보들을 확인하며 내가 즐겁게 할 수 있는지 살펴보는 과정이 무엇보다 중요하다.

꿈 다섯, 국제·정치·사회 : 함께 사는 따뜻한 사회

국제공무원

WHO

국제공무원은 국제기구에 속해 전 세계 사람들을 위해 일하는 행정전문가다. 우리나라 공무원이 국민을 위해 일하는 것처럼, 국제공무원은 전 인류의 공익을 위해 봉사하고 헌신한다. 국제공무원은 국제연합(UN), 국제협력개발기구(OECD), 세계은행(World Bank), 세계보건기구(WHO) 등 각각의 고유한 설립 목적이 있는 국제기구에서 일한다. 속한 국제기구마다 하는 일에 차이가 있지만, 기본적으로 국제사회가 당면한 경제, 환경, 식량 등의 문제를 해결하기 위한 공무를 수행한다.

HOW

국제공무원이 되려면 자신이 일하고 싶은 국제기구에 맞게 필요한 전공과 자격증, 사회활동, 외국어 등을 준비해야 한다. 예를 들어, 국제통화기금(IMF)에서 일하고 싶다면 이곳에서 주로 다루는 경제문제 해결을 위해 경제학을 전공하고, 관련 사회활동과 자격증 등을 준비해야 한다. 주요 의사소통 수단인 영어는 기본이고, 여러 나라 출신 사람들과 함께 일하려면 다른 외국어에도 능통한 것이 좋다. 국제무대에서 일하는 만큼 다양한 문화에 대한 이해와 경험이 중요하다.

TIP 국제공무원이 되는 가장 일반적인 방법은 결원이 생겼을 때 나오는 정식 채용공고를 보고 지원하거나, 젊은 인재 프로그램(YPP; Young Professional Program)에 합격하는 것이다. 이외에 국제기구 초급전문가(JPO; Junior Professional Officer) 프로그램에 합격해 수습직원으로 일해 볼 수 있다. 또 인턴십, 유엔자원봉사단으로 활동하면 정식직원이 되는데 도움이 된다.

적성   기획력, 협상력, 설득력, 기획력, 사회성, 외국어능력 등
전공   국제관계학과, 행정학과, 사회학과, 경제학과 등
진출분야   국제연합(UN), 국제무역기구(WTO), 국제아동기금(UNICEF) 등의 국제기구

외교관

WHO

외교관은 우리나라를 대표해 외국과 협력하고, 협상을 통해 외교문제를 해결하는 외교부 소속 공무원이다. 외교관 중에는 국내에서 근무하는 외교관도 있고, 대개는 본국을 대표해 세계 각 나라에 있는 재외공관(대사관, 대표부, 공사관, 총영사관 등)에서 활동하게 된다. 대개는 주재국에서 활동하는 외교관이 많은데, 이들은 외교문제를 해결하고 주재국의 정보를 국내에 알리는 역할을 하며, 교포와 국민의 안전을 지키고 각종 증명서를 발급하는 업무도 한다. 국내 외교관은 외교정책을 수립하고 우리나라 외교 방향을 결정하는 일을 한다.

HOW

외교관은 자국의 이익을 지키면서 국제사회와도 균형 있는 관계를 유지해야 하므로, 국제정세를 파악하고 다양한 국가의 역사와 문화 등에 대한 해박한 지식이 필요하다. 영어와 외국어에도 능통해야 하는 것은 물론, 국가를 대표하므로 한국인으로서의 정체성과 역사의식도 필요하다. 외교관이 되려면 국립외교원에 입학해 외교관에 필요한 자질과 전문성을 갖추고, 외교관으로서의 적격성 평가에 합격해야 최종 임용된다(※2013년 외무고시 폐지).

TIP 국립외교원 입학시험 선발전형: 일반전형, 지역전형, 전문분야전형
1차: 공직적격성검사(PSAT), 한국사, 영어, 제2외국어(전문분야 제외), 관련 분야 학위 및 경력
2차: 전공평가시험, 학제통합논술시험(국제정치학, 국제법, 경제학 3과목을 결합하여 평가하는 시험)
3차: 인성면접, 역량면접, 전문성면답(지역 및 전문분야 전형 해당)

적성   의사소통능력, 협상력, 상황판단력, 외국어능력, 청렴성 등
전공   외교학과, 정치외교학과, 국제관계학과, 행정학과 등
진출분야   외교부, 재외공관(대사관, 대표부, 공사관, 총영사관 등)

국제단체활동가

WHO

국제단체활동가는 비정부기구((NGO; Non-Governmental Organization) 소속으로 국제활동에 참여한다. 비정부기구는 정부와 기업의 활동을 견제하는 '제3섹터'로 불리며, 정부나 기업의 비정상적인 문제를 파악해 이를 해결하기 위한 여론을 형성한다. 국제단체활동가의 주요 활동영역은 인권, 사회, 정치, 환경, 경제, 보건 등이며, 이와 관련해 정부정책을 감시하고 시민의 참여를 독려해 사회를 바꿔나가는 역할을 한다.

HOW

국제단체활동가가 되기 위해 꼭 필요한 학력이나 자격증은 없다. 다만 국제사회에서 벌어지는 문제의 현안을 파악하고 이를 해결하기 위한 전문성이 필요하다. 즉, 주요 활동영역인 경치, 경제, 사회, 환경 등에 대한 전문지식을 바탕으로, 세계시민들이 겪고 있는 문제를 해결하겠다는 강한 열정과 의지가 필요하다. NPO활동을 직접 경험하면 향후 이 분야에서 일할 기회를 얻는데 도움이 되므로, 아동인권 및 구호활동 등 평소 관심 있는 영역에서 봉사활동이나 인턴십을 경험해보는 것이 좋다. 또한 국제교류 업무가 많으므로 외국어 실력은 물론, 다양한 문화를 개방적으로 수용하는 자세가 필요하다.

적성 의사소통능력, 개방성, 문제해결능력, 문장표현력, 설득력, 외국어실력 등
전공 사회학과, 정치학과, 법학과, 사회복지학과, 경제학과, 환경공학과, NGO대학원 등
진출분야 국제비정부기구 등

국회의원

WHO

국회의원은 국민에 의해 선출된 국민의 대표다. 국회의원의 주된 업무는 기존의 법을 변경하고 새로운 법을 만드는 입법활동과 정부의 예산안을 심의 · 확정하고 결산을 심사하는 일이다. 또한 지역구의 현안 과제들을 파악하고 이를 개선하기 위한 법안을 마련한다.

HOW

국회의원은 선거에 출마해 당선되거나, 비례대표제로 전국구의원으로 선출될 수 있다. 임기는 4년이며 재임이 가능하다. 국회의원이 되기 위한 특별한 제한은 없으나 만 25세 이상이어야 하고, 선거에 당선되려면 특정 분야의 전문성과 정치적 식견이 필요하다. 국민을 위해 일한다는 점에서 사회적 약자를 배려하고 국가에 헌신하는 자세가 필요하다. 또한 공정성과 청렴성 등 정치인으로서 올바른 자질과 태도를 갖춰야 한다. 국회의원은 국회의 구성원으로 다른 국민의 의견을 대표한다는 책임감과 사명감을 가져야 하며, 국민과 소통하며 국정을 운영하는 능력이 요구된다.

적성　청렴성, 공정성, 리더십, 의사소통능력, 설득력, 문제해결능력, 의사결정능력, 사회성, 책임감 등
전공　정치외교학과, 정치학과, 행정학과, 법학과, 사회학과, 사회복지학과 등
진출분야　국회, 특정 정당 소속 또는 무소속으로 활동

국회의원 보좌관

WHO

국회의원 보좌관은 국회의원의 의정활동을 보좌하는 일을 한다. 국회의원이 국회에 제출하고자 하는 법안의 전문성을 검토하고, 국회가 열리는 동안에는 각종 회의에 필요한 자료를 수집하고 분석한다. 선거를 앞두고는 보좌하는 국회의원의 당선을 위해 선거를 기획하고 준비한다. 또 중요한 업무로 국회의원의 의정활동과 정책에 대한 홍보를 들 수 있는데, 홍보활동은 향후 선거와도 연결되기 때문에 보좌관들이 매우 신경 쓰는 업무다.

보좌관은 전담하는 업무에 따라 크게 정책보좌관과 정무보좌관으로 구분하기도 한다. 정책보좌관은 주로 국회의원이 처리해야 할 현안사업에 대해 정리하고 질문지 작성, 자료집 제작, 토론회 개최 등을 한다. 정무보좌관은 선거와 관련된 업무를 주로 맡고 정당행사나 국회의원으로서의 입지를 강화하기 위한 업무를 지원한다.

HOW

국회의원 보좌관의 채용은 전적으로 국회의원이 권한을 가지고 있다. 때문에 국회의원이 자신의 의정활동에 도움이 될 만한 사람을 지정하거나 추천받아 보좌관으로 채용한다. 단, 정책보좌관의 경우는 의료, 복지, 과학 등 특정 분야 정책에 대한 전문성이 중요하기 때문에 의원실에서 공채를 통해 선발하는 경우가 많다. 정책보좌관으로 활동하면서도 계속해서 분석과 연구 업무를 해야 해서 대개 전문분야 석·박사 학위를 가진 경우가 많다.

적성 사회성, 논리적 사고, 분석력, 의사소통능력, 첨령성 등
전공 정치외교학과, 행정학과, 법학과, 경제학과, 사회학과, 사회복지학과 등
진출분야 국회의원 의원실

행정공무원

WHO

행정공무원은 중앙정부, 지방자치단체 등에 소속되어 국가와 국민을 위한 행정서비스를 수행한다. 직급과 소관 부처에 따라 하는 일에 차이가 나며, 일반적으로는 정책을 만들고 이를 수행하는 일을 한다. 이때 필요한 각종 사업을 계획하고 이를 수행하기 위한 문서 작성, 보고, 기타 행정업무를 처리한다.

HOW

행정공무원이 되려면 공무원시험에 합격하거나, 특정 경력이나 전문성을 인정받아 특채로 임용되어야 한다. 공무원 시험은 국가공무원 시험과 지방직공무원 시험이 있으며, 주로 7, 9급 공무원 시험과 5급 공무원 채용시험인 행정고등고시 등을 치른다. 공무원시험에 합격하려면 시험과목을 배울 수 있는 행정학, 법학, 경영학, 경제학 등을 전공하는 것이 유리하다. 7, 9급 공무원 시험은 필기시험(선택형 필기시험)과 면접으로 이루어지는데, 1차 필기시험은 국어(7급은 한문포함), 영어, 한국사의 과목을 치르고, 2차 시험은 지원 분야의 전문적인 과목들을 치른다. 5급 공무원을 뽑는 행정고등고시는 1차 공직적격성시험(PSAT), 2차 논문형 필기시험, 3차 면접을 치른다.

적성　정직성, 청렴성, 소명감, 대인관계능력, 문서작성능력, 서비스마인드 등
전공　행정학과, 법학과, 공공정책학과 등
진출분야　중앙정부, 지방자치단체 등

사회복지사

WHO

사회복지사는 어려움에 처한 복지 대상자를 선정하고 그들의 문제와 상황을 파악해 해결하는 복지전문가다. 이들은 당사자와 상담을 하고, 사회복지 프로그램을 기획하고 시행하는 일을 한다. 또 복지서비스가 필요한 사람들을 보호하고 지원할 수 있는 계획을 세워서 이들이 기본적인 생활과 자립이 가능하게 지원한다. 사회복지사가 하는 일을 봉사활동 정도로 생각하는 사람들도 있는데, 사회복지사의 주요 업무는 복지문제의 해결과 개선을 위한 것으로, 그중에는 사회복지정책을 분석하고 평가하며 정책적 대안을 제시하는 업무도 포함된다. 사회적으로 복지문제가 중요해지면서 요즘은 복지대상자를 직접 찾아가 이들의 문제를 파악하는 업무가 중요해졌다.

HOW

사회복지사가 되려면 사회복지사 국가자격을 취득해야 한다. 사회복지사 2급 자격은 전문대학이나 대학교, 대학원에서 사회복지학을 전공하면 주어지고, 졸업 후에 국가자격시험을 통해 사회복지사 1급 자격을 취득할 수 있다. 사회복지사로 일하려면 사회문제 해결에 필요한 전문지식과 문제해결능력, 기획력 등이 필요하다. 사람과 사회를 위해 일한다는 점에서는 사명감이 요구되고, 사람과 사회에 대한 따뜻한 마음이 필요하다. 행정적인 업무가 많고 현장 방문을 위한 출장도 많아 업무스트레스가 큰 편이므로, 강한 체력과 긍정적인 마인드가 필요하다.

적성　의사소통능력, 문제해결능력, 재정관리, 소명감, 긍정적 마인드 등
전공　사회복지학과, 가정복지학과, 노인복지학과, 청소년학과 등
진출분야　사회복지관, 지역아동센터, 청소년지원센터, 노인복지관, 장애인복지관,
　　　　　사회복지 전담 공무원 등

사회단체활동가

WHO

사회단체활동가는 시민사회단체에서 사회의 공익을 위해 일한다. 사회단체활동가가 일하는 곳은 시민들이 자발적으로 만든 시민사회단체로 활동하는 분야에 따라 시민운동가, 인권운동가, 환경운동가 등으로 불리기도 한다. 주로 정치, 환경보호, 소비자 권익, 교육문제 등에 대한 사회문제를 해결하기 위해 일하며, 시민들에게 특정 문제의 심각성을 알리고 해결책을 세워 더 나은 사회를 만드는 일을 한다. 일부 사회단체활동가 중에는 대학교수나 변호사 등 본업이 따로 있으면서 사회문제 해결에 자문을 하는 사람들도 있다.

HOW

사회단체활동가가 되기 위해 꼭 필요한 학력이나 자격증이 있는 것은 아니다. 다만 특정한 사회문제를 해결하려면 그 분야의 전문성과 다양한 경험이 필요하다. 때문에 주요 사회문제에 해당하는 분야와 관련된 사회학, 정치학, 법학 등을 전공하고 진출하는 경우가 많다. 시민사회단체는 시민이 자발적으로 만든 단체인 만큼 이 분야에서 일하려면 무엇보다 사회문제를 해결하고 함께 사는 세상을 만들겠다는 강한 열정이 필요하다. 따라서 평소 사회문제에 관심을 갖고 시민사회단체에서 운영하는 인턴십 프로그램에 참여해 경험을 쌓는 것이 중요하다.

적성 의사소통능력, 문제해결능력, 논리적 분석력, 문장표현력, 설득력 등
전공 사회학과, 정치학과, 법학과, 사회복지학과, 경제학과, 환경공학과, NGO대학원 등
진출분야 시민단체, 환경단체, 소비자단체 등

꿈 여섯
기업 · 경영

모두가 풍요로운 생활

애니메이션 제작자 최종일

CF감독 유광굉

상상력으로
사람들의 마음을 사로잡다

최고의 한류 스타, 토종 키즈 콘텐츠 뽀로로

스마트폰이나 태블릿 PC로 콘텐츠를 골라 보는 시대, 바야흐로 유튜브 전성시대. 어른들뿐 아니라 유아들도 마찬가지. 그러면 세계에서 가장 조회 수가 많은 유아용 콘텐츠는 무엇일까? 놀랍게도 우리의 토종 키즈 콘텐츠인 '뽀로로'라고 한다. '꼬마버스 타요'와 합치면 한 달 조회 수가 무려 2억 뷰 정도. 세계적으로 정평이 나 있는 유아용 콘텐츠 '토마스와 친구들'의 조회 수를 월등히 앞지른다. 그뿐만 아니라 '뽀로로'는 세계 200여 개국에 진출한 최고의 한류스타이자 대한민국 우표 모델이기도 하고 '한국 방문의 해' 홍보대사를 지내는 등 수많은 사회활동을 하고 있는 스타이다.

하늘을 날지 못하는 안타까운 새, 그래서 하늘을 나는 꿈을 안고 항상 비행사 복장을 하고 사는 펭귄, 이렇게 귀여운 '뽀로로' 캐릭터를 만들어낸 분은 과연 어떤 분일까? 척박하고 험난한 한국 애니메이션 산업 환경 속에서 전 세계적으로 사랑받는 '뽀로로'의 성공 신화를 일군 ㈜아이코닉스의 최종일 대표님을 만나기 위해 경기도 판교에 있는 회사 사무실을 찾았다. '뽀로로'의 아버지라고 불리는 대표님은 맑은 미소와 온화한 표정으로 우리들을 반겨주셨다. 안내된 대표님의 방엔 '뽀로로' 인형들과 동화책, 수많은 상패들로 장식되어 있었는데, 이곳에서 마케팅은 물론 제작을 위한 스토리까지 직접 엮어내신다고 한다.

광고기획자에서 애니메이션 제작자로 변신

최종일 대표님은 어렸을 적 만화책과 그림 그리기를 좋아해서 이다음에 어른이 되면 만화가나 화가가 되겠다는 꿈을 꾸었다. 하지만 '그림으로는 밥 먹고 살기 힘들다'는 어른들의 이야기를 많이 들으면서 안타깝게도 스스로 꿈을 접었다. 그리고 많은 이들이 선망하는 광고회사, '금강기획'에 입사해 일 잘하는 광고 기획자로 승승장구했다. 그런데 어느 날 문득 자신의 일에 회의가 들기 시작했다.
"광고 일에 보람이 느껴지지 않았어요. 이유를 곰곰이 생각해보니 내가 좋아해서가 아니라 주위 사람들로부터 좋은 직장을 다니고 있다는 평가를 받고 싶어서 회사에 다니고 있더라고요."

최종일 대표님은 자신이 정말 원하고 좋아하는 일이 무엇인지 뒤늦게 고민하기 시작했다. 무려 1년 이상 방황하면서 찾은 해답이 그림이었다. "광고일은 하룻밤을 꼬박 새워 일하고 나면 굉장히 피곤한데 그림은 그렇지 않았어요. 그래서 내가 좋아하는 그림을 일로 삼으면 정말 좋겠다는 생각을 했죠."

어렸을 적 좋아했던 그림 그리기를 자신이 하고 싶은 일과 연결하지 못했던 점이 웃기기도 하고 슬프기도 했다. 단지 그림을 좋아한다고 뒤늦게 화가로 나설 수도 없는 일이었다. 그래서 어려서부터 정말 좋아하던 애니메이션에 주목하게 되었다. 당시 우리나라의 애니메이션 사업은 미국과 일본에서 받은 작품을 그려주는 하청 국가에 지나지 않는데, 인건비가 높아지면서 사양길로 접어들고 있었다. 하지만 우리의 기술력이 워낙 좋기 때문에 기획과 마케팅이 보완된다면 세계 시장을 무대로 배급하고 캐릭터 사업으로 고부가가치를 이끌어 낼 수 있다고 판단했다.

3번의 실패 끝에 틈새시장 공략으로 성공

'뽀롱뽀롱 뽀로로'가 성공할 수 있었던 이유는 '3번의 실패'가 있었기 때문이라고 한다. 최 대표님은 광고 팀에서 자리를 옮겨 신규 사업인

애니메이션 팀을 꾸린 뒤 첫 작품으로 '녹색전차 해모수'를 만들었다. 하지만 영상기술의 부족으로 실패했다. 우리나라의 기술력이 좋다고 생각했는데 그것은 어디까지나 선진국의 설계도에 살을 붙이는 역할이었기에 살을 붙이는 기술이 있었을 뿐, 설계도 자체를 만드는 기술력은 부족했다고 대표님은 회고한다.

두 번째는 우리나라의 유능한 애니메이터들을 모아 '레스돌 특수 구조대'를 선보였지만 역시 실패로 돌아갔다. 그 해 우리나라가 외환위기를 겪으면서 국내 애니메이션 시장이 얼어붙었는데 이에 알맞은 사업적 전략을 세우지 못했기 때문이었다.

두 번의 실패 끝에 회사에서는 애니메이션 사업을 포기하고 말았다. 실패의 경험으로 쌓은 제작기술과 사업적 노하우도 자신이 있었는데 더 이상 애니메이션을 제작할 수 없다는데 안타까움을 느낀 대표님은 고민 끝에 2001년 지금의 ㈜아이닉스코리아를 설립했다. 그리고 세 번째 작품 '미셸'을 제작했지만 90%의 적자를 내면서 완패하고 말았다. "'미셸'은 기술적으로도 사업적 전략도 모두 완벽하다고 생각했는데, 당시 전 세계적으로 인기를 끌었던 포켓몬스터의 맞수가 될 수는 없었어요. 가장 중요한 것은 작품의 완성도가 아니라 애니메이션 시장에서 맞붙게 될 경쟁상대를 이겨내야 한다는 것이었어요."

실패를 거듭할 때마다 시련으로 힘든 시간을 보내야 했지만 최종일 대표님은 절대 포기 하지 않았다. '미셸'의 참패로 회사 문을 닫을 지경에 이르렀지만 애니메이션의 절대 강국 일본을 어떻게 하면 넘어설 수

있을지 연구에 연구를 거듭했다. 결국 일본에서 상대적으로 취약한 유아용 애니메이션, '뽀로로'를 제작해 대성공을 거두었고 이 캐릭터 하나로 한국 애니메이션계의 한 획을 그었다.

창의력은 노력의 산물이다

영화나 드라마에서 배우의 연기력이나 대사, 포즈, 액션 등 모든 것이 기획에 의해 움직이듯이 애니메이션도 우연히 그려지는 것은 하나도 없다. 애니메이션은 세상에 존재하지 않는 것을 만들어내야 하기 때문에 상상력과 창의력이 풍부해야 한다. 그런데 최종일 대표님은 많은 사람들이 상상력에 대해 오해를 하고 있다고 말한다. 타고난 재능을 가진 이들이나 아주 특별한 경험을 한 괴짜들이 창의성을 발휘할 것이라고 믿는다는 것이다. 물론 선천적으로 능력을 타고난 사람들이 있기는 하지만 대부분은 그렇지 않다. 대표님 역시 지극히 평범한 사람이라고 생각한다. "만약 저에게 뛰어난 점이 있다면 그것은 남들보다 훨씬 더 많은 시간을 들여 고민하고 노력한다는 것이에요. 창의력은 노력의 산물이거든요. '뽀로로'도 예외가 아니었죠."

'뽀로로'라는 캐릭터는 철저히 전략적으로 계산된 결과물이다. 처음부터 글로벌 시장 진출을 염두에 두었기에 피부색 등의 한계가 있는 사람보다는 동물이 더 적합한 캐릭터가 될 것이라고 판단했다. "아이들이 좋아할 만한 동물들 중에 어떤 것이 경쟁력이 있을까 검토하던 중 펭귄을 발견하게 되었어요."

당시 펭귄을 모티브로 한 영국의 '핑구'라는 캐릭터가 있었다. 새롭게 출시하고자 하는 펭귄 캐릭터가 자칫 '핑구'의 아류작으로 전락하지 않도록 '핑구'의 캐릭터, 디자인, 스토리, 연출, 마케팅 등 모든 부분을 분석해 '핑구'와 차별화를 꾀했다. '핑구'가 펭귄의 사실적인 모습이라면 '뽀로로'는 귀여움을 강조한 이등신으로 표현했고, '핑구'가 펭귄 가족을 내세웠다면 '뽀로로'는 친구를 내세웠다. 이름까지도 전략적으로 기획되었다. 국내 시장뿐만 아니라 세계시장을 노리고 발음하기 쉬운 이름을 일부러 찾았다. 세계적인 캐릭터인 미키마우스(Mickey Mouse), 도날드 덕(Donald Duck) 등은 앞에는 이름 뒤에는 동물 종류를 붙였는데, 펭귄은 P로 시작하면 좋겠다고 생각해서 만들어진 이름이 '뽀로로'다.

'뽀로로'와 친구들의 행동과 움직임에 대한 묘사도 작가적 상상력에만 의존하지 않았다. 서점에 가서 어린이들이 동화의 어떤 장면을 보고 웃는지 관찰했다. 아이들이 놀다가 싸우면 말리지 않고 싸움이 어떻게 전개되고 마무리되는지 지켜보았다. 집에 놀러 오는 아이의 친구들에게 시제품을 틀어주고 그들이 실제 어디서 웃는지 무엇에 집중하는지 꼼꼼하게 메모하고 이를 작품에 반영하기도 했다.

"하루는 집에서 아이들과 함께 '짱구는 못 말려'라는 애니메이션을 봤어요. 짱구가 바지를 엉덩이에 살짝 걸치고 춤추는 장면이 나오자 4살배기 아들과 돌 무렵 딸이 키득키득 웃고 있는 것을 보고 아이들이 개그를 이해한다는 사실을 발견했죠."

기존의 유아용 애니메이션이 교육적인 내용에 치중했다면 대표님은 오락적인 내용을 배로 늘려 아이들이 재미있게 보면서 교육 효과도 충분히 볼 수 있도록 만들었다. 그래서 '뽀로로'의 주제곡도 '노는 게 좋아'로 시작한다. 아이들은 귀엽고 재미있는 '뽀로로'에 몰입하고 집중하게 되었고 덕분에 국내외 시장에서 크게 성공할 수 있었다.

실패의 경험을 통해 성공의 노하우를 배우다

각고의 연구 끝에 '뽀로로'가 탄생했지만 인기를 끌기까지는 시간이 필

애니메이션 제작자 최종일

요했다. 특히 '뽀로로' 이전에 이미 3번의 실패를 한데다가 낯선 유아용 애니메이션이라는 이유로 초기에 투자자를 찾지 못해 고전했다. 고민하던 대표님은 스스로 '뽀로로' 그림 동화책을 만들어 비싼 수수료를 물어가며 어렵게 유통을 시켰다. 다행히 베스트셀러가 되었고 덕분에 라이선스 계약 체결도 매년 늘었다. 또한 해외 애니메이션 페스티발에 참가해서 치열한 국제 시장에 '뽀로로'를 알리는 효과를 거두었다. 2003년부터 방송을 타기 시작한 '뽀로로'는 어른들이 보기에 시시할지도 모르지만 아이들에게 통하는 스토리를 덧입히면서 꾸준히 캐릭터를 알려나갔다.

"애니메이션이 성공하기 위한 가장 중요한 요소를 세 가지만 말해달라고 하자 미국의 유명한 애니메이션 대표가 그랬다고 하죠. 첫째도, 둘째도, 셋째도 스토리라고요. 아마 애니메이션뿐만 아니라 모든 콘텐츠가 마찬가지라고 생각해요. 스토리텔링이 가장 중요하죠." 소비자인 유아들의 눈높이에 맞는 이야기가 뚝딱 나올 리 없었다. 하나의 스토

아이들이 정말 좋아하는 귀여운 펭귄 뽀로로와 그의 친구들 크롱, 루피, 에디, 포비, 패티, 해리. 뽀로로는 순 우리말로 '종종 걸음으로 재게 움직이는 모양'을 뜻한다.

리를 구상하는데 꽤 많은 시간을 들인다. "그 과정조차 제 역할이기 때문에 즐기려고 해요. 음악을 듣거나 영화를 보거나 여행을 가도 머릿속엔 항상 애니메이션 생각밖에 없어요. 이 일이 힘들다고 생각하면 절대 못할 거예요."

2012년도엔 우연히 구글 동영상 서비스 유튜브에 콘텐츠들을 올렸는데 반응이 폭발적이어서 유튜브 공식 채널을 만들어 대표작들을 서비스하고 있다. 한국 콘텐츠 진흥원은 '뽀로로'의 경제적 가치를 5조 7천억 원으로 추산하기도 했다.

대성공을 거두었지만 특별한 비결은 따로 없다고 강조한다. "사람들은 성공한 앞모습만 보고 그 이면의 노력과 실패들을 눈여겨보지 않아요. 저는 실패를 통해 성공의 노하우를 배웠어요. 이전에 실패했던 경험을 교훈 삼아 자꾸 보완하다 보면 성공 가능성이 점점 높아지죠. 일을 하면서 성공한 분들을 만나보면 모두가 수없는 실패와 시행착오 끝에 성공을 만들어낸다는 공통분모가 있었어요. 그러니까 여러분도 실패했다고 기죽거나 좌절하지 않았으면 좋겠어요."

거장으로부터 배운 겸허한 삶

대표님은 아들 넷 중에 셋째로 태어났다. 부모님은 규격화된 틀에 자식들을 가두지 않고 자유롭게 길렀다. 덕분에 공부에 억눌리지 않고

애니메이션 제작자 최종일

원하는 만큼 책을 실컷 읽고 만화책도 가리지 않고 많이 볼 수 있었던 어린 시절에 감사하다고 한다. 아버지가 사업에 실패해서 경제적으로 풍족하지는 않았지만 따뜻하고 성실한 가정 분위기로 한 번도 불행하다는 생각을 해본 적이 없었다. 많은 돈이 없어도 오순도순 지냈던 어린 시절의 추억이 평생을 살아가는데 든든한 주춧돌이 되었다.

어릴 때 부모님의 말씀 한 마디, 행동 하나하나를 통해 삶을 배운 것처럼 애니메이션을 시작한 뒤로 세계적인 거장들의 삶에서 많은 것을 배우고 있다. 그중에 캐나다의 '프레데릭 백'은 가장 존경하고 닮고 싶은 애니메이션계의 거장이다.

"그분은 어린 시절 보도블록에 그림을 그릴 정도로 그림 자체를 좋아하셨어요. 방송국의 그래픽 부서에서 근무하다가 즉흥 애니메이션을 선보이면서 애니메이션에 대한 열망을 키워가셨죠. 후에 애니메이션 제작자가 된 그분은 혼자서 한 편의 애니메이션 전 과정을 도맡아 하셨어요. 기획부터 촬영까지 말이죠. 그래서 한 편당 5년이나 걸리기도 했고, 애니메이션을 너무 열심히 만들다가 한쪽 눈이 실명하기도 했어요. 팔십 평생 동안 만든 작품이 열 작품도 채 안된다고 해요."

작품 수는 많지 않지만 그분의 삶 자체가 작품에 깊이 녹아들어 있기 때문에 보는 사람으로 하여금 더욱 진한 감동을 준다. 대표님은 그분의 작품 중에 '나무를 심은 사람'이라는 작품에 가장 큰 감명을 받았다고 한다. 프랑스의 한 지방, 너무 황폐화되어 사람들이 다 떠나버린 곳에서 한 노인이 돌아다니면서 평생 도토리를 심는다. 마침내 도토리나무가 자라 울창한 숲이 되자 동물들도 사람들도 되돌아온다는 내용이다.

"실화를 바탕으로 한 스토리인데 한 사람이 매일 황무지에 도토리를 심어봤자 '저래서 무엇을 할 수 있겠어?'라고 생각하기 쉽지만 결코 포기하지 않는 그분의 지속적인 행위가 세상을 바꿔놓은 것이죠. 그 애니메이션 이야기 자체도 그렇고 그것을 만든 감독님 삶도 그 이야기와 같은 게 아닐까 해요. 제가 애니메이션으로 성공했다는 평가를 받고 있지만 앞서 간 그분의 삶을 보면 정말 겸허해지고 초심을 잃지 말아야겠다는 생각을 하게 됩니다."

모두에게 즐겁고 아름다운 애니메이션을 꿈꾸다

애니메이션에는 제작자의 정서가 담기기 마련이다. 최 대표님은 그것이 장점이 될 수도 있지만 단점이 될 가능성이 더 높다고 생각한다. 전 세계 시장을 목표로 작품을 만들어야 하는데 특정 지역의 문화가 두드러지면 공감대 형성이 어려워지기 때문이다. 그래서 가능한 한국적인 정서가 드러나지 않도록 신경 쓰고 있다. 또한 유아들을 대상으로 하는 만큼 아이들에게 끼칠 영향력을 민감하게 고려해 제작하고 있다. "공공장소에서 아이들이 떠들 때 부모님들이 스마트폰으로 '뽀로로'나 '타요'를 보여주는데 그럴 때 아이들의 반응이 굉장히 달라지

애니메이션 제작자 최종일

는 것을 보았어요. 물론 수익창출도 중요하지만 아이들에게 정서적으로 유익한 콘텐츠를 만들어야겠다는 책임감을 많이 느끼고 있어요."

애니메이션은 백 프로 현실에 존재하지 않는 것들을 창의력으로 만들어내는 작업이다. 그래서 결과물은 전적으로 제작자의 상상력에 따라 얼마든지 달라질 수 있다. 이에 대해 최 대표님은 가급적 아름답고 긍정적인 것을 상상하고 싶다고 말한다. "애니메이션도 종류에 따라 자극적이고 파괴적인 것도 있지만 저는 아름다운 애니메이션을 만들려고 해요. 어린이들뿐 아니라 어른들까지도 제가 만든 애니메이션을 보는 순간만큼은 즐겁고 행복해지기를 꿈꿉니다."

재능과 소질, 좋아하는 분야를 파고들어라

그간 제작한 '뽀롱뽀롱 뽀로로' 중 가장 기억에 남는 스토리로 대표님은 '하늘을 날고 싶어요' 편을 꼽는다. "어느 날 자신이 새라는 것을 알게 된 '뽀로로'가 하늘을 날려고 하지만 펭귄이기 때문에 계속 실패를 해요. 그러던 중 바다에 점프를 하게 된 '뽀로로'는 하늘 속이 아니라 바닷속을 자신이 날 수 있다는 것을 깨닫게 된다는 스토리에요. 이런 단순한 에피소드처럼 어떤 친구는 공부를 잘 하는가 하면 다른 친구는 운동을 잘하고 또 누군가는 춤을 잘 추고 노래를 잘 해요. 이처럼 각자가 잘 하는 게 재능과 소질이죠. 제 경험으로 비추어 보았을 때

본인이 잘 하는 것을 해야 그 분야에서 성공할 수 있다고 믿어요. 여러분들이 잘 하는 것은 무엇인가요?"

애니메이션 한 편을 만들기 위해서는 기획을 하고 스토리를 짜고, 시나리오를 쓰고, 캐릭터를 개발하고, 그림을 그리는 등 여러 단계의 복잡한 공정이 필요하다. 그 과정 곳곳에 사람이 필요하다. 캐릭터나 배경을 그리는 사람, 컴퓨터 그래픽을 하는 사람, 연출을 담당하는 사람 등 분야가 굉장히 다양하기 때문에 꼭 미술전공이 아니더라도 애니메이션 쪽에서 일할 수 있는 기회는 무궁무진하다. 만약 애니메이션의 어떤 분야에 관심이 있다면 그 소질을 개발하기 위한 노력이 더 중요하다. "특히 캐릭터 디자이너의 경우 단지 그림 실력만으로는 충분치 않아요. 그림을 잘 그리는 것도 중요하지만 본인만의 개성을 지녀야 유리하죠."

전 세계에서 애니메이션을 만드는 회사는 수천 개나 되지만 그중에서

애니메이션 제작자 최종일

백 개국 이상에 소개되는 작품을 만드는 회사는 스무 개도 채 되지 않는다고 한다. 대표님의 회사가 그 안에 들 수 있었던 것은 애니메이션을 잘 팔 수 있는 능력이 대단해서가 아니라 그만큼 애니메이션 자체를 잘 만들었기 때문이라고 생각한다.

"어떻게 좋은 애니메이션을 만드느냐가 관건이죠. 남들이 했던 방식으로 똑같이 모방하거나 뒤쫓아 가기만 하면 따라잡기가 어려워요. 애니메이션을 만드는 것뿐만 아니라 여러분들이 진로를 찾는 것도 마찬가지랍니다."

대표님은 우리나라 아이들이 창의적으로 태어나지만 너무 정해진 틀에 따라 성장하면서 오직 좋은 대학을 가겠다는 목표만을 향해 달려가고 있는 것 같아 안타깝다고 한다. "미래는 그냥 주어지는 것이 아니라 본인이 얼마만큼 준비하느냐에 따라 달라지는데, 거기에 대한 준비가 공부가 다는 아니라고 말하고 싶어요. 자기가 좋아하는 것이 무엇이고 되고 싶은 것은 무엇인지 생각하면서 각자의 재능과 희망을 찾는 노력도 함께 해야 하죠. 여러 친구들과 이야기하고 책도 많이 읽으면서 자신의 재능에 대해 탐구하는 시간을 꼭 가져보기 바랍니다."

Interviewer : 권혁준, 김수현, 이채린

Profile 최종일

아이코닉스 대표. 성균관대학교 신문방송학과, 연세대학교 언론홍보대학원 졸업. ㈜금강기획에서 광고 기획 일을 하던 중 애니메이션 팀을 만드는 데 참여했고 〈녹색전차 해모수〉PD로 애니메이션 기획자 인생을 시작했다. 이후 팀이 해체되자 동료들과 함께 2001년 ㈜아이코닉스 엔터테인먼트를 창업해 〈수호 요정 미셸〉, 〈뽀롱뽀롱 뽀로로〉, 〈치로와 친구들〉, 〈꼬마버스 타요〉 외 20여 작품의 기획 및 프로듀싱을 진두지휘했다. 아이코닉스는 대한민국 캐릭터 대상 대통령상 수상, 대한민국 애니메이션 대상 문화관광부 장관상 등을 수상했다.

애니메이션 제작자 최종일

전통을 부정하고
실험과 예술성을 지향하다

만화가를 꿈꾸던 소년, CF감독이 되다

CF는 아주 짧은 순간이지만 우리들 눈과 마음을 사로잡고 강렬한 메시지를 전달한다. 같은 콘티라도 감독의 색채에 따라 100인 100색의 광고가 만들어진다. 현대카드, 소나타, 휘슬러, 지펠냉장고 등 개성과 예술성이 빛나는 광고로 명성이 자자한 유광굉 감독님을 만났다.

이사한 지 얼마 안 된 감독님 사무실 한 켠에는 커다란 박스들이 아직 풀지도 못한 채 쌓여있었다. 바쁜 틈을 내주신 감독님께 우리들은 꾸벅 인사를 드렸다. 건네주시는 명함부터 예사롭지가 않다. 전통과 폼을 부정한다, 문화를 디자인과 예술로 확장한다, 실험을 지향하고 과오를 기억한다 등등 깨알 같은 글씨가 가득 적혀 있다.

"작업할 때 지키는 저만의 12가지 철칙이죠. 너무 바쁘게 작업에만 몰두하다보면 오히려 시야가 좁아져 방향이 틀어질 수 있어요. 처음부터 뼈대를 정확하게 만들고 작업을 하면 흔들려도 오차 범위가 작겠죠?"

자신만의 룰을 정해 새겨놓은 명함에 유광꿩이라는 이름도 특이했다. 유광꿩이라는 이름은 한자를 한국식으로 읽은 것이고 중국식으로 읽어 유광홍이라고도 불린다. 성과 이름의 영어 이니셜을 붙여 류크(Liukh)라는 영어 이름도 쓰고 있다.

감독님은 우리들에게 어린 시절 이야기보따리부터 풀어놓았다.

유광꿩 감독님은 속초 바닷가에서 태어나 평범한 어린 시절을 보냈다. 조금 다른 점이 있다면 중국인 할아버지가 소장하던 책을 통해 중국 문화를 많이 접했고, 그림을 그리는 어머니 밑에서 그림과 쉽게 친해졌다는 것이다.

"누구나 다 남들과 다른 자기만의 토양이 있죠. 그 부분을 적극적으로 받아들이면서 장점을 찾아내 자기 것으로 만드는 것이 중요해요."

어릴 적엔 만화가가 되고 싶었다. 연습장 구하기도 어려워 재활 용지를 수백 권씩 묶어 놓고 유명한 만화가들의 그림을 수도 없이 따라 그렸다. 그러다 차츰 구스타프 클림트, 에곤 실레 같은 화가들의 드로잉을 따라 그리면서 좋아하는 작가의 폭이 넓어졌고 그들과 공감대도 형성되었다.

그림그리기를 좋아했지만 대학에서는 회화가 아닌 시각디자인을 전공했다. 미국의 최고 디자이너 '데이빗 카슨'이 디자인 전공이 아닌 것처럼 자기만의 개성과 매력을 찾으려면 꼭 회화가 아닌 다른 전공도 좋겠다고 생각했다.

"전공에 대해 덧붙이자면 CF감독이 되고 싶다고 꼭 영상을 전공해야 하는 건 아니에요. 오히려 다른 쪽 공부가 접목되어 자기만의 독특한 작업을 할 수 있다고 생각하죠. 저는 광고에 드로잉이나 페인팅 등 미술을 전공한 저만의 스킬을 구사하죠. 만약 철학을 공부했더라면 영상에 철학적 의미를 심기 위해 노력했을 거예요."

감독님은 재학시절부터 그래픽디자이너로 인정을 받았지만 정지된 평면 예술보다는 시간과 함께 융화된 예술이 더 끌리고 재밌었다. 졸업할 즈음에는 그래픽디자인 회사에서 좋은 조건을 제시했지만 마다하고 영상에 도전하게 되었다. 그래픽디자인과 영상 제작은 분야가 많이 다르지만 그동안 영화를 좋아해 감독을 연구하고 귀한 영화들까지 수집해 봐뒀던 터라 자신이 있었다.

"학창시절부터 취미삼아 작가들을 연구해왔어요. 작가마다 성장배경이나 작품에 영향을 미친 부분들, 저마다의 작가론 등을 공부하는 것이 재미있었죠. 이방에 쌓인 저 박스들 안에 다 그런 책과 자료들이 들어 있어요."

누구나 자신의 진로에 영향을 줄 수 있는 사람이 주변에 있게 마련이다. 부모님일 수도 있고 동네 형일 수도 있다. 감독님은 학교 선배님 중 '티티엘' 광고로 유명한 박명천 감독님이 그런 분이었다.

영상을 배우고 싶어 박명천 감독님의 프로덕션을 무작정 찾아갔다.

맨 밑바닥 어시스트 생활부터 시작했는데 생각보다 훨씬 고달팠다. 한 달에 두 번 정도 집에 겨우 들어갈 수 있었고 하루에 잠은 서너 시간 밖에 못 잤다. 잘 할 수 있다고 생각했고 너무 하고 싶어서 이 길로 들어섰는데 날이 갈수록 할 짓이 못 된다는 생각이 자꾸 들었다.

"어느 날 회의용 커피 20잔을 타다가 손을 데었어요. 갑자기 너무 억울하더라고요. 매일 옷도 못 갈아입고 잠도 못 자고 허드렛일만 하다니! 학교에서는 나름 인정받는 학생이었는데 말이죠."

그만 포기하고 싶을 때 감독님을 버티게 해준 것은 입사할 때 세워두었던 3년과 10년 계획이었다. 10년 뒤에 원하는 목표를 위해 3년 안에는 고생이 되더라도 참고 열심히 해야겠다는 목표를 세웠었다. 장기적인 인생의 목표를 세우면 지금 당장 힘들어도 내일의 지향점이 있기 때문에 포기 하지 않아도 되는 에너지가 나온다. 10년 뒤 성공한 모습을 그리며 어렵고 힘든 시절을 이겨냈다.

"여러분 영화 취권 봤어요? 거기 보면 성룡이 취권 배우러 갔는데 사부가 안 가르쳐 주고 몇 년간 설거지랑 청소만 시키잖아요. 왜 취권은 안 가르쳐 주냐고 물어도 계속 허드렛일만 시키죠. 저도 마찬가지였어요. 그런데 조감독 시절이 지나서야 왜 그런 시간이 필요했었는지 알겠더라고요. 자신의 자만심을 버리는 시간이 필요한 거였어요. 자기애가 강한 사람들은 발전이 더뎌요. 그런 것들을 내려놓고 속을 비워야만 비로소 새것이 온전히 들어올 수 있어요."

그렇게 삼년의 세월을 보내고 엔젤리너스 커피 광고로 데뷔한 감독님은 새내기 시절부터 맥스웰하우스, 엑스캔버스, OZ 등 굵직한 광고를 자신만의 색채로 만들어 화려하게 주목받으며 승승장구해왔다.

감독이란 원하는 방향으로 스태프를 끌고 가는 디렉터

CF감독은 광고주가 원하는 메시지를 음악과 함께 영상으로 만드는 사람이다. 촬영, 편집, 녹음 등 각각의 감독들이 다 있기 때문에 어떻게 보면 아무것도 안하는 사람 같지만 사실은 모든 것에 관여한다. 제대로 잘 하고 있나 감독한다기보다는 원하는 방향으로 스태프를 끌고 가는 디렉터라는 표현이 더 맞다.

"얼마 전 배우 전지현씨가 휘슬러 광고를 찍으면서 빗속에서 8시간 가까이 완전히 탈진하도록 춤을 춘 적이 있었죠. 제가 그렇게 하라고 시

킨 것이 아니라 배우 스스로 그렇게 한 거예요. 광고 완성도에 대한 믿음, 촬영장의 분위기, 콘티를 보면서 배우가 그렇게 혼신을 다 하게끔 만드는 것도 감독의 역할이죠."

CF감독을 하다보면 남들이 쉽게 하지 못하는 경험을 할 때가 많다.

"이거만큼 재미있는 직업이 있을까 싶어요. 광고주가 원하는 메시지와 크리에이티브를 표현하기 위해 세계 방방곡곡 안다니는 데가 없죠. 제가 머릿속에 그린 그림을 화면으로 다 담을 수 있다는 것이 정말 좋아요."

이번에 삼성 지펠 냉장고 광고를 찍을 때 그린란드의 빙산을 헌팅하기 위해 헬기를 탔는데 그때 내려다봤던 풍경을 떠올리면 아직도 가슴이 벅차다.

"헬기를 타고 하늘에 올라 내려다보는 빙산이 굉장히 예뻤어요. 지상에서 보는 빙산과는 비교도 안 되죠. 말로는 형용할 수가 없어요. 아름다운 대자연을 볼 때면 그 위대함에 저절로 소름이 돋곤 해요."

일을 하다보면 다양한 풍경을 접하는 것뿐만 아니라 많은 사람들을 만나게 된다. 넓은 세상에 나가 항상 배우고 느끼면서 시야가 넓어진다는 생각에 늘 감사하고 기쁘다.

"한번은 아프리카에 촬영을 갔는데 제가 그동안 크게 착각했다는 것을 알게 되었어요. 얼마 안 되는 후원금을 내면서 제가 그들보다 나은 존재라고 우쭐했었는데 그 아이들은 생각보다 훨씬 행복해보였어요. 그 아이들을 통해 삶에 대해 더 많이 배우고 느끼게 되었죠."

그래서 여행을 되도록 많이 다니는 게 좋다고 강조한다. 책을 보는 것도 좋지만 실제로 여행을 가서 직접 부딪히고 느껴야 그 상황과 느낌을 제대로 이해할 수 있기 때문이다.

"여러분 친구 집에 가면 처음에 어때요? 기대되고 흥미롭죠. 처음 느끼는 분위기에 익숙하지 않음을 느끼다가도 결국 나와 다른 남을 인정을 하게 돼요. 우리 반 친구들, 다른 반 친구들, 선후배, 엄마 친구네 집까지 다 가본 경우랑 딱 내 짝꿍 집에만 갔을 때랑 경험치는 다르겠죠? 그만큼 많이 보고 경험하면 다른 사람을 더 잘 인정하게 돼요. 통이 커지는 거죠."

감독님은 유독 인권문제에 관심이 많다. 대학 시절 안그라픽스의 안상수 선생님께서 인권문제, 사회문제, 경제문제 등이 그래픽작업의 주제가 될 수 있다는 것을 처음 알려주셨을 때 무척 인상적이었다. 아버지를 따라 중국, 대만, 한국으로 국적이 바뀌는 과정에서 자연스레 인종차별이나 국수주의 등에 대해 관심을 가졌던 터라 인권문제를 다루는 작업에 더 큰 의미를 두게 되었다.

"백인이 흑인을 차별하는 것처럼 우리나라도 동남아시아권에 대한 차별을 느꼈어요. 우리가 외치는 글로벌도 결국은 우리 속의 글로벌일 뿐 세계 속의 글로벌에 대해서는 부담스러워하는 것 같아서 그런 점을 깨고 싶었어요."

그렇다고 인권운동가처럼 무언가 거창하게 하자는 것은 아니다. 사람들에게 작게나마 메시지를 전달하고 계속 뭔가 일깨워주고 싶다. 외국인 인권단체에서 봉사활동을 하면서 촬영도 하고 인권포스터도 제작했다. 앞으로도 인권이라는 주제에 대해서 계속 관심을 가지고 싶다.

감독님께 CF감독이라는 일은 어떤 의미일까 궁금했다.

"CF감독이라는 직업은 제 삶의 일부가 되어버렸어요. 우리가 사는 목적은 나이가 들어도 참 찾기가 어려워요. 왜 살아야하는가 끊임없이 생각하고 반문해야 하죠. CF감독이란 내 삶의 목적을 찾아주는 훌륭한 도구에요. 감독 작업을 하면서 내가 왜 사는 지 발견해나가게 되는 거죠."

광고감독이 되고 싶은 후배들에게 당부 말씀을 부탁드렸다.

광고감독이 되고 싶다면 문학, 철학, 사회, 연예 등 여러 분야에 대해 많이 알아야하고 그러기 위해 항상 촉각을 세워 다 흡수할 수 있도록 노력해야한다. 감독님은 다방면에 관심을 갖고 주변의 많은 것들을 습득하기 좋아하는데 그런 생활이 감독으로 성장하는 데 도움이 많이 되었다.

"영상이나 사진에 흥미가 있고 자신이 만든 결과물에 스스로 만족하고 즐기는 친구라면 CF감독으로서 자질이 있다고 봐요. 창의력을 걱정하는 친구들이 종종 있는데 그것은 지금 여러분 나이에 판단할 수 있는 부분이 아니에요. 창의력도 인풋이 있어야 나오는 것이죠. 나중

에 영상을 만들고 싶다고 필요성을 느낄 때 열심히 찾아보고 공부하면 그때 머릿속으로 들어오는 것이 진짜 인풋이 되고 그것이 바탕이 되어 창의력으로 표현되는 것이에요."

광고 일은 정해진 시간에 빡빡한 일정으로 밤샘 작업도 많이 하게 된다. 그러기에 강인한 체력과 정신이 필요하며 무엇보다 광고에 대한 열정이 있어야한다. 열정이란 자기가 정말 하고 싶은 마음이 있으면 자연스레 우러나온다.

"여러분 서핑할 때 파도를 즐기면서 하라고 하잖아요. 무서운 파도가 와도 재밌으면 즐길 수 있지만 안 그러면 파도에 휩쓸리고 말죠. 광고 감독도 같아요. 광고감독이 왜 되고 싶은지, 감독이 된다면 어떤 작품을 만들고 싶은지, 정말로 영상 만들기가 재밌는지 스스로에게 물어보세요. 재미가 있어야 힘들어도 이겨낼 수 있는 힘이 생겨요. 어떤 것이든 여러분 스스로 재미를 느낄 수 있는 일을 찾았으면 좋겠어요."

Interviewer : 권혁준

Profile 유광굉

매터스인류크 프로덕션 감독이자 대표. 홍익대학교에서 시각디자인을 전공하고 박명천 감독의 프로덕션에서 3년간 조감독을 거친 뒤 엔젤리너스 커피로 데뷔했다. 2008년 매터스인류크를 연 유광굉 감독은 소나타, 지펠냉장고, 현대카드, SK텔레콤, 휘슬러 등 상업적이지만 예술성 넘치는 광고로 대한민국 광고계에서 이름을 떨치고 있다. 대한민국광고대상에서 2010년 우수상과 금상을 수상했으며 2012년 특별상을 수상했다. 대한민국 광고대상 프로모션 부분으로는 2010년과 2012년 금상을 수상했다.

CF감독 유광굉

꿈 여섯.
모두가 풍요로운 생활

21세기를 통틀어 가장 스마트한 혁신이 일어났다. "떨어지는 사과"를 보고 발견한 뉴턴의 만유인력의 법칙이 과학계에 일대 변혁을 가져왔다면, "한입 베어 문 사과"는 전 인류의 라이프스타일마저 바꾼 엄청난 혁신을 일으켰다. "한입 베어 문 사과"는 바로 스티브 잡스가 창업한 애플사의 로고. 2007년 스티브 잡스가 선보인 아이폰은 인류에 엄청난 편리함과 풍요를 가져왔다. 휴대전화의 단순한 기능을 뛰어넘고, 무한한 콘텐츠를 담은 스마트한 이 기기는 이제 없어서는 안 될 생활필수품으로 자리잡은지 오래다.

아이폰의 등장처럼 기업에서 내놓는 다양한 제품과 서비스는 우리 생활에 많은 변화를 가져온다. 아주 특별한 제품을 예로 들지 않더라도 진공청소기, 전자레인지 같은 가전제품은 편리함은 물론, 생활방식을 바꿔버리기도 한다. 이처럼 기업이 내놓는 제품과 서비스의 영향력이 커지면서 그저 돈만 벌려는 기업은 소비자에게 외면을 당하는 반면, 창의적이고 세상을 더 풍요롭게 하는 기업이 사람들을 감동시키고 있다. 또한 기업의 생존 목적은 본래 이윤의 추구지만, 요즘은 환경 보호에 앞장선다든지 직원들의 복지를 우선적으로 챙긴다든지, 책임 있고 윤리적인 경영을 하는 기업들이 사랑을 받고 있다. 그만큼 사람들이 경제적으로 물질적으로 풍요를 누리는데 기업이 미치는 힘이 커지고 있는 것이다.

어떤 제품과 서비스가 시장에 나오려면 다양한 업무를 수행하는 직업이 필요하다. 상품을 만들고 디자인하고 직업, 광고를 기획하고 제작하는 직업도 빼놓을 수 없다. 또 직원들의 복지와 교육을 담당하는 직업, 기업의 돈 씀씀이를 기록하고 조사하는 직업도 꼭 필요하다.

그중 기업과 관련된 가장 대표적인 직업은 바로 CEO. 이들은 기업을 대표하며 기업을 움직이고 기업에 속한 직원들을 통솔한다. 그리고 CEO의 기업경영 방식과 리더십은 그들이 만들어내는 제품과 서비스에 담겨 소비자들의 삶에 직접적인 영향을 미친다. 그만큼 중요한 의사결정을 내려야 하면서 열정과 창의성이 필요한 직업이다.

한 제품을 만드는 시작 단계에서는 소비자가 원하는 것이 무엇인지 조사하고 분석하는 일이 매우 중요하다. 이런 일을 하는 마케팅조사전문가는 소비자가 원하는 것, 그리고 제품과 서비스에 대한 평가 등을 조사한다. 그리고 이들이 조사한 소비자의 의견은 다음 제품을 만드는데 반영된다. 또 실제 제품이 소비자에게 선보이려면 어떤 상품을 만들지를 기획하는 상품기획자, 그리고 실제 제품의 외형과 기능을 디자인하는 제품디자이너의 역할도 중요하다.

요즘 기업에서 심혈을 기울이는 업무 중 하나는 뭐니 뭐니 해도 광고와 마케팅이다. 하루도 광고를 보지 않고 사는 날이 없을 정도로 광고는 우리들의 일상이 되었고, 사람들이 의사소통할 매체가 늘면서 인터넷, 스마트폰, SNS 등을 활용한 광고도 크게 늘었다. 이 분야의 대표적인 직업으로는 마케팅전문가와 광고기획자, CF감독 등이 있는데, 이들은 보다 창의적인 아이디어로 소비자들의 시선을 사로잡을 광고와 마케팅 전략을 세운다. 때문에 이들에게는 빛나는 창의성과 기획력, 소비자의 심리를 파악하는 능력, 함께 일하는 사람들과 커뮤니케이션 하는 능력이 요구된다.

한편, 기업의 살림살이와 관련해서 기업의 재무제표(가계부처럼 기업의 돈 씀씀이를 체계적으로 기록해 놓는 회계보고서)를 대신 작성하고 오류나 문제가 없는지 감사하는 회계란 직업도 있다. 회계사가 하는 일 중에는 경영컨설턴트와 유사한 업무도 있는데, 기업의 경영 전략이나 시장 분석 등을 토대로 경영혁신이나 기업의 구조조정 등에 대한 컨설팅을 하기도 한다.

소비자들은 계속해서 새롭고 매력적인 제품과 서비스를 원하고, 시장에 더 멋진 제품이 나오면 기존의 것들은 쉽게 잊어버리곤 한다. 그래서 기업의 CEO도, 상품을 기획하고 광고하는 직업들도 늘 새롭고 참신한 아이디어를 내기 위한 노력을 해야 한다. 그리고 이런 노력의 가장 기본은 소비자의 마음을 읽는 것이기 때문에 사람에 대한 관찰과 관심이 무엇보다 중요하다. 즉, 소비 트렌드를 분석하는 능력을 갖추고, 이를 제품과 서비스에 반영하는 실질적인 기획능력을 키워야 한다.

CEO(기업최고경영자)

WHO

CEO는 Chief Executive Officer의 약자로 한 기업의 최고 의사결정권을 가진 사람이다. 보통 CEO라고 하면 기업의 회장이나 사장을 연상하게 되는데, 보통은 겸임을 하기 때문에 같은 경우가 많고 따로 존재하는 경우도 있다. CEO는 사업의 목표를 정하고 목표 달성을 위한 전략을 세워 이를 진두지휘하는 기업 경영의 최종 책임자다. 때문에 리더십이 매우 중요한 직업이고, 기업환경 변화의 흐름을 파악하는 통찰력과 이를 경영에 반영하는 넓은 식견이 필요하다.

HOW

CEO가 되기 위한 정해진 학력이나 자격요건 등이 있는 것은 아니다. 가장 중요한 건 기업 경영 능력과 해당 분야의 전문성이다. 때문에 대학 이상의 학력 소지자로, 경영하는 기업과 관련된 분야의 석·박사학위, 기술사, 전문 자격증을 가지고 있는 경우가 많다. 필요에 따라 경영학석사(MBA) 과정을 밟는 것도 도움이 된다. CEO 중에는 몸담고 있는 기업에 입사해 능력을 인정받고 승진하거나 스카우트 되어 CEO의 자리에 오른 사례도 있다. 이처럼 해당 분야의 지식과 실무경험이 중요하고, 학력보다는 의사결정능력, 협상력, 추진력, 비즈니스능력 등이 더 중요하다.

적성　리더십, 통찰력, 상황판단력, 혁신성, 협상력, 추진력 등
전공　경영학과, 경제학과, 행정학과, 이공계전공 등
진출분야　대기업, 중소기업, 공기업 등

경영컨설턴트

WHO

경영컨설턴트는 기업 경영에 있어 자문가이자 전략가로서의 역할을 한다. 기업을 경영하면서 겪게 되는 문제점을 진단하고 해결책을 마련하며, 기업의 발전에 필요한 방안을 제시한다. 경영컨설턴트는 기업에 소속되어 있는 게 아니라, 컨설팅회사 소속으로 제3자의 입장에서 기업에 요청에 따라 컨설팅을 수행한다. 주로 기업 경영의 주요 영역들인 신제품 개발, 품질관리, 생산관리, 인사관리, 마케팅 등의 주제를 다루고, 컨설팅 과정에서는 프로젝트 수주, 리서치, 문제점 진단, 자문, 지도 등의 업무를 수행한다.

HOW

경영컨설턴트에게는 기업 경영에 대한 지식과 컨설팅 능력이 동시에 요구된다. 때문에 지식과 관련해서는 대학에서 경영학, 경제학, 산업공학 등을 전공하는 것이 도움이된다. 실제 경영컨설턴트로 활동하는 사람들은 석사 또는 박사학위 소지자가 많고 특히 경영학 석사(MBA) 출신이 많다. 컨설팅 능력과 관련해서는 평소 기업환경 변화에 대해 꾸준히 공부하고 학회나 세미나 등에 참여하는 노력이 필요하다.

적성 논리력, 분석적 사고력, 문제해결능력, 의사소통능력 등
전공 경영학과, 경제학과, 산업공학과, 이공계전공 등
진출분야 경영컨설팅업체, 민간 · 공공부문 연구소, 기업인수 · 합병컨설팅회사, 품질인증연구소 등

상품기획자

WHO

상품기획자는 시장의 동향을 분석하고 소비자들이 원하는 상품 관련 정보들을 수집해 구체적인 상품 기획안을 준비한다. 자신이 속한 기업에서 판매하는 제품에 따라 컴퓨터, 가전제품, 의류 등 기획하는 상품에는 차이가 있다. 상품 기획을 위해 소비자의 소비성향을 파악하고, 제작이나 판매 방식에 대해서도 고민한다. 이때 제작과 관련해서는 제품디자이너와 제작업체와 수시로 협의하고, 판매에 있어서는 마케팅부서, 영업부서 등과 협의해 상품 기획에 반영한다. 마지막으로 생산수량과 소비자 가격 등을 결정하는 등 상품 출시에까지 관여한다.

HOW

상품기획자가 되기 위해 특별히 정해진 길이 있는 것은 아니다. 특정 상품을 생산하는 기업에 입사해 상품기획 부서에서 일하면서 업무를 익히는 것이 일반적이다. 다만 생산하는 상품에 대한 이해가 필수기 때문에 컴퓨터, 가전제품, 의류 등, 이와 관련이 있는 전공을 하는 것이 유리하다. 소비자에게 사랑 받는 상품을 만들어 기업의 매출에까지 이어지도록 하려면 시장조사능력과 창의적인 아이디어가 필요하고, 여러 부서 사람들과 협의할 일이 많으므로 원만한 대인관계 능력과 의사소통 능력이 요구된다.

적성 창의성, 협상력, 의사소통능력, 설득력 등
전공 경영학과, 경제학과, 무역학과, 유통학과, 이공계전공 등
진출분야 기업의 상품기획부서, 사업전략부서, 마케팅부서 등

마케팅전문가

WHO

마케팅전문가는 특정 상품이나 서비스를 소비자에게 알려 판매로 이어질 수 있도록 전략을 수립하고 수행하는 일을 한다. 성공적인 마케팅 전략을 수립하기 위해 판매 부진 이유를 파악하고 이에 대한 대책을 마련하며, 이를 위해 시장조사가 필요할 경우 마케팅조사를 기획하기도 한다. 최근 마케팅 매체가 늘면서 마케팅전문가의 업무에도 변화가 생겼다. 그중 인터넷이나 SNS 같은 새로운 매체를 활용한 마케팅이 늘면서 이를 전담하는 '디지털마케터'라는 새로운 직업도 생겨났다.

HOW

기업경영에 있어 마케팅과 광고의 중요성이 커지면서 마케팅전문가가 갖춰야 할 능력도 늘고 있다. 소비자들의 관심을 끌기 위한 창의적인 마케팅 전략을 세우려면 시장을 보는 통찰력과 창의성이 필요하며, 새로운 마케팅 매체의 특성을 이해하고 적용하는 능력도 중요하다. 마케팅전문가가 되기 위해서는 경영학이나 광고홍보학 등 사회과학 계열 학문을 전공하는 것이 유리하고, 해외 마케팅 업무를 하는 경우도 많으므로 평소 외국어실력을 길러 놓는 것도 중요하다.

적성   통찰력, 설득력, 협상력, 의사소통능력, 기획력, 추진력, 창의력 등
전공   경영학과, 마케팅학과, 광고홍보학과, 소비자학 등
진출분야   기업의 마케팅팀, 마케팅전문업체, 온라인 마케팅업체 등

광고기획자

WHO

광고기획자는 광고제작 과정의 첫 단계인 기획 업무를 전문으로 하는 책임자를 말한다. 현장에서는 보통 AE라고 불리는데, 이들은 광고주와 광고제작자 사이에서 광고제작의 전체적인 관리와 감독을 맡는다. 구체적으로는 광고주가 제시한 광고예산에 맞게 제작방향을 기획하고 광고주제, 광고매체, 광고전략 등을 결정한다. 한 편의 광고가 사람들에게 전달되기 위해서는 광고기획자를 중심으로 매체담당자, 광고마케터, CF감독, 카피라이터, 광고디자이너 등 다양한 직업의 전문가들이 참여한다. 때문에 광고기획자는 현장에서 광고의 전체적인 틀을 세우고 방향을 제시하는 리더십과 창의성을 발휘한다.

HOW

광고기획자가 되려면 광고홍보학과 등 관련 학과를 전공하거나 광고동아리 활동, 사설 학원 등에서 광고에 필요한 지식과 경험을 쌓는 것이 중요하다. 창의적인 아이디어와 새로운 시선이 필요한 분야여서 예술적 감수성이 있으면 업무에 유리하다. 자신이 기획한 아이디어를 사람들에게 논리적으로 설명하고 표현하는 능력이 필요하고, 여러 직업을 가진 사람들과 함께 일하는 경우가 많은 만큼 사회성과 친화력도 중요하다. 실제 광고를 기획해보는 경험이 큰 도움이 되므로, 공모전에 응모하거나 광고회사에서 인턴십을 경험해볼 것을 추천한다.

적성   창의성, 설득력, 리더십, 혁신성, 미적 감각, 의사결정능력, 의사소통능력 등
전공   광고홍보학과, 신문방송학과, 경영학과, 심리학과, 국어국문학과 등
진출분야   광고기획사, 종합광고대행사 등

CF감독

WHO

CF는 Commercial Film의 약자로, CF감독은 광고제작감독을 말한다. 이들은 15초에서 30초라는 짧은 시간 동안 특정 제품이나 서비스에 대한 광고 메시지를 담은 영상을 연출한다. CF감독은 광고회사의 기획팀과 제작팀이 아이디어 회의를 통해 광고의 방향을 어느 정도 결정하면, 광고 스토리보드 제작 단계 또는 제작 전 회의(PPM; Pre-Production Meeting)에서부터 참여하게 된다. 이후 촬영콘티를 만들고, 촬영에 필요한 일정, 장소, 모델 섭외 등을 기획 · 준비한다. 현장에서는 제작 스태프를 이끌며 촬영에 들어가고, 촬영이 끝나면 편집, 컴퓨터그래픽, 녹음 등의 작업을 통해 광고를 마무리한다. 제작이 끝나면 시사회를 열어 광고주와 광고회사에서 요청하는 수정사항을 반영하고, 광고 심의에 통과하기 위한 준비도 한다. ※제작 전 회의(PPM): 광고 촬영에 들어가기 전 광고주, 광고제작감독, 광고회사 등이 사전에 광고제작에 대해 구체적으로 최종 논의하는 회의

HOW

CF감독이 되려면 영상제작에 대한 지식과 기술을 갖춰야 한다. 이를 위해 대학에서 광고나 영상예술 등을 전공하는 것이 좋고, 광고동아리 활동을 통해 실전을 쌓아보는 것도 도움이 된다. 그렇다고 정해진 학과를 전공할 필요는 없고 학력이 중요한 것도 아니다. 광고에 대한 열정과 창의성, 미적 감각이 중요하고, 공모전이나 인턴십 등을 통해 광고 연출 경험을 꾸준히 쌓으면 감독 데뷔가 가능하다.

적성　호기심, 창의성, 미적 감각, 집중력, 의사소통능력, 설득력 등
전공　광고홍보학과, 광고영상연출, 영상예술과, 영화연출전공 등
진출분야　광고제작사, 광고영상제작 프로덕션 등

회계사

WHO

회계사는 공인회계사 자격을 가지고 활동하는 전문가로, 주요 업무는 크게 회계감사, 세무서비스, 경영자문으로 구분할 수 있다. 가장 대표적인 업무인 회계감사는 기업의 회계보고서인 재무제표가 회계기준에 어긋나지 않게 작성되었는지 조사하는 것을 말한다. 그리고 기업의 의뢰를 받아 재무제표를 대신 작성하는 업무도 한다. 세무서비스는 기업의 세금문제와 관련된 문제를 자문하고 대신 처리하는 업무를 말하며, 최근에는 경영컨설턴트와 유사하게 기업의 경영전략이나 사업의 타당성 분석, 인수 합병에 대한 컨설팅을 수행하는 일이 늘었다.

HOW

회계사는 금융감독원에서 시행하는 공인회계사 자격시험에 합격해야 활동할 수 있다. 자격시험은 1년에 한 번씩 시행되고 평균 3~5년 정도 공부해야 합격할 정도로 어려운 시험에 속한다. 공인회계사 시험을 보려면 각종 대학(일반대학, 사내대학, 원격대학 등)에서 회계 및 세무 관련 과목 12학점 이상, 경영학 과목 9학점 이상, 경제학 과목 3학점 이상을 이수한 자에게 응시자격을 부여한다. 따라서 특별한 응시제한이 없어도 관련 학과를 전공하고 응시하는 경우가 대부분이다. 회계사는 돈과 수치를 다루는 일을 한다는 점에서 꼼꼼함과 정직함이 요구되는 직업이다.

적성 　수리력, 정확성, 꼼꼼함, 공정성, 정직성 등
전공 　경영학과, 회계학과, 경제학과 등
진출분야 　회계법인, 정부기관 및 일반기업의 회계부서 등

노무사

WHO

노사관계는 근로자(노동자)와 사업주(사용주) 간의 관계를 말한다. 노사관계에서는 보통 근로자가 사업주에 비해 약자의 위치에 있기 때문에 임금차별, 부당해고, 차별대우, 임금체불 같은 문제로 어려움에 처하는 경우가 많다. 노무사는 근로자를 대신해 이런 노동문제를 해결하고, 사업주와의 분쟁 등을 예방하고 조정하는 일을 한다. 그 외에 기업 내의 고용, 임금, 근로시간, 직무평가, 인사고과, 안전보건, 근로복지 등의 문제를 컨설팅하고 교육하기도 한다.

HOW

노무사로 일하려면 국가전문자격인 공인노무사 시험에 합격해야 한다. 노무사는 노동관계 법령에 근거해 노사문제를 해결하기 때문에 법을 해석하고 적용할 수 있는 능력이 중요하다. 때문에 대학에서 법학을 전공하면 자격시험을 치르거나 업무를 수행하는데 많은 도움이 된다. 대개는 개인사무소와 노무법인에서 일하지만, 기업 내 노사관계에 대한 해박한 지식을 가지고 일반기업, 공공기관 및 공기업, 인사 · 노무컨설팅 업체로 진출하는 사례가 늘고 있다.

적성   설득력, 협상력, 문제해결능력, 의사소통능력, 공정성 등
전공   법학과, 경영학과, 경제학과 등
진출분야   노무사사무소, 노무법인, 기업의 인사노무 담당, 인사노무 컨설팅업체, 공무원 등

꿈 일곱
공공서비스 · 법률 · 교육

당신들이 있어 감사한 세상

프로파일러 권일용

변리사 이원일

자신에게 맞는 일을
스스로 찾아 나서다

범죄행동을 분석해 수사하는 프로파일러

아마 프로파일러라는 말을 처음 들어본 친구들도 있을 것이다. 그동안 영화나 드라마에서 프로파일러가 소개되기도 했지만 평범한 우리들에겐 여전히 낯선 직업이다. 인터뷰 전에 이왕이면 그 세계를 들여다보고 싶어서 프로파일러가 주인공으로 나오는 유명한 영화 〈양들의 침묵〉 원작소설을 읽었다.

소설 속에서 FBI 신참 프로파일러 요원인 스털링은 뚱뚱한 여자들만을 골라 살해하는 변태살인자를 쫓는다. 비슷한 범죄를 저지른 한니발 렉터 박사의 심리를 분석해 살인자를 추격하는 모습이 꽤나 흥미진진하고 오싹하게 느껴졌다.

그렇게 무시무시한 연쇄살인범을 직접 상대하는 사람은 어떤 분일까? 기대와 긴장감으로 더욱 마음을 가다듬고 경찰수사연수원을 찾았다. 대한민국에서 처음으로 프로파일러라는 직업을 만들고 첫 프로파일러로서 명성을 떨친 권일용 경감님께서 건물 앞까지 나와 따뜻하게 우리를 맞아주셨다. 우리의 예상을 비껴서 경감님의 인상은 굉장히 인자하고 아버지처럼 온화했다.

"저 안 무섭게 생겼죠? 프로파일러란 상대의 슬픔이나 고통을 내 것처럼 공감하는 능력이 뛰어나야 해요. 제가 피해자들의 고통을 느끼고 공감함으로써 범인을 꼭 잡겠다는 의지가 생겨요. 범죄자들과 대화를 하는 것도 어떤 공감대 차원에서 진행되기 때문에 오히려 편안한 얼굴들이 도움이 되죠."

프로파일러란 사건현장에서 범죄행동을 분석해 수사하는 사람이다. 우리말로 풀이하면 '범죄행동분석관'. 범죄자의 심리를 분석한다는 측면에서 지문, DNA 등을 추적하는 과학수사와 분명한 차이가 있다.

"범행현장에 남겨진 여러 흔적을 모아 범인의 성격, 취향, 연령대, 성별 등을 유추해낼 수 있어요. 주로 연쇄살인 같은 강력범죄를 해결하기 위해 사건 현장에 급파되지요."

범죄자가 어떻게 범행을 준비했고, 어떻게 범죄를 저질렀는지 등 일련의 범죄과정을 과학적으로 재구성해 범행동기와 용의자의 특징 등을 분석한다. 그리고 비슷한 사건에 적용시키는 것이다.

미국 FBI는 범죄 동기를 알 수 없는 연쇄 살인사건이 잇따라 일어나자

1972년 범죄 심리 분석을 전문으로 하는 프로파일러 제도를 도입했다. 그때 당시 우리나라에는 그런 범죄가 없었기 때문에 프로파일러가 딱히 필요 없었다. 1980년대까지 원한, 생계문제 등 인과관계가 분명한 범죄가 일어났다면, 1990년대 중반으로 접어들면서 우리나라에도 지존파니 막가파같이 아무 이유 없이 불특정 다수를 공격하는 범죄가 발생하기 시작한다. 이런 유형의 범죄는 뚜렷한 이유와 목적이 없어 사건이 발생하면 용의자를 분류하고 사건을 해결하는데 어려움이 많다. 범죄 심리 분석이라는 개념과 수사기법이 필요해진 시점이었다. 그때 대한민국 경찰 10만 명 중에 그동안 범죄행동을 분석하는데 남다른 열정을 기울인 권일용 경감님이 첫 프로파일러로 등장한다.

대한민국 첫 프로파일러

"어렸을 때 큰 꿈이 있었던 것은 아니에요. 다만 남을 위해 무언가 제가 할 수 있는 것을 하고 싶었어요."
권일용 경감님은 형편이 어려운 집안의 장남으로서 대학 입시보다는 무엇을 해서 먹고 살 것인가 더 고민했다. 결국 대학을 포기하고 군대를 다녀온 뒤 경찰관 시험을 준비했다.
"경찰관이 꿈은 아니었어요. 그러나 열심히 공부해서 경찰이 되고 난 뒤 그 안에서 제가 가장 잘 할 수 있는 것을 찾았지요."

프로파일러 권일용

20여 년 전만 해도 경찰에서 가장 기피하는 부서가 과학수사 파트였다. 험한 것 많이 보고 아무도 알아주지 않는데다가 밤늦게까지 일해야 하기 때문이었다. 비록 남들이 기피하는 분야였지만 관심을 갖고 더 열심히 해보고 싶었다.

"과학 수사 교육을 받고 지문을 채취했는데 범인이 딱 잡힌 거예요. 제가 잘 하는 일을 발견한 거지요. 그때부터 형사들이 범인을 꼭 잡고 싶으니 지문감식을 잘해서 꼭 신원을 알려달라는 부탁을 해왔어요."

권일용 경감님은 7년 동안 범죄현장에서 증거물을 수집하는 일을 했는데 유난히 실적이 뛰어나 범인을 많이 잡았다. 그런데 현장 감식요원으로 수도 없이 사건현장에 출동하면서 흥미로운 사실을 발견한다. 유사사건의 현장에는 용의자들 간의 행동패턴도 유사하다는 점이다.

"어떤 사건 현장에서 증거를 수집한 뒤 다른 사건현장에 갔는데 그 사건과 흔적이 비슷한 거예요. 그렇다면 범인이 같거나 비슷한 성격의 사람이겠구나 하는 생각이 들었어요. 사건 유형별로 데이터베이스를 구축하면 현장에 남아있는 행동패턴으로 용의자를 최대한 압축할 수 있겠다고 느꼈지요."

경감님은 먼저 1990년대 이전 20년간 일어난 수백 건의 살인사건 자료를 모두 검토해 분석하기 시작했다.

"당시에는 프로파일러란 명칭도 사용하지 않았을 때고 그런 업무를 한 전례도 없는 상태였어요."

아무도 시키지 않았지만 경감님은 스스로 확신에 차 있었다. 범죄의

한 해 약 4천어 명의 경찰을 교육하는 경찰수사연수원에서 프로파일러 교육을 맡고 있는 권일용 경감님.

프로파일러 권일용

동기와 목적, 수법까지 급속도로 변화하는데 이전까지의 수사방법만으로는 어려움이 크다는 것을 몸소 체험했기 때문이다.

하던 일을 계속해서 과학수사요원으로서 지문 감식 같은 분야의 전문가가 될 수도 있었다. 그러나 권일용 경감님은 범죄 행동을 분석하고 그 이유를 찾아다니고 자료를 수집하는데 더 큰 의미를 발견했다. 자신한테 맞는 일을 발견하고 스스로 찾아 나선 것이다.

살인사건에 대한 자료 분석 등을 통해 데이터베이스를 구축한 경감님은 1990년대 중반 이후의 살인 및 성폭행 범죄자 800명을 직접 인터뷰했다.

"인터뷰를 하면서 어린 시절은 어떠했고, 어떻게 살아왔는지, 어떤 방식으로 범죄를 저질렀는지 세세히 기록 했어요. 범죄자들이 의도적으로 거짓말을 하는 경우가 종종 있는데 실체를 밝혀내는 것이 목적이기 때문에 대화가 길어지는 경우들이 많았지요."

그렇게 범죄자들의 노트가 만들어졌고 노트 속 범죄자가 점점 늘어나 800명이 되자 어떤 범죄현장이든 범인의 캐릭터가 보이기 시작했다.

이렇게 한 사람의 노력으로 만들어진 방대한 데이터베이스는 연쇄 살

인·강간 사건을 해결하는데 크게 기여하게 된다. 눈에 보이는 혁혁한 성과가 나오니 보람도 컸다. 검거 과정뿐 아니라 1대 1 심문으로 여죄 자백을 이끌어내는 데도 큰 역할을 하면서 프로파일링에 대해 사람들 보는 눈이 달라졌다.

경감님은 현재 경찰수사연수원에서 프로파일러 교육을 맡고 있다.

"대한민국 경찰 10만여 명 중 수사 전문 요원이 약 2만여 명 됩니다. 그중에 현재 저 외에 37명이 프로파일러로 활약하고 있어요. 2006년 부터 심리학과나 사회학과 출신을 특채로 뽑아 이곳 수사연수원에서 전문적인 프로파일러 교육을 따로 시켰지요. 앞으로는 기존의 경찰 중에서도 뽑아 프로파일러로 교육시킬 예정입니다."

경찰수사연수원은 한해 4천여 명의 경찰을 교육하는 국내 유일의 수사 전문교육기관이다. 경감님의 안내로 모의 범죄 실습장, 심리증거분석 연습실, 자동차추격차단실습장 등 다양한 실습시설을 둘러보았는데 이렇게 경찰이 되고난 후에도 지속적으로 교육을 받는다는 것이 놀라웠다.

프로파일러는 이유 없이 저지르는 연쇄살인범 등을 대상으로 하기 때문에 애로사항이 많다. 아무 말도 못하고 돌아가신 분의 정황만으로 그 분이 겪은 억울한 고통을 읽어내기란 무척 어렵기 때문이다. 돌아가신 현장의 단서들이 융합되어야만 그 답이 나오기 때문에 모든 힘을 쏟아 노력한다.

사건이 미궁에 빠진 채 범인을 잡지 못할 때면 부담을 많이 느낀다.

"언론의 비난 때문이 아니에요. 내 무능 때문에, 내가 멈칫거리고 있는 순간 누군가 죽는단 생각을 하면 그 비극이 전부 내 책임 같아요. 지금까지 2000구 정도의 시신을 봤는데 갈 때마다 새롭고 두려워요. 더럽다거나 무섭다는 감정과는 다르지요. 이분이 돌아가시면서 얼마나 억울했을까, 경찰이 와서 범인을 잡아주길 얼마나 바랄까 하는 목적의식을 가지고 바라보니 더 힘들어요. "

힘들어서 그만두고 싶을 때도 많았다.

"평범한 직업보다 훨씬 더 힘든 건 사실이에요. 그래도 이일을 그만두고 나가서 남을 위해 무엇인가 할 수 있는 것을 찾을 때 지금처럼 잘하는 것을 찾을 자신이 없어요. 그래서 이일을 계속하고 있지요. "

더 잘 하기 위해 자꾸 생각하고 노력하는 자세

요즘 프로파일러가 되고 싶다는 메일이 많이 온다. 대부분 어떤 공부를 해야 할지 묻는 질문들이다. 우리에게도 조언을 부탁드렸다.

"특별한 이유 없이 미국드라마나 추리소설에 매료돼 프로파일러를 선택하진 마세요. 여러분들은 지금 막연하게 소개되어 있는 내용들만 가지고 자기가 프로파일러가 되겠다는 생각보다는 학업을 마치고 나왔을 당시에 사회가 무엇을 필요로 할지 생각해봐야 합니다. 그것을 알아내기 위해 많은 직업인들에게 물어보고 책도 보세요. 프로파일러가 되고 싶다면 미래에 어떤 범죄들이 나올 것이냐에 대한 전문가들의 진단들을 많이 접하면서 그때 필요한 공부를 하는 것이 도움이 되겠지요."

공부만 열심히 하고 내 분야의 일만 잘 안다고 성공하는 것은 아니다. 원하는 분야의 전문가가 되려면 내 분야의 공부만 콕 집어 할 게 아니라 다른 사람들의 분야도 어울려서 볼 수 있는 여유가 필요하다.

"수사 분야도 마찬가지예요. 지문, 곤충 등 다양한 분야의 연구원이 있지요. 그런 모든 분야의 전문가가 될 수는 없지만 다른 분야도 그게 뭔지는 알아야 해요. 그래야 필요할 때 도움을 요청할 수 있지요."

하던 일에서만 멈추지 말고 더 잘 하기 위해 자꾸 생각을 해야 한다. 그러다보면 새로운 일을 발견하게 된다. 아무도 생각하지 못했던 것을 발견하고 그것을 실천할 수 있는 용기가 없었다면, 프로파일링 도입은 더 늦어지고 우리나라에 해결되지 못한 사건도 많았을 것이다.

"잘 하는 것보다 열심히 하는 성실함이 더 중요해요. 자기가 처한 상황에서 최선을 다하고 살아가면 밝은 미래가 그 속에서 오는 것이죠. 여러분! 먼저 자신이 처한 환경을 탓하기보다는 그 안에서 여러분이 가장 잘 할 수 있는 것을 발견하기 위해 노력하세요. 저는 앞으로도 늘 새로운 일을 발견하는 노력을 멈추지 않을 겁니다."

Interviewer : 권혁준, 이채린

Profile 권일용

국내 첫 프로파일러로 2004년 유영철 사건 심리분석, 2006년 정남규 사건과 2009년 김호순 사건 당시 범행 동기와 거주지 등 범인의 특성을 분석해 검거했다. 이어 2010년 김길태 사건 수사 중 범인 은신처 등을 분석해 검거하는 등 주요 강력 사건을 해결하는데 크게 기여했다. 이러한 성과를 인정받아 2011년 경감 특진과 함께 과학수사대상을 받았다. 2006년부터 경찰수사연수원 외래교수로 활동하다가 2013년 전임교수로 부임했다.

프로파일러 권일용

꿈을 이룰 수 있는
바람직한 바탕을 먼저 다져라

대한민국 지식산업의 수호자

떠들썩했던 삼성과 애플의 소송처럼 세계는 지금 특허 전쟁시대이다. 농경사회에서는 땅, 산업사회에서는 값싼 노동력이 중요했다면 지식사회인 현대에서는 창조적인 아이디어 기술이 가장 중요한 경쟁력이다. 그러한 지적인 재산권을 보호하고 분쟁이 생겼을 때 해결해주는 직업이 바로 변리사다. 요즘 같은 정보화 시대에 지식 재산권을 보호하는 특허는 계속해서 늘어나고 분쟁도 심해지고 있으니 변리사의 역할이 점점 막중해지고 있다.

신기술을 보호하기 위해 치열하게 경쟁하는 국가 공인 1인자 이원일 변리사님을 만나기 위해 유미(YOUME) 특허 법인을 찾았다. 이곳은 현재 1백여 명의 변리사와 변호사들이 팀웍을 이루는 곳으로 지난 20년간 20배의 성장을 이룬 성공적인 특허 법인이다. 변리사님은 이곳 파트너로서 특허 국가 산업과 기술을 보호하는 전문가로 통한다.

"변리사는 특허 출원, 등록부터 특허 소송 등 분쟁을 해결하고 특허에 관한 각종 법률 컨설팅까지 제공하는 역할을 하죠."

이원일 변리사님은 기본적인 업무 외에도 변리사의 업무영역을 확대하고 특허의 대중화에 힘씀으로써 신지식인 특허인상을 받았다.

"일을 하다보면 타성에 젖어 주어진 업무에만 치중하는 매너리즘에 빠지기 쉽죠. 당장의 성과는 좋을지 모르지만 미리미리 새로운 업무를 개척해야 발전할 수 있어요. 제 경우에는 70%는 메인 업무를 보고 30% 정도는 새로운 일을 개발하기 위해 끊임없이 노력해요."

변리사님은 특허 특허 거래에 있어서 다양한 업무를 개발하고 있다. 국내 대학에서 가지고 있는 좋은 특허기술을 발굴해 해외 네트워크를 활용해 외국의 기업에 연결함으로써 세계 속에 우리 기술을 널리 전파하는데 큰 몫을 하고 있다. 또한 특허거래를 할 때 금융지원을 받을 수 있도록 도움으로써 보다 활발한 거래로 이끌어준다.

이렇게 특허 라이센스, 금융 지원, 특허소송 등에 대한 다양한 업무를 개발하기 위해 끊임없이 사람을 만나고 책을 보고 연구를 한다. 이러한 적극적인 업무추진의 바탕, 오늘의 성공이 있기까지 자신을 뒷받침 해준 것은 긍정적인 사고와 자신감이었다고 변리사님은 강조한다.

돌이켜보면 학창시절에 정말 불우했다. 가정환경이 어려워 중학교 때부터 장학금을 받기 위해 열심히 공부해야 했고 부모님은 생계가 어려워 관심조차 가져주지 못해 자칫 방황할 수 있는 시기였다.

"주변의 넉넉하고 잘 나가는 친구들과 비교하기보다는 제 자리에서 즐겁고 재미있게 생활하려는 의지가 강했던 거 같아요. 학교에서는 반장, 회장을 도맡아 친구들 앞에 나서길 좋아했고 주말이면 성당활동도 열심히 했어요. 그 어려운 형편에도 그럴 수 있었던 것은 다른 친구들이랑 제 자신을 비교하지 않고 늘 좋은 쪽으로 생각한 덕분이죠."

처음부터 남 앞에 나서길 좋아했던 것은 아니었다. 어린 시절에는 유난히 남 앞에서 주눅이 들었다. 친구들 앞에서 말 몇 마디 하는 것조차도 떨렸다. 그런데 성당에서 자꾸 앞에 나가 이야기를 해보니 점점 나아지는 자신을 발견했고 나중에는 웅변대회에 나갈 정도로 자신감이 붙었다. 소풍이나 특별한 행사 때는 친구들을 재밌게 해주려고 오락 준비까지 도맡아 했다. 못한다고 걱정하거나 좌절하는 대신 자꾸 연습하고 할 수 있는 다양한 기회를 만들었기에 자신감이 붙을 수 있었다. 이 자신감이 지금까지 성공으로 이끌어준 바탕이라고 확신한다.

눈앞의 이익보다 길게 내다보는 안목을 길러야

"무엇을 하든 자신감이 있어야 잘 할 수 있어요. 실제로 실력이 좋지만 자신감이 부족한 사람보다는, 실력이 좀 딸려도 자신감 있는 사람이 성공할 확률이 높다고 해요. 여러분도 주위 친구들과 비교하지 말고 자신을 긍정적으로 생각하세요. 그리고 기회가 자신감을 만들어준다는 것을 잊지 말고 자꾸 연습하고 도전하면 자신감이 쑥쑥 자랄 거예요."

공대 출신인 변리사님은 대학 다닐 때만 해도 변리사라는 자격증이 있다는 것조차 잘 몰랐다. 전기공학과를 졸업하고 연구원이 될까 했지만 활달한 성격에 잘 어울리는 다른 일을 찾고 있었다. 그러던 중 가까운 선배가 변리사 시험을 준비한다기에 요모조모 따져보았다. 변리사 시험에 합격하면 전문직이므로 자긍심을 가질 수 있고 독립이 가능해 고용에 불안하지 않아도 된다는 점이 매력적으로 다가왔다. 게다가 평소 문과적 성향이 강했기에 이공계적 지식과 법률적 지식이 다 필요한 변리사시험에 자신감이 생겼다. 경쟁률은 예전에도 꽤 높았다. 그 당시엔 30명을 뽑는데 5천명이 지원했고 지금은 일 년에 2백 명을 뽑는데 6천 명 정도가 지원한다. 경쟁률은 사법고시보다 높지만 그렇다고 사법고시보다 난이도가 더 어려운 것은 아니다.

변리사 시험은 만 20세 이상이면 학력, 성별, 나이의 제한 없이 누구나 응시 가능하다. 하지만 산업발전 추세를 반영해 대학에서 전자, 기계, 화학공학, 생명공학 등 이공계 전공자들의 진출이 활발하다.

특허는 전기, 전자 등 아이티 분야가 전체의 50%를 차지하고 그다음 기계, 화학, 바이오 순으로 많다. 과거에 비해 전기, 전자 쪽이 줄고 화학, 재료 등이 늘어나는 추세이긴 하지만 여전히 아이티 분야가 가장

많아 전공이 많은 도움이 되었다.

변리사 업무는 해외에서 의뢰하는 해외특허와 국내 기업에서 의뢰하는 국내특허로 나뉘는데 시험 합격 당시 해외 쪽이 대우가 좋았다. 일년 정도 해외특허 일을 하다가 당장의 대우는 처지더라도 앞으로 우리나라 기술이 발전하면 국내 일이 증가할 것으로 예상하고 국내 특허를 주로 다루는 이곳 유미 특허 법인으로 자리를 옮겼다.

아이엠에프 시기가 왔을 때 이곳도 위기를 맞았다. 당시 해외특허 쪽 경기가 좋아 파격적인 조건의 스카우트 제의가 많았지만 당장 눈앞의 이익 얼마로 진로를 바꾸지 않았다. 길게 봐서 전망이 좋은 쪽을 선택했고 그런 선택이 운 좋게 맞아 떨어졌다.

변리사는 일의 성격상 야근도 잦고 신속, 정확해야하는 업무이기 때문에 신경이 많이 쓰이는 것도 사실이다. 스트레스가 쌓일 때면 '초심을 유지하자'는 마음가짐을 되새긴다. 처음 변리사가 되었을 때 큰 성공보다는 재밌고 즐겁게 일하자고 맘먹었고 그렇게 하다 보니 오히려 더 큰 성공을 거두게 되었다.

논리적 설득보다 대화와 타협이 중요해

"항상 새로운 기술을 접해야하는 일이므로 새로운 것에 대한 호기심이 있는 친구들에게 이 직업을 권하고 싶어요. 또 모든 걸 글로 표현해야하니까 글을 논리적으로 잘 쓰는 능력도 필요하죠."

변리사에게 알맞은 자질이라면 우선 어학능력이 뛰어난 사람이 좋다. 변리사의 업무 자체가 국제적이다 보니 영어, 일본어는 기본이고 중국어까지 필요해지고 있다. 연간 특허 출원이 중국이 약 60만건, 일본이 35만건, 우리나라가 20만건 정도로 최근 중국의 기술수준이 많이 높아지고 있어서 특허를 가장 많이 내고 있는 실정.

성공한 변리사가 되려면 특히 네트워크 능력을 갖춰야 한다. 어느 직업이나 마찬가지지만 혼자 하는 업무보다는 팀웍이 중요하기 때문에 두루두루 잘 어울리고 통솔력이 뛰어나고 고객과 원만한 관계를 유지하는 능력이 무엇보다 필요하다.

"지금 저뿐만 아니라 제 주변에 성공한 친구들을 보면 학창 시절에 틀어박혀 공부만 했던 친구는 별로 없어요. 동아리 활동도 열심히 하고 친구들과 원만히 지냈던 친구들이 대부분이죠."

원만한 대인관계에서 가장 중요한 것이 대화하는 방법이다. 자신의 주장을 내세우기 위해 남에게 상처를 주는 사람들이 종종 있는데 상대의 기분을 해치지 않으면서 자기가 하고 싶은 내용은 다 전달하는 말하기 기술이 필요하다. 그러려면 학창시절부터 끊임없이 상대방을 배려하고 설득하는 훈련을 하는 것이 좋다. 스스로 다양한 친구들과 어울리고 여러 가지 경우의 수에 맞닥뜨리면서 몸에 베게 익혀야한다.

꿈은 계속 바뀐다. 요즘 너무 일찍부터 자기 꿈을 결정하고 그 꿈에 따라 스펙 쌓기에 열중하는 학생들을 볼 때면 안타깝다. 자라면서 생각이 깊어지고 정보량도 증가하면서 꿈은 계속 바뀔 수 있다는 것을 염두에 두어야한다.

"여러분의 꿈은 계속 변할 수 있어요. 어떤 꿈이든 그 꿈을 이루기 위한 좋은 자질을 지금 잘 다져놓는 것이 중요해요. 성실함, 원만한 대인관계, 신뢰 이런 가치들처럼 포괄적인 바탕을 바람직하게 다져야 해요. 그러기 위해서 다양한 경험을 쌓는 것이 꼭 필요하겠죠?"

Interviewer : 권혁준, 이채린

Profile 이원일

YOU ME 특허법인 파트너 변리사. 서울대학교 전기공학과를 졸업하고 1995년 변리사 시험에 합격했다. 매일경제 TV에서 '지금은 특허전쟁시대'라는 프로그램 진행으로 특허의 대중화에 힘쓴 공로를 인정받아 2002년 '신지식인 특허인상'을 수상했다. 한국발명진흥회, 사이버국제특허 아카데미, 한국기술거래소, 삼성종합기술원 전임강사로 활동했으며 저서로 「부자이야기」, 「e-특허전략」, 「기술사를 위한 특허제도의 이해」, 「초보자를 위한 지식재산의 이해」가 있다.

변리사 이원일

꿈 일곱.
당신들이 있어 감사한 세상

법과 질서가 무너질 사회의 모습은 어떨까? 전쟁이 나거나 자연재해로 도시가 폐허로 변했을 때, 우리는 늘 존재해서 느끼지 못하는 법과 질서의 중요성을 새삼 확인하게 된다. 2013년 태풍 하이옌으로 필리핀에 큰 자연재해가 발생했을 땐, 교도소 벽이 무너지면서 죄수들이 무더기로 탈옥하고, 수천 명의 사람들이 식량창고와 구호차량에서 식량을 약탈하는 등 피해지역은 아비규환 상태에 이르렀다.

이런 상황에서 가장 필요한 직업을 꼽으라면, 사람들은 어떤 직업을 떠올리게 될까? 시민의 안전을 지키고 법과 질서를 유지하는 감사한 직업들. 대부분의 사람들은 경찰관과 소방관을 떠올릴 것이다. 그런데 모르는 사람이 없을 정도로 친숙한 이 직업들도 알고 보면 곳곳에 꽤 특수한 임무들이 숨겨져 있다. 예를 들어, 경찰관 중에는 '피해자심리전문요원'이라고 해서 범죄 피해자의 어려움을 보살피고 심리적인 위로를 하는 전문가가 있다. 경찰하면 으레 "범인 잡는 직업"으로 여기는 인식과는 달리, 이들은 피해자의 마음을 어루만지는 역할을 한다. 즉, 피해자심리전문요원은 살인, 강도, 성폭력, 가정폭력 등 각종 범죄 피해자를 만나 상담하고 지원하는 일을 하는데, 궁극적으로 피해자의 심리적인 회복과 2차 피해 예방을 맡는다.

한편, 소방관 또한 국가와 국민의 안전을 위해 일하는 공무원으로 사람들의 존경을 받는 직업이다. 그런데 알고 보면 소방관도 소방현장에서 화재 진압만 하는 직업은 아니다. 소방행정이란 소방서만의 특수한 행정 업무를 전담하는 내근직 소방관도 있고, 소방교육, 화재예방과 관련된 업무만 담당하는 소방관도 있다. 그중 화재조사감식을 담당하는 소방관은 경찰계의 과학수사관처럼 화재의 원인을 과학적으로 찾아내는 전문가로 활동한다.

법과 관련된 대표적인 직업으로는 판사, 검사, 변호사, 그리고 특허 전문 변호사인 변리사 등이 있다. 법의 집행은 인간의 존엄성을 지키고 우리 사회를 정의롭고 안전하게 만드는 일이다. 때문에 법조인은 오랫동안 중요성을 인정받으면서 많은 사람들로부터 존경을 받는 직업이다. 사회적 영향력이 크고 개인으로도 명예가 되는 일이어서 청소년들이 선호하는 직업을 조사하면 예나 지금이나 늘 상위권에 랭크되는데, 법을 진행한다는 점에서 냉철함과 공정함이 동시에 요구된다. 그중 법률 분야 직업으로 변리사란 직업은 연봉도 높고 미래에 더 유망한 직업으로 소개되곤 한다. 변리사는 법률문제를 조언하고 소송을 대신하는 변호사와 비슷한 일을 한다. 다만 변리사는 여러 법률문제 중에서도 특허와 새로운 기술에 대한 발명, 디자인, 상표 등의 권리를 취득하거나 이와 관련된 기술적인 상담과 소송을 대신한다.

법적인 문제를 다룬다는 점에서 법조인에게 요구되는 능력은 엄격한 편이다. 법조문을 이해하고 적용하는 것은 기본이고, 사람이 사람의 죄를 판단하고 형벌한다는 점에서 인간 존엄성에 대한 이해와 신중한 태도가 필요하다. 그저 공부 잘 해야 될 수 있는 직업이란 생각으로 접근하기엔 사회적으로 영향력이 크다는 점을 기억해야 한다.

마지막으로 그들이 있어 감사한 직업으로 빼놓을 수 없는 직업들이 있다. 바로 인생의 고마운 스승, 선생님들이다. 대표적으로 교사와 대학교수가 있고, 교사의 영역에는 특수교육을 담당하는 특수교육교사, 취학 전 아동을 보호하고 교육하는 보육교사와 유치원교사도 포함된다. 이외에 학원강사, 교구 및 교재개발자, 이러닝교수설계자 등도 교육 분야 종사자에 속한다. 교육계 직업은 가르침을 나누는 일을 한다는 점에서 일에 대한 보람도 크고 명예를 느낄 수 있는 소위 "좋은" 직업에 속한다. 게다가 교사는 공무원 신분으로 고용이 안정적이라는 장점 때문에 부모님들이 가장 좋아하는 직업이기도 하다. 대신 직업을 갖기 위한 준비과정은 힘든 편인데, 교사가 되는 관문인 임용고시는 경쟁률이 높기로 유명하고, 교수도 최종 임용이 되려면 전공 분야에서 석·박사 학위를 취득하는 등 오랜 기간 꾸준하게 연구경력을 쌓아야 한다.

프랑스의 작가 빅토르 위고는 "학교 문을 여는 것은 감옥 문을 닫는 것"이라고 말했다. 교육이 사람과 사회에 미치는 영향이 얼마나 큰지를 단적으로 설명하고 있는 것이다. 교육자는 단순한 지식 전달자가 아니다. 누군가의 인성과 인생에 직접적인 영향을 끼친다는 점에서, 스스로 인생의 본보기가 되기 위한 모든 노력을 기울여야 한다.

꿈 일곱, 공공서비스·법률·교육 : 당신들이 있어 감사한 세상

경찰관

WHO

경찰관은 우리생활 곳곳에서 국민의 생명과 재산을 보호한다. 경찰의 가장 대표적인 업무는 범죄를 수사해 범인을 잡는 것이다. 또 범죄가 일어나지 않게 예방하고 교통질서를 유지한다. 경찰이 하는 특수한 업무로는 테러와 폭력 시위 진압, 사이버범죄 수사, 마약사범 검거, 밀수범죄 단속, 과학 수사, 범죄 분석, 지능범죄 수사, 외국인 범죄 단속, 해상 범죄 단속(해양경찰) 등이 있다.

HOW

경찰이 되는 방법은 여러 가지가 있다. 우선 경찰간부인 경위(6급 공무원)으로 경찰생활을 시작하려면 경찰대학을 졸업하거나 경찰간부후보생 시험에 합격해 경찰교육원에서 1년간 교육을 이수해야 한다. 모집분야는 일반, 세무·회계, 외사, 전산·정보통신이다. 경찰간부 외에는 경찰공무원시험에 합격해야 하는데, 시험은 공개채용과 특별채용으로 구분된다. 공개채용은 공무원 9급에 해당하는 순경을 선발하고(남자순경, 여자순경, 101경비단요원), 특별채용은 경찰행정학과 졸업생, 경찰특공대, 전의경 특채, 항공요원, 정보통신요원, 피해자심리전문요원, 경찰악대 등으로 구분해 선발한다. 경찰관에게는 추리력과 판단력을 비롯해, 청렴성과 인내심이 매우 중요하다. 더욱이 갈수록 지능화되고 흉포해지는 범죄로, 경찰에게 요구되는 능력은 점점 더 늘어나고 있다.

적성 정의감, 청렴성, 사명감, 순발력, 추리력, 상황판단력 강인한 체력 등
전공 경찰대학, 경찰학과, 경찰행정학과, 경찰경호과, 사이버경찰학과 등
진출분야 일선 경찰서 및 사이버범죄수사대, 경찰학교 등

Chapter 02.

소방관

WHO

소방관은 소방직 공무원으로 시민의 안전을 책임지는 일을 한다. 즉, 화재 예방과 진압이라는 전통적인 업무뿐 아니라, 긴급구조, 구급출동 등 국가의 모든 안전사고를 담당한다. 소방관은 근무장소에 따라 크게 내근직 사무요원과 외근직 현장활동요원으로 구분할 수 있다. 내근직 사무요원은 소방행정 및 각종 건축물에 대한 소방검사 등 화재 예방과 관련된 일을 주로 한다. 외근직 현장출동요원은 크게 화재진압요원, 구조요원, 구급요원으로 활동한다. 이밖에 소방항공기를 이용해 인명구조, 화재진압, 응급환자 공중수송, 방재활동 지원 등을 하는 소방항공대, 강이나 호수에서 발생하는 수난사고를 담당하는 수난구조대, 해상에서 선박화재나 구호 등을 담당하는 해상소방대에서도 근무할 수 있다.

HOW

소방관은 성별과 학력에 제한 없이, 소방직 공무원시험과 소방간부후보생 시험을 통해 선발되고 소방안전관리학과 졸업생과 의무소방원을 대상으로 특별채용을 한다. 소방관이 되기 위해 소방 관련 학과를 전공할 필요는 없지만, 전공을 하면 특별채용에 응시할수 있고, 업무에 직접적으로 도움이 되는 공부를 할 수 있다. 사람을 구조하고 위험한 현장에서 시민들을 위해 일하려면 굉장한 용기와 희생정신이 필요하다. 위험에 대한 스트레스가 크고, 항상 긴장해야 하므로 몸과 마음의 강인함이 매우 중요하다.

적성 상황판단력, 위기대응능력, 순발력, 이타심, 침착성, 사명감, 강인한 체력 등
전공 소방학과, 소방공학과, 소방방재학과, 소방안전학과, 소방행정학과 등
진출분야 소방서, 소방방재청, 소방학교 등

판사

WHO

판사는 재판을 진행하고 법률에 근거해 판결을 내리는 국가공무원으로, 대법원장의 임명을 받아 법원에서 근무한다. 판사는 민사, 형사, 가사, 행정, 특허 등의 소송을 담당하고, 이때 재판날짜, 증인이나 증거의 채택방식을 결정해 재판을 진행한다. 재판 중에는 검사와 변호사의 논쟁을 경청하고, 증인의 진술과 법정에 제출된 증거를 검토하고 추론한다. 판사의 판결에 따라 형벌이 결정되기 때문에 판사는 헌법과 법률을 적용하여 양심에 따라 판결을 내려야 한다.

HOW

판사가 되는 길은 두 가지가 있다. 하나는 사법시험에 합격한 후 사법연수원을 거쳐 판사로 임용되는 방법이다. 사법시험은 2017년 폐지될 예정이고 존치여부에 대한 논란이 계속되고 있다. 두 번째는 로스쿨(법학전문대학원)을 졸업하고 변호사 경력을 쌓은 후에 판사가 되는 방법이다. 그간은 사법시험에 합격한 다음 판사 임용이 가능했으나, 사법시험을 폐지하고 로스쿨로만 법조인을 양성할 경우, 법조계 경력이 풍부한 전문가가 판사로 임용될 가능성이 높다. 법적 문제를 최종 판결하는 중요한 임무를 수행한다는 점에서 공정성과 청렴성이 매우 중요한 직업이다.

TIP 로스쿨 합격을 위해서는 법학적성시험(LEET; Legal Education Eligibility Test)에서 좋은 성적을 얻는 것이 중요하다. 법학적성시험에서는 언어이해, 추리논증, 논술 시험과목을 통해 법조인에게 요구되는 논리력, 추론능력, 종합적 사고력 등을 평가한다. 학제는 3년제이며 2009년에 시작되어 2012년에 첫 졸업생을 배출하였다.
[참고] 법학전문대학원협의회 www.info.leet.or.kr

적성 논리적 사고, 분석력, 추리력, 청렴성, 공정성, 사명감 등
전공 법학과, 법학전문대학원 등
진출분야 가정법원, 지방법원, 고등법원, 대법원 등

검사

WHO

검사는 범죄를 수사하고 죄가 있다고 판단되면 재판을 청구해 법의 적용을 받도록 요청한다. 검사가 수사하는 범죄는 국민의 민생치안과 직결되는 형사사건과 우리 사회의 고질적인 비리사건인 특수사건이 있다. 검사는 각종 범죄로부터 국민을 보호하는 공무원이기 때문에 개인적 다툼으로 발생하는 민사사건은 담당하지 않는다(민사사건은 변호사가 담당한다). 업무의 많은 시간을 고소인과 피의자(범죄 혐의가 있는 사람)를 면담하는데 쓰고, 면담이 끝나면 사법경찰관을 지휘·감독해 범죄의 증거를 수집하고 분석한다. 그리고 실제 범죄가 있다고 판단되면 법원에 심판을 요구한다.

HOW

검사가 되는 방법은 판사가 되는 방법과 유사하다. 크게 두 가지 방법이 있는데, 하나는 사법시험에 합격하는 것이고, 둘째는 로스쿨(법학전문대학원)을 졸업하고 검사가 되는 방법이다. 다만 사법시험은 2017년 폐지될 예정이고 존치여부에 대한 논란이 계속되고 있다. 판사와 마찬가지고 예전에는 사법시험에 합격하면 검사가 될 수 있었으나, 이제는 로스쿨을 거쳐 다시 검사 임용 시험에 합격해야 검사가 될 수 있다. 개인의 처벌에 관한 일을 한다는 점에서 신중함과 공정성이 무엇보다 중요하고, 적법한 절차를 거쳐 재판이 이뤄지도록 사명감을 갖고 일해야 한다.

적성   분석력, 추리력, 설득력, 청렴성, 공정성, 사명감 등
전공   법학과, 법학전문대학원 등
진출분야   검찰청

변호사

WHO

변호사는 개인이나 기업, 단체 등을 대신해 법적인 문제를 해결하고 조언해주는 법률 전문가이다. 주로 개인 간의 다툼과 관련된 민사사건과 범죄사건 같은 형사사건 등을 맡아 변론한다. 요즘은 변호사의 업무도 전문화되는 경향을 보이고 있어서 지식재산권, 회사법, 기업 인수·합병, 국제거래, 해외투자, 의료 등 특정 분야를 전담하여 법률 서비스를 제공하는 사례가 늘고 있다.

HOW

판·검사 등 다른 법조인들과 마찬가지로 두 가지 방법으로 변호사가 될 수 있다. 즉, 사법시험에 합격해 사법연수원을 수료하거나, 로스쿨 졸업 후 변호사 자격시험에 합격해야 한다. 다만 사법시험은 2017년 폐지될 예정이고 존치여부에 대한 논란이 계속되고 있다. 변호사는 자신의 생각을 말과 글로 논리정연하게 표현할 수 있어야 하고, 법적 지식을 이해하고 해석하기 위한 명석함과 정의로운 태도가 필요하다. 법률서비스가 전문화되면서 예전에는 단독으로 변호사 사무실을 개업하는 경우가 많았으나, 요즘은 대형 로펌(law firm, 법무법인)에서 활동하는 변호사들이 늘었다.

적성 논리적 사고, 분석력, 언어구사력, 설득력, 추리력, 사회성 등
전공 법학과, 법학전문대학원 등
진출분야 법률사무소, 법무법인, 법무조합, 정부기관 및 기업체, 금융기관 등

법의학자

WHO

법의학자는 범죄나 사고로 사망한 사람의 시체를 검시하여 사망원인과 경위를 밝히고, 법률상 문제가 되는 의학적인 사항들을 연구하고 해결한다. 법의학자가 제시하는 의학적 진술과 판단은 재판에서 절대적으로 작용하기 때문에 엄격한 독립성을 가지고 업무에 임해야 한다. 법의학자는 검안을 통해 사망원인을 찾기도 하고, 피해자를 부검해 보다 자세히 주검의 사인을 밝힌다. 또 임상병리학적 지식을 통해 혈액과 모발 등으로 피해자의 신원과 범인의 흔적을 찾는다.

HOW

법의학자가 되려면 반드시 의사 면허가 있어야 한다. 법의학자가 일하는 대표적인 기관은 국립과학수사연구원으로 채용공고를 보면 응시자격으로 해부병리학, 임상병리학, 해부학 또는 일반외과학을 전공하고 의사면허를 소지한 자로, 의사면허 취득 후 2년 이상 관련 분야에서 근무한 경력이 있는 자로 정하고 있다. 따라서 의과대학을 졸업하고 의사면허를 취득한 뒤, 해부병리(또는 진단병리) 레지던트 과정을 수료하고 해부병리 전문의 자격을 취득해야 한다. 그리고 법의관의 지도 아래 일정 기간 동안 부검 등의 임상 수련을 거쳐야 법의학자로 활동할 수 있다. 의학과 법학에 대한 이해가 필요하고, 인간의 삶과 죽음의 문제를 다룬다는 점에서 일에 대한 진지한 철학이 필요하다.

적성　관찰력, 분석력, 추리력, 통찰력, 공정성, 객관성 등
전공　의학과, 법의학대학원 등
진출분야　국립과학수사연구원, 대학교 법의학연구소 등

변리사

WHO

변리사는 새로운 기술에 대한 권리를 지켜주는 전문 대리인으로, 과학기술, 디자인, 상표 등에 대한 특허권을 취득할 수 있게 법률적으로 지원하는 일을 한다. 이를 위해 기술의 설계도, 명세서, 제품 등을 검토하고 기존의 다른 기술들과 중복이 없는지를 감정한다. 또 특허나 저작권 등에 대한 분쟁이 생겼을 때 특허가 침해되었는지 아닌지를 객관적으로 판단하기도 한다. 특허문제로 기업 간 소송이 늘면서 특허, 실용신안, 디자인, 상표 등으로 전문 영역이 구분되고 있으며, 출신 전공별로 전기, 기계, 화학 등 전담 업무를 맡는 경우가 많다.

HOW

변리사로 활동하려면 특허청에서 시행하는 변리사 시험에 합격해야 한다. 변리사 시험은 매년 1회 치러지고, 산업재산권법, 민법개론, 자연과학개론, 특허법, 상표법, 민사소송법 등 법적인 지식을 평가한다. 새로운 기술에 대한 이해가 무엇보다 중요하기 때문에 이공계 출신이 많이 진출하고 있다. 변리사는 연봉이 높고 미래 유망직업으로 자주 소개되는 직업이다. 그만큼 빠르게 변하는 기술 변화를 따라가기 위한 꾸준한 노력이 요구된다.

적성 논리적 사고, 분석력, 언어구사력, 외국어능력, 추리력 등
전공 법학과, 정보통신공학과, 컴퓨터공학과, 전기ㆍ전자공학과, 환경공학과 등
진출분야 특허법인, 대형 법무법인(로펌ㆍlaw firm), 대기업 지식재산팀, 특허청 등

교사

WHO

교사는 학교에서 학생들을 가르치는 선생님으로 학생들에게 담당 교과목을 가르치고 학생들의 생활을 지도한다. 가장 주된 업무는 담당 교과목을 가르치는 것으로, 학생을 어떻게 가르칠지 수업계획을 세우고 구체적인 학습지도안을 설계해 수업에 반영한다. 이외에 학부모와 면담하거나 학교 운영에 필요한 행정 업무를 수행하며, 학생들의 진학과 진로, 생활에 대한 고민을 상담하기도 한다. 방학 중에는 새로운 수업방식이나 지식을 배우기 위해 교사 연수프로그램에 참여한다.

HOW

초등교사와 중등교사는 되는 방법은 약간 차이가 있다. 초등교사는 교육대학교를 졸업하거나(전국 10개, 서울교대, 경인교대 등), 한국교원대 또는 이화여대 초등교육과를 졸업하고 초등학교 2급 정교사 자격을 취득해 초등교원임용시험에 합격해야 한다. 또는 4년제 대학교를 졸업하고 교육대학원에서 초등교육과정을 이수해야 한다.

중등교사는 대학교에서 국어교육과, 영어교육과 같은 사범계열 학과를 졸업하거나 일반 학과에서 교직과목을 이수한 다음 2급 정교사 자격을 취득해 중등교원임용시험에 합격해야 한다. 교원임용시험은 "임용고시"라 불릴 정도로 경쟁이 치열한 편이다. 한편, 교사는 안정적이고 일에 대한 보람이 커서 시대를 막론하고 인기가 많고, 누군가의 인성과 인생에 큰 영향을 미친다는 점에서는 책임감과 직업적 소명이 크게 요구된다.

적성 의사소통능력, 사회성, 책임감, 소명감, 청렴성 등
전공 초등교육과, 교육학과, 사범계열 전공(국어교육과, 사회교육과 등), 교육대학원
진출분야 국공립 및 사립 초 · 중 · 고등학교

꿈 일곱, 공공서비스·법률·교육 : 당신들이 있어 감사한 세상

특수교사

WHO

특수교사는 특수교육이 필요한 학생들을 가르치고 돌보는 교사로, 특수학교교사 또는 특수교육교사라고 불린다. 주된 업무는 학생들의 교과학습과 생활지도를 담당하는 것이지만, 장애로 불편함이 있는 학생들을 가르친다는 점에서 일상생활에 대한 훈련과 건강관리, 직업교육 등에도 관여한다.

HOW

특수교사가 되려면 대학에서 특수교육 관련 학과를 전공하고 특수학교(유치원, 초등, 중등) 2급 정교사 자격을 취득해야 한다. 또는 대학원에서 특수교육을 전공하고 특수교사 2급 정교사 자격을 취득할 수도 있다. 참고로, 유치원과 초등 부문은 별도의 장애영역이나 교과목에 대한 표시가 없지만, 중등학교 특수교사는 국어, 수학, 사회 등 교과목별로 자격이 부여된다. 일반교사에 비해 더 많은 배려와 인내심이 요구되고, 반대 급부로 일에 대한 보람과 감동이 큰 직업이다.

적성　인내심, 배려심, 사회성, 책임감, 소명감, 청렴성 등
전공　특수교육학과, 유아특수교육과, 초등특수교육과, 중등특수교육과, 특수체육학과, 특수교육대학원 등
진출분야　시각 · 청각 · 지체장애 · 정신지체 · 정서장애 특수학교, 특수교육지원센터 등

교수

WHO

대학교수는 대학에서 학생들에게 전공과목을 가르치고 학문을 연구한다. 교수가 하는 일은 크게 강의, 학생지도, 연구로 나눌 수 있다. 이중 연구 업무는 전문대학보다 4년제 대학교에서 더 중요하게 여겨지는데, 이때 연구는 강의를 위한 토대가 되면서 교수의 전문성을 높여주는 역할을 한다. 그리고 교수가 수행한 연구결과는 논문의 형태로 보여지며, 논문 결과는 교수를 임용하고 평가하는 데 중요하게 작용한다.

HOW

교수가 되려면 전공과목의 박사학위나 연구실적, 오랜 실무경험 등 해당 분야의 전문성을 입증할 수 있는 자격요건을 갖춰야 한다. 박사학위의 경우, 꼭 필요한 건 아니지만 4년제 대학교에서는 통상적으로 요구하는 편이고, 전문대학에서는 박사학위보다는 전문분야에서의 실무경력을 더 중요하게 여기는 편이다. 교수는 사람들로부터 존경을 받는 직업으로, 많은 사람들이 되고 싶어 하는 직업 중 하나다. 하지만 실제 교수가 되기까지는 박사학위를 받고 연구실적을 쌓는 등 오랜 준비과정과 노력이 필요하다.

적성 논리적 사고, 분석력, 의사소통능력, 소명감 등
전공 인문, 사회, 공학, 자연, 의약, 예체능 계열 특정 전공
진출분야 전문대학, 일반대학, 교육대학, 전문대학, 방송대학, 대학원 등

꿈과 함께 감동까지 선물 받았어요!

우리들을 위한, 우리들의 책이 나오기까지 지난 6개월간 정말 많은 분들이 큰 도움을 주셨습니다.

제일 먼저 베스트셀러 작가이신 이랑 선생님께서 공동 저자로 참여할 수 있게 허락해주신 데에 깊은 감사를 드립니다. 또한, 학교에서 우리들을 위해 진로 교육을 해주시고 직업인 탐방과제로 제게 큰 영감을 주신 신반포중학교 진로담당 김미경 선생님, 저를 믿고 도와주신 이은경, 서재경 담임선생님께 감사드립니다. 뜻을 모아 꿈을 찾는 일을 같이 해준 기자단 친구들과 어설픈 제 기획을 책으로 만들어 주신 출판사 드림리치와 제 글을 재밌게 만들어 주신 정수정 편집장님께도 감사드립니다. 마지막으로, 우리들 방문을 허락하고 인터뷰에 응해주신 멘토 15분이 계셨기에 이 책이 세상에 나올 수 있었습니다. 정말 더없이 감사드립니다.

우리들의 이모저모 인터뷰 뒷이야기

데니스홍

꿈꾸는 사람의 얼굴은 아름답다. 20년 후, 30년 후 나도 그런 얼굴을 갖고 있기를~~ 신규림

"와우~ 난 정말 행운아! 인생에 멘토를 만났다." 로봇공학자인 내 꿈을 응원해주신 박사님! 로멜라 연구소에 꼭 들어가고 싶습니다. 신성철

류춘수

축구경기를 보러갔던 상암 월드컵 경기장을 설계하신 건축사 류춘수 선생님. 구수하고 친근하신 말투로 우리들에게 큰 감동과 재미를 주셨다. 싸인 요청에 붓 펜으로 우리들의 얼굴을 그려 주신 후 싸인을 해주셨다. 정말 멋진 아티스트셨다. 권혁준

내가 꿈꾸는 삶을 살고 계신 봉준호 감독님을 뵙고 영화감독에 더 욕심이 났고 동기 부여가 됐다. 영화 감독, 화려해 보였지만 인고의 시간이 있어야 한다는 것도 알게 되었다. 감독님! 곧 라이벌 김민준 감독으로 찾아뵙겠습니다. **김민준**

봉준호

나영석

나영석 PD님은 대학에 들어가서야 PD에 대한 꿈을 가졌다고 한다. 지금 꿈이 없다고 자책할 필요는 없는 것 같다. **양우석**

피디가 무슨 일을 하는지 잘 몰랐는데, 그들의 밤샘 노력으로 우리가 보는 텔레비전 프로 한편이 완성된다는 것을 알게 되었다. **황보연**

우리가 공부를 잘하는 방법은 복습과 예습이며 발레도 마찬가지라는 말씀이 가장 인상적이었다. 뭐든지 목표가 생기면 행동으로 실천하라고 강조하셨다. 평소에는 크게 와닿지 않았던 말이었지만 경험이 많고 노력을 수없이 하신 단장님의 말씀이어서 그런지 더 실감 나게 행동으로 실천해야 한다는 중요성을 느꼈다. **김수현**

강수진

정성하

나의 팬이자 롤모델인 형을 만나고 천재성과 재능도 중요하지만 꾸준한 노력이 없으면 안 된다는 걸 알게 되었고 존경하게 되었다. **여운빈**

내가 기타에 매료되어 꿈을 갖게 해준 형과의 만남! 천재성은 끊임없는 노력 없이는 완성될 수 없음을 알게 되었다. **차승민**

이국종 교수님을 뵙고 의사가 얼마나 힘들고 막중한 책임감을 가져야하는 직업인지 새삼스레 느꼈다. 응급실에서 사고환자를 치료하시는 모습을 지켜보았고 개인의 사생활보다는 목숨이 위중한 분들이 최우선이신 것 같았다. 교수님! 존경합니다. 양이린

23살까지 꿈이 없으셨다는 말씀에 나도 용기가 생겼다. 목표를 세우는 일은 쉬우나 성공하기까지 노력하기는 어려운데, 제대 하고 셰프를 꿈 꾼 후 쉼없이 일에 매진하신 과정을 들으면서 큰 교훈을 얻었다. 차승민

회장님! 저도 꼭 어려운 이웃을 항상 생각하고 돕는 사람이 될게요. 김수현

항상 어려운 이웃을 먼저 생각하고 실천하시는 굿네이버스 이일하 회장님, 저도 "100원의 기적" 실천할게요~ 이채린

대사님을 뵈러 가기 전부터 떨렸다. 나의 꿈은 외교관이고 인터뷰 중 꿈이 외교관이라 말씀드렸더니 친절하게 차근차근 많은 이야기를 해주셨다. 대사님을 만나 뵌 후 진짜 외교관이 될 수 있을 것 같은 자신감이 생겼다. 이채린

30초의 힘! 우리들은 CF의 마력에 빠져 마음을 빼앗긴다. 젊은 CF감독님, 배우들과 작업은 화려해 보였지만 감독님이 되기까지의 힘든 과정은 뵙기 전엔 알 수 없었다. 성공한 분들에겐 자신만의 특별한 철학이 있는 것 같다. 권혁준

변리사란 다소 생소한 직업에 대해 알게 되었다. 지금 세계 시장은 특허 전쟁이라는데.... 지식산업의 수호자, 변리사의 세계를 쉽게 알려주셔서 감사합니다.
권혁준

누구보다 대한민국을 사랑하시는 서경덕 교수님을 만나서 앞으로 우리들이 어떻게 한국을 홍보하고 지켜 나가야할지에 대해 더 배우게 되었고 우리나라와 세계에서 일어나는 이슈에 더 관심을 가져야겠다는 생각을 하게 되었다. **김수현**

경감님을 뵙기 전에는 프로파일러란 직업은 과학수사를 하긴 하지만 현장에 나가 피 터지는 싸움 끝에 범인을 체포 하고 신문을 하는 줄로 잘못 알았다. 우리나라에 처음 프로파일러가 도입될 때 동료 선후배 분들이 권일용 경감님을 다 추천하셔서 최초 1호 프로파일러가 되셨다니 참 존경스럽다. **이채린**

실패를 통해 발전하고 도전하면서 성공에 가까워지는 것이라고 하셨고 도전을 하지 않으면 그것은 발전도 아니고 성공에 가까워 질 수도 없다고 하셨는데 그 말씀이 나에게 큰 의미를 주었다. **김수현**

뜻 깊은 책을 만드는데
함께 해준 기자단(2014년)

김 민 준   신반포중학교2
김 수 현   신반포중학교2
신 규 림   신반포중학교2
신 성 철   신반포중학교2
양 이 린   신반포중학교2
양 우 석   인천신정중학교2
여 운 빈   양진중학교2
이 채 린   신반포중학교2
차 승 민   방배중학교2
황 보 연   세화여중학교2

10대, 우리들의
별을 만나다
개정판

초판   1쇄 발행 2014년 7월 25일
개정판   1쇄 발행 2018년 9월 14일
             3쇄 발행 2020년 5월 12일

지은이   이랑, 권혁준
펴낸이   김말주
자문위원   이정희(Youth Dream Mentor)
Chief editor 정수정
사진   Tube Studio t. 02-545-7058
디자인   더페이지커뮤니케이션 thepagecommuniation.com

펴낸곳   드림리치
등록일자   2014년 6월 30일
신고번호   제 2014-000183
주소   서울 서초구 서운로11, 619호
대표전화   t. 02-545-7058 f. 02-757-4306

ISBN 978-89-98584-16-0 43190